快乐律师

在法律事业中创造幸福

〔美〕 南希·里维特 道格拉斯·O.林德 著

马 越 译

创于1897 商务印书馆 The Commercial Press

Nancy Levit & Douglas O. Linder

The Happy Lawyer: Making a Good Life in the Law

The Happy Lawyer: Making a Good Life in the Law was originally published in English in 2010. This translation is published by arrangement with Oxford University Press. The Commercial Press is solely responsible for this translation from the original work and Oxford University Press shall have no liability for any errors, omissions or inaccuracies or ambiguities in such translation or for any losses caused by reliance thereon.

根据牛津大学出版社 2010 年版译出

译者序

网络上不是流行这样一句话么："人们只关心你飞得高不高，却不在乎你飞得累不累。"放在律师身上，这句话恐怕就变成："人们只关心你挣得多不多，却不在乎你快不快乐。"在很多人眼中，律师是社会精英的代表——他/她们衣着光鲜、薪资丰厚，顶着人生赢家的光环。可是高大上的背后也常常伴随着高压力、高强度甚至高风险，而这些聪明的律师们也许只是聪明地隐藏起了他/她的疲惫、焦虑和不堪重负。人们在谈论律师这个行业时很少会联想到"快乐"一词，而且"快不快乐"似乎也从未被纳入考量一个律师成功与否的标准之中。然而，"快乐"——或者说"职业幸福感"——对律师行业来说真的不值一提吗？远在大洋彼岸，有两位美国的法学院教授就认真地关心起这个问题来——律师们快乐吗？

南希·里维特和道格拉斯·O. 林德执教于美国密苏里大学堪萨斯分校法学院。出于对法学教育和法律职业现状的关注，两人合作撰写了这本《快乐律师——在法律事业中创造幸福》。书名乍看仿佛有些鸡汤的味道，但当你翻开扉页之后读到的是各种翔实的调研，深入浅出的分析，心理学、神经科学等领域的拓展性知识，律师们的亲身经历和经验教训，还有字里行间闪现的智慧和幽默。里维特和林德抱着严谨的治学态度和务实精神，收集并分析了大量关于幸福问题的多学科研究成果，采访了上百位美国执业律师，书中讨论的内容涵盖了从法学院到律所、从家庭到社会、从个人幸福感到职业满足感等多个层面，不仅内容丰富有趣，同时也具有很强的实操性。这本书在美国出版后于同类图书中评价颇高，也得到康奈尔大学法学院於兴中教授的推崇。感谢於老师的引荐和商务印书馆编辑老师的认可，我有幸成为这本书的译者。翻译此书的过程回想起来受益良多，不仅拓展了自己在法律领域之外的术语和知识，更是借着书中内容对照反思了自我个性及职业选择，对今后的职业道路和工作状态有了更加明确的认知和规划。

律师工作通常繁重复杂、专业性极强，又往往伴随着高工作强度和压力，因而律师这一群体在大众印象里从来不是“快乐的小行家”。然而，印象归印象，作为严谨的法律学者，里维特和林德在第一章中首先列举并分析了大量针对美国律师的调研数据来判断“律师到底快不快乐”这一问题。基于数据分析，我们不得不接受一个事实——律师群体虽然不是最痛恨自己工作的，但也的确不是最快乐的。既然现实如此，作者便围绕着如何减少不快乐的律师数量这一目标继续本书的写作。第二章中，两位法学教授化身科普作家，在探讨“快乐律师”问题之前先从科学角度探讨如何成为一个“快乐的人”。接下来，他们将目光锁定在律师身上，在第三章分析了律师职业中可能导致从业者快乐与不快乐的因素。第四章进入实操环节，作者为我们提供了一个“工具箱”，让读者在其中筛选出适用于自身的方法来提升职业满足感。第五和第六章分别从法学院和律所的角度出发，提出如何在法学院阶段帮助学生打造未来满意的职业路径；律所为何，以及如何让自己的律师们变得更快乐。第七章，让我们从其他律师的真实故事中带走些前车之鉴和金玉良言。最后，作者告诫我们——快乐可以追寻，但快乐并非一切。当你合上这本书的最后一页，相信也一定同我一样有了沉甸甸的收获：或许是对自我认知的刷新，或许是找到“快乐工具”后的跃跃欲试，或许是对自己所做职业选择的再度确认，或许是获得在未来调整职业道路的勇气。

虽然书名为《快乐律师》，但这本书的受众绝不止律师这一群体。如果你是一名法律从业者，或律所管理者，或法学院教师，那阅读本书自然有所裨益；即使不从事法律行业，书中关于职业和人生的讨论也颇值得一读。不过我最想将此书推荐给尚在选择专业阶段或正在就读法学院的学生朋友。我读罢此书后最大的感触就是，如果在学生时代遇到它该多好！

感谢商务印书馆让《快乐律师》这本书来到中国读者面前。虽然书中内容以美国律师行业为研究对象，但在人性方面并没有国界限制，且通过本书还可对美国律师行业有更多、更全面的了解。

马越

2020 年 8 月于美国奥斯汀

献给蒂姆（Tim）、迪伦（Dylan）、亚伦（Aaron）

南希·里维特

献给谢丽尔（Cherly）、卡利（Kari）、安（Ann）

道格拉斯·O. 林德

反抗者的逻辑在于，为抵抗非正义而为人类追求正义；为抵制妖言惑众而坚持使用平实的语言；虽深知人间疾苦，但依然要为幸福下赌注。

——阿尔贝·加缪（Albert Camus）

目　录

前言

美国是一个以律师立国的国家。1787 年在费城会议上制定宪法的 55 人中有 34 人是律师，其中包括宪法的总设计师——詹姆斯·麦迪逊。律师托马斯·杰斐逊起草了《独立宣言》（另一位律师约翰·亚当斯为他提供协助）。

在《独立宣言》所列举的不可剥夺的权利中，除了生命权和自由权之外，还有一项“追求幸福的权利”。或许你觉得“幸福”这个词不该出现在 18 世纪的严肃政治家所撰写并论辩的文件里。然而它的确被写在了羊皮纸上，并作为自由人最重要的三项权利之一。

当然，杰斐逊并未承诺我们一定会找到幸福，只是说我们有权利去追寻它。人类从未放弃过这种追寻，且得到幸福的愿望越来越强烈。在网上随便一搜或在附近书店“励志书”区转一转，你就会发现当今社会对幸福的兴趣有多大。“积极心理学”作为现代心理学领域的一项重要运动，其目的就在于帮助人们提升获得幸福的概率。

x 在各种努力下，美国人的幸福感比起半个世纪以前不进反退了。人们更富有了、闲暇时间更多了，到处充斥着研究幸福的文章，可我们好像并没有感到更加满足。

对律师来说，情况还要更糟一些。许多律师（在一项调查中占据了70%）表示，如果可以重新来过，自己不会选择律师职业。[1] 有一半的律师不愿鼓励自己的孩子子承父业。[2] 1/3 就职于大律所的律师在三年之内离职。[3] 斯坦福大学法学院的学生因为对大律所执业现状不满而发起了一场抗议运动。

不过，要说法律行业遭遇危机的话也有夸大其词之嫌。我们并未看到报纸头版写着“大批律师离开法律行业”。申请法学院的人数依然众多，法学院的数量还在增加。虽然你会看到律师辞职开酒庄或开热气球这种稀奇故事，但大部分律师还是会在这个行业里坚持下去。而且许多律师认为自己基本上还挺快乐的，不过再快乐一点就更好了。

现今，美国律师的情绪状态复杂而微妙。律师是一群聪明人，复杂和微妙就是他们工作的组成部分。如果律师们没那么快乐，其背后可能的原因有很多。选择做律师的人并非因为某天早晨醒来忽然想“天哪，我太热爱法律了！”，他们做出这个决定也许只是因为大学毕业前还没想好找什么工作，而读法学院看起来比读牙医学院强。还有一种可能，或许生来不那么容易快乐的人更适合从事法律工作。与其他工作不同，容易焦虑、悲观的人说不定更能做好法律这行，因为他们更担心事情出差错，比如一份
xi 合同到底有没有写对。如果律师们没有普通美国人那么快乐，大

概就是因为不快乐的人更可能成为律师，而非律师这个职业让他们变成这样。

这本书的目的之一就是搜集整理这些关于律师的复杂故事。不过我们的目标不止于此。既然励志方法作用有限，那就试一下我们的“快乐工具箱”——相信律师们应用了其中的建议之后会获得更多快乐。不过通往快乐的道路有很多，对你适用的那件“工具”未必对隔壁律师也适用。我们还会针对律所和法学院提供一些建议。最后，我们将分享一些快乐律师和不快乐律师的故事，希望他们在不同职业路径上所获得的经验教训对读者有所启发。

看来现在正是时候出版一本关于在法律职业中寻找满足感的书。过去几十年里，从神经科学和积极心理学角度对幸福问题进行的研究大量涌现。根据一些研究结果所提出的幸福提升方法——不是冥想、打网球，就是吃巧克力——基本不涉及工作本身。不过，还有许多其他研究成果对法律执业有着重要意义（鉴于幸福与否对律师来说显然是个不容忽视的问题），或许可以帮助人们以更有效的方式实现幸福——比方说，喜欢并信任自己的同事比得到拐角那间办公室或六位数的奖金更有利于提升长期满足感。

另外，法律执业方式的改变让法学院在提升职业满足感方面发挥的作用更大。曾经，法学院的老师会告诉新生，“看看你左右两边的人，你们其中一个明年就不在这里了”。而现在，法学院的老师们意识到，应当帮助学生建立更满意的法律事业——快 xii
乐的校友才更有可能慷慨解囊资助学院。现在的学生与以往不同，他们将生活满足感作为最高目标之一。能更有效地帮助学生实现职业幸福感的法学院才更能吸引到聪明、优秀的生源。

律所也越来越感兴趣如何让自己的律师更快乐。律所曾经的做法是先吸纳大批律师进来，然后优胜劣汰。如今，他们更注重在招聘时精心选择合适的人选。律师跳槽所造成的高昂成本让律所意识到前者带来的问题。同时他们也看到，有些律师罔顾职业道德的行为会损害律所的工作质量及底线。不断提高的计费工时要求、法律职业中文明程度下降等现象会降低职业幸福感，而正视并解决这些问题才能吸引那些重视个人幸福问题的年轻一代加入律所——这是在行业内逐渐产生的共识。并且，老一辈和新一辈律师都开始明白："如果这份工作让我快乐不起来，那又有什么意义呢？"

总之，律师、法学院和律所都越来越重视快乐这个问题。在本书中，我们将提出一些从新的研究成果而来的方法和建议，以帮助感兴趣的人提升法律事业中的幸福感。

不过，正如智者所告诫我们的，不要把快乐当成全部。快乐很重要，但并非高于所有其他价值。在这里我们会为"忧伤"正名。若忧伤不存在，那快乐有何意义？社会是否会丧失一大创造力源泉？我们是否会失去一块个人成长的跳板？这些问题我们都会在书中讨论并解答。

xiii 这本书的主要目的就是帮助法学生和律师们开拓一条通往更美好生活的道路。我们承诺不了什么，但是希望书中的话语可以让律师们的生活更满足、更快乐。

第一章　律师们都很丧吗？　1

“律师的收入从未如此之高，他们也从未如此不快乐。”

——科德尔·帕文：《职业幸福感》2008/9/24

作为律师，我们快乐吗？在回答这个问题之前，身为律师的我们通常会问一些其他问题，比如：你所说的“快乐”是什么意思？如果从根管治疗到在热带岛屿上享受美酒和良宵代表快乐递增的等级，那么“不快乐”和“快乐”的分界点在哪？你所指的是我当下为 Acme 投资公司撰写意见书第十七条注释时的“快乐”，还是在我整个十年法律职业生涯中的“快乐”？如果我有四分之一的时间快乐，四分之一的时间不快乐，剩下一半的时间不好不坏，我该怎么回答？另外，我的回答会被别人知道吗？如果会的话，那我就要提高一下自己的快乐商数了。

以上都是好问题，也正是这些问题困扰着探索快乐问题的学者。事实上，不同人感受到的快乐不尽相同，但这并不妨碍研究者们询问别人是否快乐。当快乐到来时，那只是一个短暂的状态，两点钟时你的傻笑在三点钟或许就变成眼泪了，但这也并未

阻挡研究者的步伐。另外，还有一个“乌比冈湖问题”[*] ——正
2 如那些在明尼苏达州神秘小镇里的孩子，几乎每个人都认为自己
在各个方面（包括快乐方面）超越平均水平，甚至远在平均之
上。一位研究者综合了916次关于快乐的调查，这些调查在45个
国家进行，受访者超过一百万人。他发现人们在1至10之间为自
己的快乐程度打分时，平均值为7分。[1] 一位评论家在总结了近年
来关于快乐的研究著作后得出结论：“声称自己快乐几乎是一种普
遍现象，除非你生活在战乱地区、无家可归，或在情绪或身体上
饱受痛苦。”[2]

那么再问一遍这个问题，律师们快乐吗？鉴于大多数人都快乐（或者说声称自己快乐），那么可以想见，美国一百二十万律师（在美国每250人中就有一名律师）中的大部分都应该认为自己快乐。[3] 不过律师职业相较于其他职业的确显得快乐程度低一些。神职人员、旅游从业者、建筑师、科学家、工程师、飞行员、医师、理财规划师、侦探都比律师更快乐。甚至修理工、清洁工、管家都比法律从业人员的快乐程度高。不过也有情况更糟的人：律师的职业满意度高于修理屋顶的人和加油站服务人员。总之，43%的美国律师说他们“现在非常快乐”——这个数据不算坏，但也有不少上升空间。[4] 并非所有律师都苦不堪言，但这也不是一个多么令人愉快的职业。

---

* 乌比冈湖效应（Lake Wobegon Effect）源自盖瑞森·凯勒（Garrison Keillor）虚构的草原小镇，位于美国明尼苏达州，镇上的“女人都很强，男人都长的不错，小孩都在平均水平之上”。——译者

鉴于你大概会把生命中三分之一的时间，即清醒状态下一半的时间用在工作上[5]，我想应该不需要说服你，为何职业满意度对于律师来说是个重要问题。若三分之一的时间都在痛苦中度过，又何来美好人生呢？

在这一章中，我们会分析关于律师的快乐和不快乐的实证证据和轶事证据。这方面的研究成果丰富，但结论相互冲突："关于律师满意程度的两篇著作得出了完全相反的结论，甚至让人怀疑它们是否在研究同一对象。"[6] 我们会尽量合理化这些看似矛盾 3
的数据。我们也会研究在法律行业中谁快乐、谁不快乐，这或许可以更好地解释那些关于律师快乐与否的调查。

理解关于律师快乐程度的数据

调查数据的不同取决于所提问题的不同，这自不待言。芝加哥大学"国家舆论调查研究中心"进行的调查显示，43％的律师对他们的生活"非常满意"，这也许会让你认为快乐的律师为数不少。然而，当调查问题关注在"职业"而非"生活"满意度时，感到满意的概率也许就只有一半了。美国律师协会的调查显示，只有55％的受访律师对其职业感到满意。[7]2001年美国律协对2000名青年律师成员进行了工作满意度的调查并得出了相似结论，超过一半的受访律师说他们"至少在一定程度上对当前职位和法律实务感到满意。"[8] 满意度过半的确还不错——可别忘了，7分以上（10分满分）才算得上"快乐"。再来看看那些不满意的律师（那些感觉自己的职业不好不坏的人暂且不论）。基于美国律协针对青年律师所做的7次调研，我们发现在过去二十年间对职业表示不满的数据基本持平。在1984、1990和1995年所做的调查中，20%到27%的律师说他们“对工作不满或非常不满”。[9]在这些不满的青年律师中，大部分人并非痛恨他们的工作，只有不到7%的受访者“表达了对其职业或法律实务的强烈不满”。[10]对青年律师的调查只是对一群乐于参加活动者的抽样，这一人群
4 的快乐程度高于平均水平，因而调查结果所显示的满意程度可能比真实水平要高。[11]

1992年《加州律师》杂志的民调结果并不乐观，调查显示每十个受访者中有七个表示，如果能够重新选择职业，自己不会选择法律。[12]1998年对密歇根州律师的调查也得到了相似结果，60%的律师说“如果有机会重新开创事业，他们不会选择做律师”。[13]这些关于有多少人愿意重新来过的研究多少值得怀疑。当调查是由大范围的律师自愿参与，所问问题是关于对工作的不满意程度并且参与率很低时，那么调查所得出的不满意概率就很可能比实际的概率要高。感到不满的律师更有可能回复这种调查，因此在所有参与者中他们所占的比例会偏高。以《加州律师》的调查为例，调查问卷以传真形式发给潜在受访者，而其得到的数据可能存在偏差：

> 因为这项调查并未采取随机抽样，而是依赖杂志读者的自愿参与，这就很难得到对目标人群来说具有代表意义的结果。样本选择的偏差至少存在于两个方面：第一，杂志的读

> 者未必能代表整个加州的律师；第二（这一点更为重要），那些在工作满意度方面有潜在问题的律师才更有可能参与这样一个调查。杂志甚至没有说明参与调查的总人数，这使得该调查对于衡量目标人群的态度更加缺乏代表性。[14]

另一项针对弗吉尼亚大学法学院1987届毕业生所做的长达二十年的纵向研究却可能夸大了律师的快乐程度。这一研究显示，81%的受访者说“非常高兴自己选择成为律师，而86%的受访者对自己的生活总体感到满意”。[15] 或许，弗吉尼亚大学法学院的校友就是一群容易满足的人，不过当然也存在另一种可能——这项调查由他们的母校发起，校友们也许更愿意让那些致力于教 5
育事业的师长看到自己付出的努力有所回报，因而更愿意向他们传达这样的信息：“看，你们做得很棒！我现在是一名快乐的律师。”

然而，2007年的一项调研也基本符合以上针对弗吉尼亚大学法学院的研究结论。这项调研面向的是全美不同规模律师事务所中的律师，绝大多数受访者对于成为律师这一决定要么“极其满意”（35%），要么“比较满意”（44%），这一结果仅仅比弗吉尼亚大学法学院的毕业生们低了一点点。[16] 看起来，律师们既快乐又自豪。近期，美国律协所做的调查显示，80%的受访者表示，自己很自豪成为律师，相似比例的人认为法律实务是一项充满脑力挑战的工作。[17]

当律师们被问及选择成为律师这一决定时，他们会思考之前所从事的或未来可能从事的工作对自己来说意味着什么。而询问他们对目前所做的法律工作是否满意时，脑海中浮现的却可能是长时间的工作、某些素质不高的律师、不那么满意的薪水——尤其是跟隔壁那小子比。因此，前一个问题得到的满意度很可能比后者要高。虽然律师对其工作的满意度仅仅和街上某位工人的满意度差不多，但律师们仍然发自内心地将法律作为一项值得追求的事业。

针对律师快乐程度的通用调查方式是将所有律师视为一个整体，这种方式掩盖了一个事实，即不同类别的律师快乐程度也不同。比方说，在大型律所工作的律师不满意程度就更高一些。律师流失率在全美律所中居高不下——“大型律所（指雇用500名以上律师的律所）中，有37%的律师在三年内辞去工作”[18]。律所面临着新律师的大量流失，一年中几乎要失去五分之一的律师，大部分离职律师进入了其他法律行业工作。[19] 大型律所的动荡局
6 面让很多人把这一职业的现状想象得比现实更糟糕。法学教授道格拉斯·利托维茨将这种绝望的状态总结为：“律师们不快乐到了病态的程度。”[20] 发表在《卡多佐法律评论》上的一篇被广为引用的文章《律师们为何不快乐》注意到了法律职业中的一种现象，作者称之为“普遍性祛魅”（pervasive disenchantment）。[21] 罗伯特·柯森是哈佛法学院1990届毕业生，他在《时尚先生》杂志发表的《是谁扼杀了伟大的哈佛律师?》一文中对律师的职业现状发出哀叹。柯森写道，他的法学院同窗们要么已经离开律所，要么正急于离开，“那些离开法律行业（尤其是律所）的人

们看起来很开心。那些留在里面的正倍受煎熬，或者更糟——他们辞职了。人们聊着关于丧失自我的话题……越来越多的人说着，等有钱或有勇气的时候誓要离开律所”[22]。

顶级律所不必求着法学院毕业生们去申请，律师们并非陆陆续续辞职去申请艺术学院，有律师从十七楼开窗跳下去这种事也不多见。显然，要说这一职业陷入了危机，就多少有些夸大其词。

不过，仍然有一些迹象表明，这一职业内部并非万事顺遂。律师中罹患抑郁症、酗酒和自杀的比率异常之高。研究表明，律师的抑郁症比例高于其他所有职业类别，与其他拥有相似人口统计学特征的非律师职业群体相比，律师的主要抑郁症状高出3.6倍。一项约翰·霍普金斯大学针对104种职业中的1.2万人进行的研究显示，在整个受访人群中主要抑郁症状出现的比例只有3%到5%，但在三种职业类别——秘书、早教和特殊教育教师、律师中——患抑郁症的比例超过10%。律师中药物和酒精滥用的比例也超过了整个人群和其他行业中的比例。针对华盛顿州律师的调查估计，大约有五分之一的律师存在药物滥用问题，这几乎是全国平均水平的两倍。[23]

律师的抑郁和自杀率较高是个不争的事实，但这对于律师职业满意度的总体影响还不十分清楚。抑郁与仅仅感到不快乐有质 7
的区别。诚然，抑郁和有自杀倾向的人会感到不快乐，但临床上的抑郁症可能源于各种因素，包括基因、生化因素、人格特质、身体状况或环境因素——诸如工作中发生的事情。不快乐的比率与抑郁的比率并不精确吻合。芬兰作为居民幸福度最高的国家之一，同样也拥有着高居前列的自杀率。艺术家群体对自己选择的职业极为热爱，但他们的自杀率在所有职业中几乎位列榜首。[24]（那些灵感枯竭的艺术家或许会转而投靠酒精甚至是内心的魔鬼以寻求灵感。）法律行业也许比初等教育行业更能吸引一些严重抑郁的人加入。所以，当调查显示那些成为律师时就抑郁消沉的人在多年之后仍然如此时，我们很难归咎于这一职业本身。[25] 不过，居高不下的抑郁和酗酒率至少应当是一个警诫。法律执业所伴随的时间压力、高工作强度、对抗性立场、非胜即败的结果使从事这一职业看起来并不像一个治愈抑郁症的好办法。[26]

我们的立场如何

从这个混合数据包中我们能够得出什么结论？凯思琳·赫尔（Kathleen Hull）教授是一位擅长定量分析方法的社会学家，她认为“对于律师在工作中并不愉快这一说法，那些最有效、最精心设计的研究并没有提供多少支持证据。”[27] 我们的结论有些许不同。综合来看，这些研究结果得出的结论并不是单一的，但我们更倾向于认为，大部分律师的愉快程度大约处于中间地带。更多近期的研究以及那些样本筛选技术更优、方法更成熟的研究（比
8 如刚刚兴起的纵向研究）表明，大部分律师庆幸于选择了这一职业，并且总体上对他们的生活感到满意。[28] 然而，即使在乐于成为律师的人当中，有些人对其工作中的某些方面也并不那么满意（甚至是极度不满）。

对于绝大多数律师而言，情况还有变好的希望。我们相信律师可以在工作中更加快乐。某些律师选择了错误的法律执业领域——他们的工作与自身的价值观、强项或兴趣并不匹配。法学院的学生常常游移不定，不清楚应当怎样利用这个法律学位，他们屈从于传统职业路径或他人对自己的期待。法学院在引导学生建立满意事业这件事上可以发挥更大的作用。这些问题我们将在接下来的章节讨论。

对于律师是否快乐这个问题，答案绝非是或否这么简单。某些律师快乐，某些则不然。让我们看看律师们各分属什么行列。在下一节中，我们将考量哪些个人或工作方面的特性更容易提高律师的满意度。

孰忧孰乐?

好消息！如果你是一位年逾五十的律师，在一家小型律所或公司、政府工作，抑或你是一位兼职律师，那么你很可能跻身于最快乐的律师行列。如果你在政府的一个小分支部门兼职，那你就身在律师的快乐天堂了。反之，如果你是一家大律所里的中级律师，正埋头于十四箱证据开示材料中，那你一定在想着跳槽对吗?

深入研究职业满意度的调查数据可以发现，律师在工作中的愉快程度取决于这几个变量：年龄、种族、性别、律所规模以及法律执业类型。

9 **律师从业领域：**

74%为私人执业律师

8%就职于政府部门

8%就职于私人企业

5%已退休或未执业

3%就职于司法系统

2%从事学术、咨询或会计工作

1%从事法律援助或公设辩护律师工作[29]

律师执业类型

据称，超过三分之二（68%）服务于公共部门的律师对他们的职业、收入以及工作与生活间的平衡感到满意。那些在大律所工作的律师最不快乐（虽然他们收入最高），其中感到满意的仅占44%。[30] 居于这二者之间的是个人执业律师和小律所律师，他们的工作自主性使其职业满意度更高。满意度最低的是那些从事常规化或重复性工作的律师，他们几乎没有发挥创造力、创新性和自主性的空间，而受到计费工时制度严格限制的律师尤为不满。兼职律师较全职律师的满意度更高。[31]

年龄

五十岁以上的律师比年轻一些的律师更快乐。这一结论与一项针对80个国家，超过两百万人所做的幸福度调查相符，该调
10 查得出了一个近似U形的曲线：虽然四十岁左右的女性和五十岁左右的男性幸福度略低，但年轻人和五十岁以上的人总体上比中

年人更快乐。[32] 一个人在律所中的职位或地位多少与年龄相关。通常受雇律师比合伙人更容易郁郁不平。调查表明，从业 6 至 9 年的律师中有 40%对职业感到满意，而在从业十年以上的律师中这一数字则为 60%。职业生涯中逐渐上升的满意度或许也与那些不快乐的律师在几年后换成其他工作、随着时间推移找到了适合的领域或对工作更为得心应手有关。[33]

收入

金钱具有一定的影响力，但未必大到如你想的那样。你或许认为法律是个高收入行业，因而从业者们不会在经济问题上感到不满。然而，收入的绝对值并非影响律师幸福感的因素，真正重要的是律师的收入与同行相比处在什么水平，以及保持平稳收入的压力和不确定性。2006 年律师年收入的中位数是 102470 美元，差异取决于地理位置、工作领域（公领域或私领域）以及从业的规模和具体方向。[34] 有趣的是，大部分律师的收入远远高于会影响幸福程度的水平。虽然富裕人群和贫困人群的幸福度差异颇大，[35] 但研究表明年收入高于 5 万美元时，金钱和生活满意度之间的关系就减弱了。“年入 9 万美元以上的人感到‘非常幸福’的比率较 2 万美元以下的人高出近两倍，然而收入最高的人群与年收入在 5 万到 89999 美元之间的人相比，在幸福感方面却没有什么显著差异。”[36] 因此，假如你的年收入超过了 7 万美元（即 5 万 11
与 89999 美元的中间值），你的收入绝对值就不会对总体生活满意度产生太大影响——你赚的钱已经足够带来一份舒适的生活了。

然而，收入的相对值却会对人产生影响，且对于律师这个竞争激烈的群体来说尤甚，我们在第四章中将会继续探讨这一问题。刚刚开始工作且仍背负着法学院学生贷款的律师们会有一些经济上的顾虑。即使对于收入不错的人来说，不确定性也会影响幸福感，[37] 并且保持稳定案源的压力也会增加这种不确定性。

性别

在过去的三十五年中，女性变得越来越不快乐，不论是独立来看还是与男性相比。较之三十年前，现在大部分工业国家的女性——无论受教育程度高低、年轻或年老、单身或已婚、在外工作或做家庭主妇——都变得更加不快乐。导致这一现象的原因可能是女性身上日益加重的工作和家庭压力——她们在经济上肩负的责任越来越大，而家庭中的责任却丝毫没有减少。另一种解释是，成功机会的增加也使得女性压力相应增大。[38]

就法律执业而言，女性律师的幸福感和不如意感有着独特的模式。[39] 女性会比男性更快离开这个行业。在私人律所，女律师的流失率是男律师的两倍。[40] 女性离开法律行业并非因为她们对工作不满——事实上，女律师通常比男律师在工作中更加快乐。[41] 女性在法律执业中面临的问题更多出在缺少职业发展机会、对工
12 作环境的顾虑以及平衡工作与生活的难题上。一项针对曼哈顿百强律所中律师的调查发现，大部分从法律行业转入其他行业的女律师表示，她们跳槽的原因在于“难于平衡工作与家庭生活或私人生活”[42]。对弗吉尼亚大学法学院毕业生长达二十年的调查显示

出男律师与女律师之间的两个主要差异。男性更易于对工作和生活之间的平衡感到满意，而女性“较之男性更容易中断或放弃全职工作（39%较之 1%），最常见的原因是教养孩子，也可能是因为有一个全职工作的配偶或伴侣（77%较之 24%）”[43]。

肯尼斯·道-舒米特（Kenneth Dau-Schmidt）、马可·格兰特（Marc Galanter）、考史克·穆霍帕达亚（Kaushik Mukhopadhaya）和凯思琳·赫尔儿位教授评估了一项针对密歇根大学法学院 1.2 万名校友、时间跨度达四分之一个世纪的调查，[44] 以期找到性别对于法律职业的影响。他们发现，比起性别因素，放下工作来照顾孩子对法律职业路径及满意度的影响更大。格兰特教授解释道：“对私人执业律师来说，鸿沟并不存在于男女之间……而在于有孩子的女性和没有孩子的人之间。”[45] 虽然身为母亲的女性与其他人会形成显著区别，但肩负育儿责任的男性（虽然为数不多）在事业上面临的挫折更大。不论男女，只要离开全职工作去照顾孩子，其之后的职业生涯中都会在薪酬和晋升合伙人机会上遭遇不利，而这种情况对于“照顾孩子的男性律师更甚”。[46] 然而，虽然面临着事业上的损失，辞职照顾孩子对于大多数律师来说都是件该做的事：“不论男性或女性，辞职或转为兼职工作以照顾孩子的人在工作和家庭平衡问题上比其他人更为满足”。[47]

近乎三分之一的律师为女性，[48] 且自 1985 年起法学院的女性 13
毕业生就占到 40%以上，然而“虽然在过去二十年间女性和男性从法学院毕业并获得初级律师职位的比例相同，但女性做律所合伙人的比例仅为 17%”[49]。但合伙人职位并不完全相同。几乎四分之三的大型律所（指雇用的律师达到75人以上的律所）设有不同级别的合伙人；女性合伙人持有的股份和利润分红少，其合伙人地位并不平等。[50] 除了玻璃天花板之外，女律师还面临着其他困境，比如欠缺社交机会、难以得到想要的业务、缺少指导者、在法庭上遭遇性别偏见等。[51] 当然，男性也并非完全免于性别偏见，比如男性得以休陪产假的机会就少之又少。

族裔

非裔、西裔、亚裔以及原住民律师总共不足美国律师数量的10%，这一数字远远低于他们在全部人口中所占比例。[52] 美国律师基金会对于从业三年以下的法学院毕业生的调查显示，黑人律师在所有族裔中具有对律师职业和法律工作最高的满意度。高于80%的黑人律师和略低于80%的西裔律师表示，他们对于进入法律行业这一决定比较满意或相当满意。[53] 这一调查结果也许与职业环境有关——黑人律师和西裔律师更可能在非营利组织或政府
14 部门工作。有趣的是，虽然他们的职业满意度偏高，但收入中位数却偏低。

亚裔的工作满意度最低，然而亚裔和白人对工作环境的满意度最高。较之其他族裔，这两个族裔更有可能在商业环境中或大型律所工作。然而，虽然三大少数族裔（非裔、亚裔和西裔）都对成为律师这一职业决定感到满意，但“他们与白人相比更有可能考虑换成其他职位或在现有职位上留任不超过一年”[54]。对于亚裔来说，不满感也许源于大型律所的环境；西裔和黑人介意的是缺少上升路径。

在族裔、性别和从业领域的交叉点上，最不快乐的就是那些在顶尖律所工作的少数族裔中级女律师。因此，虽然黑人和西裔比起其他种族更庆幸于成为律师，但综合考虑所有族裔时，就职于大型律所的有色人种女律师最缺乏幸福感。2005 年，80％的少数族裔女律师在从业五年之内离职。[55] 在一项由美国律师协会进行的调研中，将近一半的女律师说她们曾遭遇贬损性的言辞或骚扰。就职于大律所的受访者在工作质量、有趣的工作项目数量以及职业发展等方面给出了负面评价，“白人男律师对其职业的满意度为 A，白人女律师和少数族裔男律师为 B，少数族裔女律师为 B－到 C＋”[56]。

其他因素

各种各样的个人因素以及人口学因素影响着律师的幸福感。从排名较低的法学院毕业的律师反而比顶尖法学院的毕业生拥有更高的幸福感。一项研究显示，排名前十的法学院毕业生中只有 15
27％表示对其职业选择十分满意，而在第四梯队的法学院毕业生中这一数字达到 43％。60％的顶尖法学院毕业生在两年内即想离职，第四梯队的法学院毕业生中只有 40％想要离开。研究者认为这也许是由于顶尖法学院毕业生更有可能在大型律所工作，因而他们仅仅是对其工作性质感到不满。然而，当研究者们为排除这一可能性而只比较就职于百强律所的律师时，满足感的差异却更为显著：“只有 26％的精英表示极为满意，而那些毕业于第四梯队法学院的人中有接近半数（49％）感到极为满意。”[57]

律所的某些政策和做法会与律师的个人特点及处境共同作

用，制造出不快乐的状态。若同性恋律师就职的律所拒绝为他的配偶提供福利，这些律师就会为律所的专横而气恼。若律所希望律师在周六也能通过视频露面，则那些宗教信仰中有安息日传统的律师就会感到对律所文化无从适应。外貌欠佳或肥胖的律师可能不太会被分配到在公共场合或法庭上露面的业务。1960 年代的一家律所曾规定，不得雇用身高低于 6 英尺的男性，理由是个头矮的律师在法庭上没有足够的威严。生活并非处处公平，律所中手握权力的人也同样如此。当你感到被不公正地对待时，幸福感也会一落千丈。

哪有什么“分院帽”

在 J. K. 罗琳所描写的霍格沃茨魔法学校里，“分院帽”会根据一年级新生的特点和才能为每个人选定与其强项最相匹配的学
16 院——赫奇帕奇、拉文克劳、斯莱特林或格兰芬多。每个学生都会来到最适合他们且成功几率最大的地方。

在“麻瓜”的世界——也就是我们的世界——“分院帽”并不存在。选择职业路径时需要我们对自己的能力、兴趣、需求等作出评估。虽然这种职业评估并不完善，但每年大约有 4.8 万名美国人借助这一评估规划好自认为理想的法律职业路径。然而事实是，出于各种原因，他们中的不少人（大约 2 万名左右）最后还是会感到失望。其中一些人也许一开始就不该选择做律师，他们或许在其他领域拥有才华和热情——比如酿酒、制作版画或教书育人。

还有一些不如意的律师在从业伊始就抱有一些不切实际的期望。他们觉得自己是最优秀、最聪明的人，在大学里表现优异又毕业于顶尖法学院，所以相信自己的努力一定会换来令人幸福和满足的事业。顶尖法学院毕业生所怀抱的过高期待和认为自己理所应当拥有好工作的想法或许是导致他们感到更加不满意的原因。清洁工人从不期待通过这项工作给自己带来极大快乐。他们并非从初中起就梦想做一名清洁工人。他们或许会说："不就是个工作吗?"，有工作就很让人高兴了。不过在工作中，他们也会找到一些让自己喜欢的事情——比如同事之间的情谊、在阳光下劳动的快乐和为社区服务的感觉——于是，他们开始觉得这份工作也很不错。然而，当现实满足不了过高的期待时（正如发生在许多律师身上的情况一样），结果或许就变成后悔当初选择这一职业的懊恼感。

最后，关于律师职业满意度居中的调查还有一点需要说明。对于不同类型的律师，"比较满意"的意义也大不相同。出庭律师的职业中贯穿着对抗制诉讼程序所造成的情绪起伏，因而他们所说的"比较满意"实际反映的是感知上的高点和低点的比率。法庭辩护是一种"高振幅"职业。而一个感到"比较满意"的交易律师也许在日常事务中能够找到一些乐趣，但也期待着更多一点的情绪能量。对不同人来说，"比较快乐"的意思并不相同。

对做律师这一职业决定感到庆幸的人未必对实际中的工作也觉得满意，这一现象反映出他们的一种想法：如果跳槽到另一家律所、换一个新的执业方向或找到应对工作中困境的好方法时，事业就会变得更好。我们相信这种想法是对的——大多数法律事业可以变得更好——这也正是本书的题中之义。

不过接下来我们将转换到另一个话题，即快乐——不单是职业中的快乐，更是人生中的快乐——到底是什么。想要变成一个快乐的律师，最好先知道如何变成一个快乐的人。不过，这个问题的答案相当复杂，不仅涉及基因和环境因素，也与我们的个人选择相关。

第二章 快乐入门书 18

如果你是一个快乐的人，那成为一名快乐律师就容易得多。不过并非每个人都有如此幸运，你也许想知道这背后的原因。在探讨如何获得快乐且有意义的事业之前，我们将在这一章讨论如何获得快乐且有意义的生活。在简要介绍关于“快乐”这个大问题的科学研究之后，本书余下部分将聚焦于如何在法律事业中获得它。

针对快乐/幸福问题的文献数量庞大，但其中又矛盾颇多。仅在 2008 年就有 4000 本关于这一主题的书籍出版，[1] 既涵盖了顶尖科学研究，也有不少通俗心灵鸡汤。我们在做了大量文献阅读工作之后把有可能帮助你理解“快乐”的有用信息写在这里。

“快乐”的三重涵义

“快乐”这个词汇就像变色龙，你在不同的地方看到它时，它的色彩也不尽相同。对于律师而言，在高尔夫球场、舞池、小酒馆或冰淇淋店里，它有着明亮的色彩。然而在律所里，它的色

彩却暗淡许多。你或许在办公室里也会有快乐的感觉，但终究不是那么强烈。最终，当一个律师回看他的整个职业生涯时，对
19 “快乐”的体会可能就不太一样了——不过，或欢乐或平淡的时光交织在记忆里，都会变成生命中柔和的光亮。

“快乐”这一概念有三重含义，因此我们在追寻它时也许会感到一丝迷茫。事实上，如果你追求的是现时快乐的最大化，那么在实现另一种快乐时也许更为困难——这种快乐就是在经历了人生风雨后，基于对自己更透彻的认知而产生出对生活的满足感。在这两种类型的快乐（短时愉悦感和丰盛的生命）之间，还存在着一种中期快乐，我们称之为知足或满足，这一类型也许与你最为相关。

虽然实现中期快乐或许是我们的首要目标，但没有人希望生活里完全没有纯粹的快乐（甚或是一些欣喜若狂但转瞬即逝的时刻）。完全没有欢愉时光的一生实在算不得令人满意。在这一章中，我们会首先介绍研究者对于如何达成快乐的研究成果，之后再聚焦于短期愉悦感和中期满足感。下一章将讨论一些关于“自我实现”的问题，探寻这一概念对于实现美好生活的意义。

忽然间，快乐研究变得很热门

好律师们都明白“真相”的重要性。“真相”是你终究无法绕过的。正如约翰·亚当斯（John Adams）在波士顿惨案庭审中为英国士兵辩护时所说的：“真相是不容改变的东西。”而关于快乐的真相——其中一些尤其不容改变——限定了我们在法律事业

中追求更大满足感的能力。

关于快乐的真相不胜枚举，且随着学者们在《幸福研究杂志》或荷兰的《世界幸福数据库》发表的各种文章而不断加增。[2] 认真研 20
究快乐或幸福问题的学生们忙着往他们的图书馆书架上添加新书，或者在申请“宾夕法尼亚真实幸福中心”（Pennsylvania's Authentic Happiness Center）的职位。然而，从前却不曾有此盛况。

倘若在几十年前，本书关于快乐的科学研究这一章肯定会薄很多，原因是科学家们直到近期才开始重视这一问题。他们曾经认为快乐几乎是不可测评的，也无法适用科学方法。定性问题（“快乐究竟是什么?”）以及认为这类问题不值得进行严肃的科学研究这种想法让科学界迟迟不愿行动，即便“快乐”是几乎每个人都关注的问题。即使在几年前，谈论快乐的也基本是牧师和励志主题的演讲人，比如《标杆人生》的作者里克·沃伦牧师（Reverend Rick Warren）和《积极思考就是力量》的作者诺曼·文森特·皮尔（Norman Vincent Peale）。

然而，当学者们的疑虑一经打消，他们便开始马不停蹄地投入工作。如今各个方面关于快乐的研究成果已经让我们应接不暇。在心理学和生命科学领域关于快乐的研究主要来自于三个独立又相关的方面。[3] 神经科学家利用新技术对脑化学进行探索，并对各种不同的脑细胞发放模式（firing pattern）如何与快乐或其他情绪状态产生关联进行评估。进化心理学家提出并推广的一套理论是关于对事件的不同情绪反应所带来的生殖优势和劣势如何塑造了早期人类的大脑并形成了我们如今所看到的快乐和不快乐的模式。最后，在快速成长的“积极心理学”领域（包含认知心理学和社会心理学），学者们利用调研和其他手段，对基因学以及地理、人际关系、职业因素如何影响快乐程度等问题进行分析。总而言之，这三大领域的研究成果让我们对快乐，以及如何感到快乐有了更为丰富的理解。

21 短时愉悦感

神经科学家和进化心理学家通常关注的是不同程度的短时愉悦感，毕竟监测大脑对特定刺激的反应要比长期监测并给予科学解释容易得多。当一百美元钞票在我们眼前挥舞时，神经科学家可以看到我们大脑的反应，然而却无法总结出在公司法领域工作十年对我们快乐水平的影响。同样，进化心理学理论只能解释诸如为何性行为或竞争成功会给我们带来快感，却无法对持续的满足感作出解释。

进化心理学告诉我们什么

进化心理学告诉我们人为何有情绪，以及具体情绪状态出现的原因。进化心理学家大卫·巴斯（David Buss）解释道：“心态机制是筛选过程的一个终端产物，这个过程如同一个筛子，只有对繁衍后代有利的特征才能通过。”[4]

大自然并不在乎我们是否快乐。从进化角度来看，持续的满足状态并不利于繁衍，也就是说，大脑向你发出“危险”的信号比告诉你“要快乐”重要得多。早期人类中对毒蛇和剑齿虎缺少警觉的人无法存活下来，也就无法将其基因传递给下一代。结果就是，在大自然的改造下，我们对负面而非正面的东西有了更敏锐的察觉。当看到自己的伴侣和部落里另一个人偷偷钻进山洞时，我们感受到的不是满足，而是嫉妒和愤怒之火。那些在采集 22
浆果和为寒冬储备柴火时停下来细嗅蔷薇的人并没有多少传承基因的机会。

早期人类中那些不愿意在寻找食物和繁衍后代上花时间的人无法把基因传承下来，因而食和色自然就成了最能引发快感的活动。进化方面的考量都集中在寻找伴侣和生存问题上，而非获得快乐和满足感上。现代人花大量时间做的事情与进化生物学几乎没有任何关系。起草合同并不是我们祖先在草原生活中每日必备的内容，在人类基因中也没有一个“快乐开关”的设计，以便让我们在对一份律师意见书第 4 页第 17 段做细微调整时打开。

各种各样的情绪反应对繁衍的成功起到了促进作用，其中有一些是正面情绪，但更多的是负面情绪。这种能够体知恐惧的能力让我们的祖先得以免受猛狮吞食或被入侵者击垮。而体会羡慕、嫉妒或悲伤的能力则让他们通过在社群中谋求一席之地来获得食物、繁衍后代的机会和栖身之所。在原始人类时代，快乐情绪也有其意义，但如同许多其他情绪一样，快乐只在某些特定条件下才会产生。进化的需要让我们无法持续保持快乐的状态——我们所能寻求的只是比当下更加快乐一点。

关于“三个大脑”，神经科学告诉给我们什么

进化让人类拥有了三个大脑。我们大脑最原始的部分是脑干，有时也被称为“爬行动物脑”，因为它的起源可以追溯至人

23 类进化史中的爬行动物时期。脑干控制着心跳、呼吸、体温以及其他一些必要功能。大脑接下来进化的区域是边缘系统（limbic system），有时也被称为“哺乳动物脑”，因为它出现在一亿年前，即哺乳动物产生初期，且它是人类和其他哺乳动物（如老鼠、河马等）的大脑都具有的部分。边缘脑包括三个主要部分：杏仁核、海马体和下丘脑。边缘脑是我们基本情绪的源头，包括爱、怕、怒、嫉妒——当然还有快乐（至少是那种短时快乐）。潜意识下的价值判断也主要由边缘脑作出。最后，灵长类动物的出现也使得在脑干和边缘系统的基础上产生了“第三脑”——新皮层，这是理性和逻辑思考所在的部分。高度灵活的新皮层分为左右两个半球，控制着人的语言、抽象思维、想象和意识。这三个脑在颅骨上共存，并且（对于情绪稳定的人来说）在神经通路的连接下协同工作。

杏仁核作为原始边缘系统的一部分，在情绪方面起着至关重要的作用。譬如说，当杏仁核发出“害怕”或“嫉妒”的信息时，快乐就不可能产生。从这一情绪控制区域通往前额叶皮质（即大脑中负责计划和推理的区域）的神经回路远多于从前额叶皮质通往杏仁核的神经回路。若没有杏仁核和它持续不断向前额叶皮质发出的情绪报告，我们就无法做出决定。接收超负荷信息的前额叶皮质最终需要依靠杏仁核让我们从不作为状态进入行动状态。一个让某些人感到失望的事实是，我们基本上更偏向情绪性动物而非理性动物。爱德华多·普赛特（Eduardo Punset）是一名西班牙律师以及神经科学教授，也是《幸福征程：一次科学之旅》（*The Happiness Trip：A Scientific Journey*）的作者，他直截了当地指出人类进化的遗产所带来的挑战：“寻求幸福面临 24
的问题”在于“虽然我们有热切的盼望，但也只能被限定在基因和易变的预制情绪世界里。”[5]

利用CAT扫描以及其他一些大脑成像和监控手段，神经科学家已经开始了解当我们经历短时愉悦时大脑里在发生什么。比方说，当给一只狗展示食物时可以观察到下丘脑的发放现象（firing），这可以被称为大脑的“寻赏回路”（seeking circuit）。有趣的是，研究者发现，当狗一旦开始进食时下丘脑便停止发放了。[6]（这也许对于许多狗主人来说并不奇怪，他们已经注意到自己的狗在想要食物时会摇尾巴，而吃食物时就不再如此。）这项研究说明，快乐也许常常与对事物的期待（而非事物本身）相伴而生。或者，正如普赛特所言，“快乐隐藏在等待快乐发生的等候室里。”[7]

研究表明积极情绪与左前额叶皮质的高强度大脑活动相关，而消极情绪与右前额叶皮质的活跃发放相关。如果“快乐蓝鸟”有一个最喜欢的栖息地，那就是左前额叶皮质。[8]当受试者经历强烈的愤怒、沮丧或焦虑时，右前额叶皮质（就在前额叶后面）就会过度疲劳。当受试者观看一段有趣的电影片段时，左前额叶皮质的大脑活动加强，而观看悲伤电影则会让右侧的大脑活动加强。[9]有趣的是，就连婴儿也同样如此。

当然，研究者们窥探我们的大脑时并未清楚地看到快乐，因为它只是一种感觉，并不具有物理属性。神经科学家无法自信地说出受试者中相同的大脑扫描图形代表着相同的快乐程度。哈佛大学心理学家杰罗姆·卡根（Jerome Kagan）提醒我们，一份大脑扫描“对于情绪来说与一张苹果的照片对于这种水果的质地和
25 味道所能传达的信息差不多。”[10] 总之，快乐与否完全来源于个人感受这个封闭框架。

关于“愉悦”的科学研究：从化学角度理解

从化学角度进行研究是理解短时情绪的关键。大脑中与情绪相关的化学物质数量可观，不过在这里我们只选取四种进行讨论。

皮质醇，简单讲就是一种压力化学物质。当这种荷尔蒙在大脑中大量涌动时，我们就感受不到快乐。我们会感到害怕、气愤或妒忌，就如我们在让人害怕、气愤或妒忌的情形下所应该表现得那样。皮质醇虽然不能令我们开心，但它也有益处，所以即使能够通过某种方式将它从人体中去除，我们最好也别这么做。然而，根据华盛顿大学理查德·戴维森（Richard Davidson）的研究，对于那些快乐的人，其大脑中具有一种“适应性的皮质醇释放模式”，这一模式能够有效调节人们时不时感受到的负面情绪。[11] 戴维森的研究表明，夜晚的皮质醇水平低于清晨，而快乐的人在夜晚的皮质醇水平比不快乐的人更低。

如果皮质醇会引发焦虑，那么我们大脑中有没有一种作为“快乐果汁”的物质呢？事实证明情况并没有那么简单。多种化学元素，包括神经递质多巴胺、催产素和血清素都对良好感觉的产生起着一定作用，但每一种物质还有许多其他功能，这些功能

并不都能让人感觉快乐。

多巴胺是一种紧凑的分子，由22个原子构成，它引起了研究者们极大的兴趣，也的确值得深入探索。当我们进行一项让人愉悦的活动时，多巴胺就会在大脑上部一条专门的神经通路中流动。引发多巴胺流动的并不是愉悦感本身，而是对愉悦感的期待。多巴胺是我们激励系统中的一个重要组成部分，造物者创造 26
这一激励系统就是为了奖励我们进行觅食或寻找配偶这些对于人类的生存繁衍至关重要的事情。它也被称作大脑中的“吸引注意力装置”，即吸引我们对于新奇事物的关注。[12]

虽然多巴胺对于人类生存至关重要，但有时候它在情绪和警觉性的提升上也有些副作用。称其为快乐之源并不完全准确。神经递质完全与生存有关，在看到令我们恐惧的东西（比如蛇）和兴奋的东西（如赤裸的爱人）时，多巴胺神经元的发放现象同样强烈。多巴胺的目的就是让我们生存并繁衍，也就是让我们对危险保持警惕，并且在食物和性中得到享受。

多巴胺也对成瘾现象负有责任。成瘾现象有多重复杂的成因，但每一种原因都涉及多巴胺的存在。对药物、色情、赌博等上瘾与这种“致瘾”的神经化学物质有关。实际上，多巴胺只是让我们关注那些能够带来短期快乐的东西，却忽视了这种行为是否会带来长期问题。然而，当我们在享受过多的好东西时，边缘系统却不会发出警示，这一点可以称为是设计上的缺陷。

正如前文所说，多巴胺与性相关，而性是一种能够带来快感的行为。大部分人在性高潮那一刻并不愿被人问及感受如何，但如果让他们回答的话，十之八九会说快乐。实际上，在最近的一项调查中，性行为是所有被测活动中平均快乐值最高的。［受访者对性行为快乐程度的平均评分为4.7分（满分为5分），饮食为3.8分，工作为2.7分。[13]］那么在性活动中我们的大脑在经历什么呢？当期待性行为发生时，多巴胺会飙升。性高潮被称为“我们所能（合法）进行的让多巴胺得到最大提升的事”[14]。对经历性
27 高潮的人进行脑部扫描所得到的结果与吸食海洛因非常相似。可惜性行为所带来的快乐十分短暂。在高潮之后，多巴胺水平会急剧下降，而神经化学物质催乳素的水平会上升（告诉我们“哇！”，继而让我们想想是否到该睡觉的时间了）。

兴奋剂也会通过提升多巴胺水平来让我们感到快乐。比方说，可卡因和安非他命带来短时快感的方式就像劫持我们的神经系统出去兜风一样，而进化本身永远不想让这种事发生。可卡因发生作用的机制就是阻挡多巴胺的传导装置，这种传导装置“就像一位门卫，它收集使用过的多巴胺分子并将它们送回其诞生的细胞中。”[15] 咖啡因也具有相似的作用，不过要温和得多。清早一杯咖啡能够增加多巴胺的分泌并产生短期的情绪刺激，不过大量摄入咖啡因也可能引起易怒、焦虑和失眠。

音乐可以让我们感到愉悦甚至兴奋。其背后的原因是否也类似于性和毒品，即与多巴胺的分泌水平有关呢？事实的确如此。神经科学家发现，音乐能够促进多巴胺（以及内啡肽和催产素）的分泌，并且使杏仁核和前额叶皮质内产生活动。哈佛大学心理学家史蒂芬·平客（Steven Pinker）将“音乐的直接作用”描述

为“产生无意义的愉悦”。[16]

性、毒品和摇滚是三种与多巴胺相关的能够产生愉悦的活动——这个名单可以列得更长。泛泛来说，多巴胺与我们在新鲜刺激的环境中产生的愉悦相关。如果说多样和变化是生活的调味剂，那么多巴胺就是这背后的原因。

从事法律工作基本不会提高多巴胺的分泌。不过，比起每日在办公室里进行重复性工作，那些充满刺激和新鲜感的法律领域会更多地激发多巴胺的分泌。律师们也可以在日常工作中找点乐子——比如去体验一下街上新开的餐馆，或者跟刚入职的律师聊聊天——这些事情或许能使多巴胺分泌得多一点。笑也有同样的 28
效果——跟办公室里的开心果熟络起来也是很有益处的。

多巴胺与我们的情绪高潮相关，而血清素——或者说是缺乏血清素——则与情绪低谷相关。研究显示，低水平的血清素与严重抑郁症和焦虑症之间存在着显著的相关性。百忧解、左洛复以及其他一些抗抑郁药物让神经元在抑郁症患者所能产生的少量血清素里浸泡更长时间，以此来改善情绪状态。当这种关键的神经递质分泌水平升高时，我们会（取决于具体情况）感受到更多的同理心、洞察力和自由感。基于这些原因，血清素有时会被称为“快乐的化学物质”——但这一过于简化的结论已经被推翻，最近的研究表明，血清素的提升并非总与愉悦感相伴而生。

提升血清素的方法有合法的，也有非法的。爱情是有效途径之一，与好友进行一场亲密无间的谈话也可以。晒太阳能提高血清素水平，如果你受不了西雅图一月份的阴郁天气，人造日光浴也有同样的效果。如果你亟需血清素，也可以进行针灸治疗。倘若你急切地想要血清素飙升，又不想让法律拦路，那么就有娱乐性毒品“摇头丸”（MDMA）。（虽然摇头丸能够产生放松和移情状态，然而对于这种聚会毒品的使用者来说有个坏消息，那就是血清素的快速上升会导致在药物作用消失后血清素水平骤降，因而使用者会跌入一个短期的消沉状态。）

最后，我们来介绍一下催产素这种荷尔蒙，以此结束这部分对大脑中负责情绪调节的化学物质的介绍。催产素有时又被称为“纽带化学物质”，因为它与爱人之间或母子之间深层次连结有关。在性行为中，男女都会释放这种荷尔蒙，这就解释了为何纽
29 带关系与性行为相关。在分娩时，女性也会分泌催产素，并且在母亲第一次听到婴儿啼哭时也会分泌，以此来促使乳汁产生。当催产素的分泌受阻时，不好的事情便会发生。例如，实验表明在这种情况下羊和老鼠会拒绝喂养它们的幼崽。（另一种情况下，当给母鼠注射催产素时，它会把任何就近的幼鼠当成自己的孩子一样保护。）

然而，近年来的研究表明，催产素的作用远超过我们之前的认识。伊利诺伊大学的C. 苏·卡特（C. Sue Carter）博士说，荷尔蒙忽然之间变得“炙手可热”。正如娜塔丽·安吉尔（Natalie Angier）在《纽约时报》上对近期研究进行总结时所说的，催产素可以说是构成了“文明生活中的两大情绪支柱——移情和信任能力”的基础。[17] 她引用了一项瑞士的研究结果，该研究发现，较之被注射安慰剂溶液的受试者，被注射催产素的受试者在金钱

方面对陌生人的信任度要高出许多。另一项研究比对了两组受试者，其中一组拥有的遗传密码使他们的催产素受体（receptor）对这种荷尔蒙有更好的响应，而另一组没有这种基因差异。实验结果是，若受试者拥有对催产素响应度更高的基因，则他们在读懂面部表情、感知他人难处以及辨别小说人物方面表现得更为出色。这种强化的受体也使人不那么容易焦虑。这些研究结果让俄勒冈大学的萨日娜·罗德里格斯（Sarina Rodriquez）博士“感到震惊”。

对这些短时愉悦背后的化学物质进行了解能否让我们更容易获得快乐呢？大脑中配备的这些化学物质是不能改变的，然而如果我们知道哪些行为或事物能够产生与快乐相关的大脑活动，那么当我们需要时就更有办法来制造快乐。不过当神经科学家的研究从愉悦扩展到满意或满足时，科学证据告诉我们，短时的愉悦 30
比长久的快乐更容易实现。能够实现长久满足的魔豆并不存在。

关于“满足”的科学研究：两种有效途径

虽然大脑中不同化学物质的暂时升高或降低能够在短时间内产生愉悦感，但这种方法却无法提升我们的中期快乐。若想让快乐维持数周而非几分钟或几小时，仅仅靠打开某种神经递质的开关是行不通的。大脑的结构和通路需要被重塑才能达到这一效果。越来越多的科学证据显示，有两种有效途径可以使情绪得到长期改善。

第一种提高左前额叶皮质活跃度的方法就是冥想。如果你觉得正念冥想并不可信，那么一些相关的研究结果也只能忽略了，比如八周（或不足八周）的冥想就可以降低焦虑和抑郁症状，并且提升幸福感和免疫系统的反应。很多练习冥想的人表示，他们感受当下的能力有所进步。神经科学家确认了冥想和生物反馈技术能够对脑部进行调整，并且将右前额叶皮质的大脑活动变为左前额叶皮质的大脑活动。正如神经科学家理查德·戴维森所指出的，快乐可以被看作是“一种技巧，本质上与学习拉小提琴或打高尔夫没有太大区别”[18]。

第二种能够使情绪得到长期改善的方法就是锻炼身体。这一方法即使对老鼠来说也适用。普林斯顿大学的科学家们近期发现，比起懒惰的老鼠，多锻炼的老鼠会产生新的脑细胞，这些细胞在应对压力时表现更好。锻炼能够重塑你的大脑，使其抗压能力更强。达特茅斯学院学习与记忆神经生物学实验室的迈克尔·
31 霍普金斯（Michael Hopkins）总结说：“情况看起来更像是这样：运动带来的正向压力改变了大脑中的结构和通路，使得它们能够更好地处理其他类型的压力。”[19]霍普金斯称这种以身体带动心理的转变“实在非常奇妙”。然而，不要指望在跑步机上跑三十分钟就能把你的问题解决掉。依科罗拉多大学的研究者们看来，至少需要连续三周到六周的有规律锻炼，才能取得心理上的疗效。

对满足感并不精准的测量

虽然对中期快乐感兴趣的科学家们可以探究大脑内部或对早期人类的适应性进行猜测，不过他们并没有一种工具来客观地测量并比较不同人的快乐。并不存在一种“快乐计量表”来准确测出你当下的快乐值，也无法精确比较你和旁人快乐值的高低。为了获知受试者当下愉悦感的高低，研究者们只能依赖他们的自评（“你现在感觉自己有多快乐——非常快乐、快乐、无感觉、不快乐、非常不快乐？”）。

对于（最为重要的）中期快乐的研究——比如对职业或婚姻的满意度——主要依靠受试者自评。自评会受时间或文化的影响而有所差异。譬如说，大部分研究都显示出日本人比美国人更不快乐，但这一结论有许多可被质疑的地方。[20] 很难确定这些自评在多大程度上受到推崇快乐的西方文化影响。出于这种对快乐的强调，美国人很可能在心理上感觉自己必须要给出更高的快乐等级，而日本文化则把和谐和责任放在了比快乐更高的位置。这也 32
许可以解释，为何对当下快乐水平的衡量（相当于瞬时快乐计量表）显示出亚洲人和美国人在中期快乐方面大体相当。

绝大多数人（大概 85%）宣称他们对生活的满意程度高于平均水平。[21] “当受访者被要求对自己的生活满意度从零至十打分时，人们几乎都会说自己很快乐，除非他/她生活在战乱中、在街头流浪，或正饱受身体或精神上的巨大痛苦。”[22] 人们真如自己说得那么快乐吗？未必如此。更有可能的情况是，自评所得出的满意度水平被人们进行“印象管理”（manage impression）的愿望扭曲了。[23] 在当今美国社会，承认自己不快乐会被很多人当成失败的标志。

任何一种测量快乐的方法都有缺陷。然而这并不代表我们要放弃这方面的研究或拒绝从中汲取经验。正如政治学家阿兰·沃尔夫（Alan Wolfe）所指出的，“该问的问题是……在种种不完善的快乐测量方法中我们应该选择哪一种。”[24]

满足感的三个组成要素

满足感——或者说中期快乐——取决于三方面：基因、境况，以及我们自己的决策和行为。这本书中绝大部分内容关注的都是第三点，即那些独立于基因和境况之外、我们所能决定并能增进工作和生活满意度的事情。不过，还是不要忘了快乐这件事并不完全受人所控。了解并接受在满足感方面的有限性才能真正对提升幸福感有所帮助。这让我们想起了神学家莱因霍尔德·尼布尔（Reinhold Niebuhr）的“平安祷告”：

> 上帝赐我平安，来接受那些我不能改变的；
> 赐我勇气，来改变那些我能改变的；
> 以及智慧，来分清这二者的区别。

33 ### 基因：难以改变的快乐设定点

最重要的一项关于快乐本质的科学发现就是：对绝大多数人来说，快乐程度是由基因决定的。遗传并非命运——基因如何表现出来并不是既定的——不过基因也会提供很强的行为动力（behavioral momentum）。对基因影响快乐程度的评估差异很大（低至40%，高至80%），[25] 不过，几乎所有人都会承认这种影响真实存在。大卫·莱肯（David Lykken）和奥克·特勒根（Auke Tellegen）进行了一项重要的双胞胎测试。这两位学者向几对同卵双胞胎询问他们对于某一事件的快乐指数，九年之后又就另一事件的快乐指数进行调查。研究发现，在很大程度上可以依据第一件事的快乐指数来预测九年之后的快乐指数。换句话说，快乐程度几乎是长期保持不变的。更令人惊讶的是，莱肯和特勒根发现，双胞胎之一的快乐指数也可以用来预测九年之后另一个双胞胎的快乐指数。即便是双胞胎二人出生之后就被分开，在完全不同的环境中成长，情况依然如此。[26] 研究者们得出结论，遗传因素在塑造我们的快乐水平上起着重要作用，其影响力比境况大得多。这一基因要素即为我们的“快乐设定点”。

快乐设定点就是你在经历非常规的积极情绪（比如坠入爱河或度过一个梦幻假期）或消极情绪（比如被炒鱿鱼或者摔断一条腿）后最终回归的基准线。我们都知道，脸上带着笑容未必就代表生活一片明媚。对某些人来说，也许每天都像一个阴郁的十一月的礼拜一。基因就像彩票，在快乐这件事上也是几家欢乐几家愁。索尼娅·吕波密斯基（Sonja Lyubomirsky）是位研究快乐问 34
题的学者，她指出：“如同决定智力和胆固醇的基因一样，先天快乐设定点的高低——无论高（6 或 7 分）、低（2 分）或中等（4 分）——都在很大程度上决定了我们一生的快乐程度。”[27] 吕波密斯基评估基因对快乐水平的影响大约占 50%，这与主流观点一致。接下来我们会谈到，不论快乐设定点是高是低，人们仍然有很大余地来控制自己的快乐感受。

不同的个性特征都与或高或低的快乐设定点相关。比如外向、乐观、爱冒险的人相对而言更加快乐，而内向、悲观、厌恶风险的人更倾向于不快乐。可想而知，最不快乐的就是那些焦虑担忧到一定程度的人：神经症患者。

与快乐设定点相关的特性并不是完全独立的。比方说，外向不仅指善于社交，也意味着乐于冒险，不论是有风险的体育活动（如高山滑雪），还是大量饮酒或同时拥有多个性伴侣。总体而言，若把人生比作一个大市集，外向者会觉得很多商铺都是刺激有趣的，而内向者并不如此。

虽然在美国人中外向者与内向者的比例大约为三比一，但在律师界内向者却比外向者多。根据一项针对 3000 名律师的调查，内向者占 57%，外向者占 43%。[28] 内向者与外向者在总人口和律师群体中占比差异如此之大说明了两件事。其一，法律职业对内向者的吸引力更大。正如迈克尔·梅尔彻（Michael Melcher）在《创造性律师》一书中所说，“法律比其他任何职业都更欢迎并适合内向的人。”[29] 律师的工作环境通常是安静且私人的，对思考、
35 前期准备和写作技巧有极高要求。（当然，出庭律师要做的面对面交谈和庭上发言等工作更适合外向者。）

美国律师协会的调查结果显示，大多数律师在实现快乐这件事上的一个阻碍就是他们的内向性格，也有研究指出了另一道阻碍，即悲观情绪。心理学家马丁·塞利格曼（Martin Seligman）指出，“悲观已被充分证明是导致不愉快的主要原因”，并且“悲观情绪和在法学院里取得优异成绩之间存在着令人惊讶的相关性”[30]。这种相关性出现的原因在于悲观主义者更容易想象最坏的情况，而避免最坏情况正是律师的职责所在，不论是起草合同时还是为委托人辩护时。简而言之，悲观情绪也存在有利的一面，

即我们通常所说的“谨慎”。谨慎的律师会提前标出可能出现的陷阱，因此可以把客户安全带到幸福的港湾，而过于乐观的律师却可能让客户迷失在未曾预料的风暴中。不过，虽然这种悲观主义在法律实践中很有益处，却并不能造就办公室里的快乐员工。

境况：对幸福感起10%影响作用的因素

> 与很多人的想象不同，外界环境对快乐的影响实际并没有那么大。
>
> ——威廉·库柏（William Cowper）(1782)

在大多数人的想象中，一个快乐的人应该生活在富裕的环境中。依照脑海中的画面，这个人正坐着游艇游弋在地中海上，身边是他的情人。他应该是一个既有钱又有名的富翁。他的形象也应该是健康、英俊又年轻的。然而现实中快乐的人却与此完全不同。

正如我们在关于快乐设定点的讨论中所说的，境况对快乐的影响程度比人们设想得要低很多。然而最令人惊讶的事实是，境 36
况几乎对快乐毫无影响。百万富翁并不比中等收入的人快乐多少。二十几岁的人也并不比六十几岁的人快乐多少。虽然女性的情绪波动更大，但男性和女性的快乐程度基本持平。[31] 即使出名也对快乐程度改变不大。境况对快乐的影响大概只占到10%。[32]

你居住在美国的哪个区域对快乐也没有什么影响。美国疾病控制中心（CDC）在2005至2008年间对一百三十万美国人进行调查，询问他们对生活的总体满意度（在0至4之间打分），其结果显示，最快乐的州和最不快乐的州之间仅仅相差了0.1分。[33] 不过这项调查给了研究者们丰富的素材来对如此之小的差异进行解释。这些数据显示出西部几个州的居民总体上比其他州的居民要快乐一点（前五名是犹他州、夏威夷州、怀俄明州、科罗拉多州和明尼苏达州），[34] 然而当两位研究者控制收入、婚姻状况、年龄等变量时，南部州的快乐值就超过了其他地区。这项研究是由华威大学的经济学家安德鲁·J.奥斯瓦尔德（Andrew J. Oswald）和纽约汉密尔顿学院的史蒂芬·吴（Stephen Wu）进行的，他们的研究结果发表在2009年12月的网络版《科学》杂志中。其结论是，在应用他们的方法后最快乐的地区实际是南部几个州，即路易斯安那、夏威夷、佛罗里达、田纳西和亚利桑那，同时这也是相对不太富裕的州。[35] 比如说，密西西比州按照原始方法排名在第48位，而按照奥斯瓦尔德和吴的方法调整后竟攀升到了第7位。媒体常常会夸大这种排名，却并不告诉读者州与州之间的差别有多么细微。[36]

37 不过，的确有一些因素会导致快乐程度的巨大差异，其中之一就是信仰。那些声称自己有宗教信仰或对信仰十分虔诚的人比没有宗教信仰的人更快乐。[37] 为何会出现这一现象是一个开放性问题。一种理论认为，宗教为信徒提供了信念感和对未来的乐观心态。另一种解释是，宗教群体中的成员会建立深层次的连接，是这种关系而非宗教信仰本身让人更加快乐。还有一种可能性是，被宗教吸引的人本身就是快乐的人，而非信仰让他们变得更快乐。一个没有信仰的人可以在一个礼拜二说："我今天就要变成有信仰的人、更快乐的人。"可是这种信仰上的变化不是人们想有就有的。[有趣的是，世界幸福数据库的负责人鲁特·范荷文（Ruut Veenhoven）指出，享乐主义者比非享乐主义者要更开心一些。[38] 针对这一发现，尚不知如何解释为何信仰宗教的人更快乐这一现象。至少范荷文的发现表明，节制并非所有问题的答案。]

享受一些亲密关系也能让人快乐。这一快乐因子既属于外界环境因素又是人们有意为之，因而很难将其归类。人是社会动物，因此经常性地与人交往可以让我们开心（不过每个人都有一些与此相反的经历）。以 5 分制来衡量（5 分是非常开心），人们的平均快乐水平为：与朋友交往时 3.7 分，与伴侣和子女相处时 3.3 到 3.4 分，与客户和同事相处时 2.8 分。比较来看，独处时的快乐水平仅为 2.7 分，不过这也高于与老板相处时的分数——2.4 分。[39]

虽然已婚人士只比单身人士快乐一点点，不过结束一段亲密 38
关系却会在短时间内对一个人的情绪造成沉重打击。离婚的人通常都不快乐。随着时间的流逝，大部分人会迈过这道坎，回到他们原始的快乐设定点。拥有亲密关系是人类的一种基本需求，缺少亲密关系的人很少会像别人一样快乐。并且所拥有的友情关系越亲密，人就会越快乐。

近年的研究表明快乐是会传染的，这也反映出了人类的社会性。在一项针对波士顿郊区近 5000 名居民的调查中，研究者们考察了快乐如何在居民所在的各种社交关系网（朋友、亲人、邻居和同事）中传播。[40] 研究发现，快乐的人们会聚集在一起，并且他们成为了社交关系网的中心。而不快乐的人处在关系网的边缘，只能通过几条关系线与中心相连接。这一结论在情理之中。不过更加有趣的是，快乐会随着关系网传递，虽然随着网路的辐射，其效果会减弱。比方说，安是芭伯的朋友，安变得快乐时，芭伯就有 15%的几率也变得快乐；如果芭伯是卡罗尔的朋友，那卡罗尔也能在这种传递下有 10%的几率变得更快乐。研究表明，友情是比亲情更好的快乐递质，而亲情是比同事情谊更好的快乐递质。地理距离是关乎传递有效性的关键，快乐在半英里之内的朋友间传递是最有效的。

在人们的想象中能够提升快乐的因素里，财富是最被过度评
39 价的。当被问及哪件事最有可能让自己变快乐时，绝大部分美国人都会说“更有钱。”在近期一项调查中，3/4 的大学新生说“经济富足”对他们来说非常重要。[41] 哈佛大学心理学教授丹尼尔·吉尔伯特（Daniel Gilbert）将这种情况总结为：“我们认为金钱可以带来长期的巨大快乐，然而事实是金钱即使在短期内也无法带来多少快乐。”[42]

不过富人的确比穷人稍微快乐一点。美国最富有的人群中有 45%认为自己“非常快乐”，而最贫穷的人群中只有 33%的人这样认为。（最贫穷的美国人里仍然有 85%的人说自己至少是“挺快乐的”。）[43] 然而，如果收入在中低水平之上，那么财富的增加所能带来的快乐就微乎其微了。对于这部分人群来说，某些满足感似乎来自于一种较高社会阶层的归属感，其原因也许是身为高

阶层的一员能够让人感到对生活的掌控力提高。

虽然在美国，不同州的居民之间在快乐程度上没有多大差异，但当不同国家的国民进行比较时，差异却非常明显。包括生活水平、个人自由程度等在内的许多因素会造成不同国家国民之间的快乐差异，不过造成最大差异的因素是人们对政府机构和社会中其他人的信任程度。丹麦人对其政府的信任度非常高，而相对于政府失去公信力国家的人民，前者就比后者快乐许多。在世界范围内，国民幸福感最高的是那些较为民主的国家，包括西欧国家、美国、加拿大、澳大利亚、新西兰等。相反，一些政府失序的国家居住着最不快乐的人民。[44]

信任是快乐的一个关键因素。建立在信任基础上的关系对快 40
乐的提升最为显著。成员间相互信任的社区要比互不信任的社区更快乐。一项实验中，研究者去往不同国家的不同城市，有意把钱包掉在地上，钱包里有失主的名字和地址，返还率最高的国家同时也是幸福度最高的国家（如斯堪的纳维亚国家）。这项研究显示了钱包返还率、社会信任度和幸福度之间的显著相关性。[45]

总而言之，对幸福指数影响最大的境况是家庭关系、职业状况、健康和政府质量。对幸福指数最大的打击是刚刚发生的分居（分居对人心情的打击甚于离婚或一直未婚）、失去工作（几乎接近于分居的影响）、非常糟糕的健康状况，[46] 以及成长在政府失序的国家。对于这些人来说，他们的境况是实现幸福的严重阻碍。不过对于大多数人而言，境况上的差异不会阻挡他们攀登快乐巅峰的道路。

适应：享乐主义踏步机上的生活

即使境况对于幸福感的影响并不太大，但外部环境的突然变动也可能会影响幸福水平——至少在短时间内。我们都知道，快乐水平的测量结果绝不是一条水平线。有些时候我们情绪高涨，而第二天（或下一分钟）就跌到低谷里了。快乐设定点并不决定我们每一天的快乐程度，它只是代表一段时间之后我们情绪的回归值。每一天或每一分钟的快乐水平受到外部境况或我们有意进行的行为的巨大影响，这正是我们接下来要讨论的问题。

41 我们的快乐水平围绕设定点上下波动这一趋势被称之为“适应”，也可以叫作“享乐主义踏步机”上的生活。如果得到了渴望已久的升迁、和最爱的人结婚或者中了彩票，我们无疑会感到更加快乐，不过在未来的某个时候（可能是几天后，也可能是几个月后）快乐水平又会开始向设定点回归。对于消极情绪也是同样如此。如果被炒了鱿鱼、结束了一段恋情或在熊市亏了钱，我们又会毫无疑问地经历短时的不愉快（甚至沮丧），不过大多数人在不幸事件发生之后又会慢慢回复到设定点。总之，那些我们觉得会令自己永远幸福的事（就像童话里说的那样）绝少发生，而生活中即使是最沉重的打击也不会让人一辈子颓废不振。不过，这并不代表着我们对任何情况都能够适应。比如说慢性疼痛、威胁生命的危险、高分贝的环境噪音都会造成长期的坏心情。截瘫患者不会像其他人一样快乐。虽然随着时间的流逝我们会慢慢适应，但有时未必能够完全回到最初状态。有趣的是，我们对小烦恼和小确幸的适应力反而不如对重大事件的适应力强。

每天上班时等电梯等得太久让你烦恼，是因为这样微小的负面经历还不足以触发我们的“心理免疫系统”。由于这种适应性并未被充分认知，所以人们很容易高估一个积极事件给我们带来的快乐，也会低估面对人生挫折时我们的自愈能力。

人们通常也不太擅长预估未来的快乐水平。很多人（虽然其中没有太多律师）有一种乐观倾向，让他们对未来的快乐估计过高。当被问及未来五年自己会有多快乐时，接近 3/4 的受访者认为他们会更加快乐，只有 5%预测自己更不快乐。[47] 实际上，我们 42
对未来五年或十年的快乐水平能做的最好预测就是如同现在一样——因为事实的确如此。在想象中，未来的我们仍会像现在一样看重相同的事情，并且随着一些期望的实现，比如有了孩子、搬进新家或得到晋升，我们会变得越来越快乐。然而现实是，在不同的时期，我们看重的事物也不同，而生活也在不断把我们推往意想不到的方向。

内在因素：你能够掌控的、对幸福感起 40%影响作用的因素

影响幸福感的因素中，除了 50%的基因影响和 10%的境况影响，剩余 40%取决于我们自己的行为和思维方式。[48] 换句话说，如果生活境况远远超过了我们能够控制的范围，那么一个精心选择的策略就能够让我们的幸福感提升 40%。当然，并不存在一个必定能让幸福感提升 40%的万能方法，这个数字仅仅代表我们在采取各种符合当时情境和个人特点的方法后快乐提升的最大值。

那么哪些方法能够有效地让快乐增加呢？这样的方法多种多样。

提升满足感

“让幸福感增加40%的方法”[49]关注的是那2/5我们自己能够控制的部分，也是真正能够靠我们自己实现的方法。你无法改变
43 你的基因，且大部分境况也无可改变（比如年龄或健康）或很难改变。40%是通过人为策略让幸福感得到提升的最高值，这是很难达到的，就如同现在的你只能做十个俯卧撑，却想要一下子做到一百个。你需要耗费很多的精力，结果也未必如愿。可是，如果让自己变快乐都不值得尝试的话，那还有什么是值得尝试的呢?

在第四章我们将会详细讨论律师们怎样提高职业满意度，不过除了工作，生活的其他部分也同样重要，所以在这里我们将会提供一些建议来让你的整体生活满意度也得到提高。一个快乐的人通常也会是一个快乐的律师，所以采取以下方法也许会让你对自己的职业感觉更好一些，虽然这些方法并不只是围绕职业设计的。

我们推荐的方法总体上旨在提升人们的满足感，而非那种短期愉悦感。不过短时快感也会提高整体的生活满意度，这应该无需再提了。所以，在尝试以下方法时也别忘了让自己享受一下那些生活中的小乐趣。偶尔给自己来一份双倍软糖冰激凌，或拿起雪板登上雪坡，抑或享受一次瑞典式按摩。

也别忘了做一些可以促进长期满足感而不仅仅是短时快感的事情。这些事情包括运动、充足且有规律的睡眠以及冥想。不过，对于律师而言，每天拿出时间来运动、保证充足睡眠并且冥想实在不太容易。我们会在下文讲到平衡生活的重要性，这里所

说的就当是提前提醒读者一份每周 70 小时的工作所需要的成本吧。在你的冥想或瑜伽导师的引导下尽情放松，并享受一下自我发现之旅。

成为一个活力四射的人 44

提高生活满足感的六个要素

不论在什么文化背景下，一个人能否充满活力都与六个关键要素有关——而一个活力四射的人通常也对他/她的生活感到满足。这六个要素是安全感、自主权、真实、关联、胜任感和自尊。[50] 建立或失去这些要素都在你的掌控之中。如果你走对了棋，就会获得幸福感的提升。

安全感是这个名单里的异数，因为安全感比起其他要素来说更加取决于外部条件，并且是产生幸福感的前提。恐惧和焦虑之下人是无法充满元气的。出于惧怕而做出的选择根本不能称之为选择。生活在战火纷飞的地区，脑海中每日充斥着炸弹落到自家房顶上的恐惧，人们从何寻找活力？大部分人虽不生活在战乱地区，但也有一些社区中的人每日要为安全担忧。有些人甚至会担心来自同一屋檐下的威胁。还有人虽不担心人身安全，不过会在健康或经济方面感到焦虑。当生活中存在着让人深感焦虑的事情时，满足感就变得可望不可即了。那么无须多言，任何能够减轻这些焦虑的方法都值得一试。是否能够负担得起居住在安全社区的价格，然后从不安全的社区搬出来？是否能够寻求医生、心理医生或理财规划师的帮助来解决那些给你带来不安全感的问题？这或许是些很沉重的话题，也远超本书的讨论范围，不过如若不能直面这些问题，那接下来所提出的任何建议都不会有太大帮助。

自主权是指能够随自己意愿进行选择的能力，而不受恐惧或其他限制（不论是真实的还是想象的）的阻碍。简言之，一个自主的人可以做她/他想做的事。不难想象，是否拥有自主权是决
45 定一个人是否能够活力满满的关键。不过每个人都有面临有限选择的时候。可能是没有足够的钱去度个梦幻假期；或者虽然钱不是问题，却无法从繁忙工作中抽出时间；抑或钱和时间都有，但必须要照顾年迈的父母。我们并不总能肆意而为——这很正常。明白“不是每扇门都能为我打开”不单是成长的功课，同时也是让自己更快乐的一个前提。

事实上，当我们可选择的选项被缩减到一个可控范围后，自主权并未被削减，反而得到了加强，这或许是一个在自主权方面最值得关注的问题。困扰很多现代人的问题恰恰在于选择太多而非选择太少。选择太多也许会让我们无法做出任何选择，或者做出选择后又后悔没有选别的（即所谓的“卖家懊悔”情绪）。巴里·施瓦茨（Barry Schwartz）所著的《选择的两难：为何少即是多》颇有见地，他在书中写道，现代生活给了人们太多选择，那些过分分析各个选项的人更不快乐、更悲观焦虑，而那些觉得“已经很不错了”而很快做出选择的人则更快乐。施瓦茨称那些过度分析的人为“最大化者”，他们“在自己的幸福问题上花了太大价钱”。[51] 选项过多对于“最大化者”来说简直是噩梦，可是容易满足的人却明白没有哪种选择是完美的，与其花费大量时间

来做选择，不如把这些时间更好地进行利用。

真实是指一个人真正做自己。一个真实的人根据真正的自我价值观做选择。隐藏自己的性取向、政治派别或精神偏好都会影响情绪健康。[52] 当你的目标与自己的深层价值观相一致，而非迎 46
合他人给你灌输的价值时，你的生活将会变得更清晰并且充满目的感，这会让你更容易感到快乐。这对于你个人和法律事业的影响将会在之后的章节讨论。不过，如果你是社会保守党的一员却在一个为色情行业辩护的律所工作，那么你的职业满意感很难实现，这应该是显而易见的。不过真实并不只与那些重大选择相关，它也关乎一些细小的方面。你是否明明更爱喝百威啤酒，却因为怕朋友看低你而点了索诺玛的黑皮诺？你挑选的家具是出于自己的喜好还是听从了你妈妈推荐的室内设计师？差不多每个人都会隐藏一部分真实的自我，不过你隐藏得越少，快乐就越多。想想哪些事能够真正让你（而非任何其他人）快乐，然后多花点时间在这些事上，你就离真实的自己越来越近，也离幸福越来越近了。如果你的朋友纷纷疏远你，因为你忽然开始在裸体主义者营地打排球——那也没关系，他们反正不是你最好的朋友。

第四要素是连接，即与他人相联系的感觉。人与人之间是相互需要的。我们需要分享、需要放声大笑、需要彼此支持。当然，形成深层次关系是件耗费时间的事，并且通常需要一系列做出承诺并履行承诺的过程来建立信任。好消息是，建立亲密友谊的过程同时也伴随着满足感的增加。比如，常常表达感谢就是一种必定能增加生活满足感的方式。原谅别人并且重新来过也会让

满足感提高，而沉溺于过去的错误中无法自拔只会把快乐拒之门外。表现得快乐会加强朋友间的关系，并且让自己也感到更加快
47 乐（仅仅是脸上展露一个笑容就能让你的快乐增加一点）。做善事会让你满足，与亲朋好友一起追忆往昔也同样如此。我们可以继续列举下去，不过你已经明白了这其中的道理。

第五要素是胜任感。人们在战胜了挑战或完成了艰巨任务后会感到自己很能干、很有价值，并且也会感到开心。作为律师，你（或多或少）已经掌握了一项不简单的技能。如果你已开始从事某一法律业务并且拥有所需的技能，那么你或许已经在客户和同事的反馈中感受到了自己的价值（如果你精通某一领域，律所里却无人重视，那或许是时候离开这家律所了）。除了法律事业外，在其他领域（比如木工、网球）有所擅长也会让你感到快乐。通过提升自己的某种技能，人们可以在无聊和焦虑时寻找快乐，提升幸福感。

最后，一个元气满满的人是自尊自爱的。自尊与满足密切相关，以至于有时几乎被看作是同义词。一个自尊的人对自身感到满意。自尊在多年来都是一个重要话题，在本书中就不对这个问题进行深入探讨了。无须多言，采取方法来提升自尊的同时也会让我们更快乐。这些方法包括与自己和解，为自己试想一个理想的将来，避免过度深思熟虑，或做一些让自己感觉良好的事（比如做善事或应对一项困难的挑战）。

你怎样评估一个活力四射的人身上的这六要素呢？在1—10分的范围内，你认为自己的强项和弱项分别是什么？关注这些内

在（或自我发展）目标要比关注那些外在目标（比如追名逐利）要快乐得多。

快乐时，生活也变顺利了吗？ 48

我们不是为了变成更好的伴侣、朋友或律师而追求快乐；我们只是喜欢快乐而追求快乐。“变快乐是人们强烈的，或说是主要的，甚至是一门心思的愿望。”[53] 然而事实证明，快乐的好处不仅局限于其本身。正如上文所说，快乐的一个附带利益就是让别人也受到快乐的感染。快乐也会让我们更乐于接受信息，不论是来自他人的还是来自周围环境的信息。快乐还会让我们留意到那些在心情不好时忽略掉的事。我们开始发现花园的可爱，听到黄鹂的歌声，嗅到雨水滴落时的气息。同样的，我们更能读懂周围人发出的信号，变成更好的倾听者，并且更知道如何满足爱人和朋友的需要了。最后，快乐也能使我们更健康，不论是免疫系统还是抗挫折能力都会提升。快乐的人比不快乐的人更长寿。[54]

在这一章中，我们看到了快乐的组成元素。虽然基因这一元素占了很大比重，但我们所做的选择和采取的策略同样也会对快乐产生重要影响。在下一章中，我们将探讨在法律职业生活中哪些方面会让我们更快乐，而哪些方面又与这个目标背道而驰。让我们继续吧。

49 第三章　律师的快乐与忧愁从何而来？

一位芝加哥大学国家民意研究中心（National Opinion Research Center）的研究员分析了一份有关198种行业从业人员的调查报告。他发现，在职业满意度方面排名最高的是牧师，而排名最低的是屋顶修理工。[1] 这项调查并没有分析其背后的原因，不过我们在前面所学到的有关快乐的知识大体可以提供一些思路。接下来，我们将看到律师拥有怎样的快乐水平。但在此之前，不妨先来看看最快乐和最不快乐的职业，以便为我们提供一个衡量标准。

牧师不仅对自己的职业感到满意，他们通常也是快乐的人。他们的职业满意度最高（87.2%的牧师对其职业“非常满意”），同时对个人生活的满意度也最高（67.2%称自己“非常快乐”）。当然，这些数据也提出了一个“鸡生蛋还是蛋生鸡”的问题：牧
50 师们快乐是因为这份工作本身让人快乐，还是快乐的人进入了神学院然后把他们的快乐转化成了对职业的满足感？答案可能是二者兼有：那些快乐的人成了牧师，并且他们热爱这项工作。快乐

的人看到的是一杯半满的水，他们在生活的各个方面都拥有高于平均值的满意度，包括对婚姻以及居住地区的满意度。[2] 现实情况很有可能是这样的：进入神学院的人相比于其他人而言更以目的为导向，更加外向并看重人际关系（即各种能够提升幸福感的方面）。

不过，牧师工作本身也会让参与其中的人感到非常满足。声称对工作“非常满意”的牧师要比对在个人生活中“非常快乐”的牧师高出了整整20%。这一现象又作何解释呢?

一方面原因自然是牧师的工作与他们的价值观完全符合。他们寻找实现永生和个人成就感的路径，并引导信众走上这条道路。他们劝慰信徒，并且（在他们愿意这样做时）抵制这个世界的邪恶。研究者发现，相比于那些认为自己的工作没有社会价值甚至有损于公共利益的人，那些认为自己所做的事有利于公共利益的人会感觉更好。[3] 在这方面，牧师比大部分律师更有优势。牧师们可以选择符合自己价值观的神学院就读，而通常情况下法学院并不教授一套独特的价值观。

一些其他方面的因素也提升了牧师的满足感。他们的工作需要与别人的生命建立深层次且有意义的连结，而这种深层关系与更高程度的快乐相关。牧师在工作上还有很大的掌控感。通常他们可以自由决定教会日程和活动（“今天讲道的主题是什么?”“青少年组今年的校外旅行应该去哪里?”）。并且他们也拥有较 51
为灵活的时间表以及工作与生活间较好的平衡。牧师在工作中会面临需要发挥创造性的问题，还经常需要与生活不幸的人交流，这些工作性质都有利于提高满足感。

与牧师相比，屋顶修理工就惨多了：在烈日或严寒中趴在屋顶的沥青瓦片上，还要随时担心自己的安全。更糟糕的恐怕是：这项工作完全缺乏创造性，你只能按照设计好的顺序铺瓦片，即使内心住着梵高也没有一点点发挥的余地。掌控感和与他人的互动被降到最低，除了你和你的屋顶外别无其他，单调乏味的工作一小时接一小时。

在国家民意研究中心的研究结果中，排名最高的工作是那些与价值观紧密呼应并且能够对他人有所帮助的。紧随牧师之后的是理疗师、消防员和教育行政官员（院长、校长和学监）。教师排名第六，处在艺术家和作家这两个可以发挥创意且拥有个人掌控权的工作之间。

在工作满意度名单的末尾，稍高于屋顶修理工的是服务生、酒保、打包工和理货员。这些工作（酒保也许是个例外）都缺乏创造性，也无法让人在工作中表达自己的价值观。

基于以上看到的最满意和最不满意的工作，律师中等偏上的排名应该在预料之中。律师中有52.4%的人表示对工作“非常满意”，这一排名低于医生（57.9%的满意度），并介于编辑（52.9%的满意度）和会计（49.7%的满意度）之间。那些排在名单中间
52 的工作（包括法律工作）在某些方面有优势（比如有挑战性），某些方面有劣势（比如没有掌控权），其他方面居中（比如与人互动的机会或与价值观的联系）。

虽然法律工作报酬很好且受人尊敬，但律师对其职业满意度却马马虎虎。收入和名望与职业满意度并没有太大关系。律师也

是可以帮助他人的工作，这通常可以提高职业幸福感，不过与牧师不同的是，客户并不会在开心的时候去见律师。

美国律师协会进行了一项调查，比较的是律师的工作经历与当初进入法律行业时的期许相比有多大出入。这项研究显示，法律工作中的“头脑挑战”与最初的想象最为相符。对于喜欢解决智力难题的人来说，法律是个很棒的领域，这个领域中的每一个人对此都心知肚明。有70%的律师说，他们觉得工作中的智力挑战与当初想象的“非常一致”。而最让他们失望的是，这项工作并未像期待中那样对公共利益做出多大贡献。调查中只有16%的律师认为他们的工作如预期一样可以对“社会利益做出贡献”。1/4的律师表示他们的预期“完全没有”得到满足。评价居中的是经济报酬方面。认为报酬“非常符合”期待的律师占34%，认为“基本符合”期待的占52%。[4]

律师或多或少会有些控制权，这取决于具体从事的工作——或是小律所里做细分市场的律师，或是手里有公司规则模版的法务人员，抑或是大律所的律师。不过也有很多事是他们无法控制的，比如其他律师、截止日期、营业额。依据美国律协2007年 53
的一项调查，69%的受访律师说这个行业“越来越不文明”，而大律所中90%的律师认为律所间的竞争越来越激烈，以至于让律所不得不放弃传统的职业模式以追求更高的效率（比方说更注重计费工时，更在乎发展客户而非建立同事之间的关系，以及不再不计成本地追求工作质量）。[5] 有一半的律师说计费工时带来的压力是他们考虑离开律所的一个“非常重要”或“比较重要”的原因。[6] 比起挣更多钱和升到更高的职位，律师们更想多花时间陪伴家人和朋友。

这些调查结果清楚反映了律师在追求幸福时遇到的问题。许多律师（尤其是那些在私营经济领域从业的）因为这种工作并不符合自己的价值观而感到失望。不少律师对法律业务的过度竞争和零和竞争感到不满。还有很多律师想要追求事业和个人生活的平衡（有时多少能够实现一下）。在以下章节中我们会更加详细地讨论这其中的一些问题。

是什么让律师不快乐？

工作压力、高计费工时以及低品质生活

> 撒谎是一种生活方式——它太不可或缺了，以至于都变成了一个优点……我们的公司文化要求员工们在任何情况下都要表现出对工作的热情。合伙人可能会走进你的办公室，问你周末有何安排。正确回答应该是“没有安排”。接下来
> 54 你就会被分派任务来填满周六和周日的时间。第一次被问到这个问题时，我喃喃说想去佛蒙特。那个外号“梭鱼戴维”的年轻合伙人用夹杂着怀疑和同情的目光看着我，就像我刚刚暴露了自己是个弱智。他忿忿地叹了口气说：“这是一个反问句。”[7]

许多律师因为严格的计费工时制度和长时间工作的职业需求

而感到不快乐。这的确是一份压力山大的工作：客户可能抱着完全不现实的期望；交易会搞砸；处理案件的同时还要背负着寻找新案源的压力；案件有各种不可更改的截止日，因此你不得不忙碌到深夜；让案件进入庭审程序的费用可能会不停攀升；你的委托人可能会被定罪——并且面临终身监禁甚至死刑。律师代理的是那些受到精神创伤或正在经历人生中最严重危机的人，总之是些不快乐的人。[8]

工作量过多是问题的一个方面。近年来，计费工时要求越来越高。在 20 世纪 70 年代，大律所律师的平均计费工时大约为一年 1700 小时（每周 34 小时）。2009 年全美大小律所的平均计费工时是一年 1888 小时，不过大律所里合伙人每年的计费工时可能高达 1900—1950 小时（平均每周大约 40 小时）。[9] 每周工作 40 小时听起来并不难，但 40 个计费工时意味着真正花在办公室的时间要比这多得多（有人估计大约多 50%的时间）。通常计费工时不包括律所的管理工作、公益案件、开拓市场和发展新案源、招聘律师及工作人员、对年轻律师进行培训和指导、上继续教育课程，更不用说办公室里的会面时间、茶歇和与同行的社交活动。美国全职员工的周工作时间中位数是 40 小时，而律师是 45 55
小时，1/5 的新律师甚至达 60 小时以上。[10]

美国法律职业协会（Association for Legal Career Professionals）在 2009 年根据律所规模发布了一份计费工时评估表（见表 1）。[11]

表 1　不同规模律所的年计费工时

律所规模	计费工时要求（小时）
50 名或不足 50 名律师	1814
51—100 名律师	1847
101—250 名律师	1864
251—500 名律师	1904
501—700 名律师	1908
701 名或更多律师	1938

从这个表上看，小律所和大律所律师的计费工时要求似乎相差不大，但大律所的律师实际有更多的非计费时间，比如说进行管理工作的时间和会面时间。律师们要费时费力做这些工作，可在人员减缩后（包括主动和非主动离职），他们之中也只有 15% 能成为合伙人。[12]

不止计费工时的要求上升了，合伙人资格和奖金也与计费工时直接挂钩。接近一半的百人以上大律所采用“达到设定目标”来作为计算奖金的标准。[13] 各种研究和调查中收到的律师反馈都展现出他们的不满，他们感到自己的价值被工作时间量化，职业晋升也由工作时间决定。一位律师说，“献身就等于晋升。你工作得越多就升得越高。”[14] “老鼠”（一位在大律所工作并撰写地下通讯的匿名律师）说，他之前一直因为计费工时不够多而被批评，直到某个月他忙于“各种文书工作——校对、整理和复印文
56 件”时，合伙人却大加赞扬他的计费工时高。[15]

虽然在大律所工作有很多好处——新入职的律师起薪可达 16 万美元，特制配餐送到桌前，错过末班火车后有司机送回家——但这都是计费工时制度所利用的道具。一位法学教授说，“很多

律师感觉自己是在装修豪华的血汗工厂里上班。”[16]

科技也助长了律师们面对计费工时上涨和生活质量下降时的不快乐。虽然借助各种科技手段律师们可以更加多产和高效，但他们也变得可以“随传随到”——通过邮件、电话、传真都可以联系到他们。在《美国律师》杂志的调查中，一位受访律师抱怨道：“科技让合伙人可以占据你的任何时间，不论你是醒着、睡着还是在休假。”[17] 办公地点的灵活性是一件好事，但它同时也模糊了上班与下班的界限，这使律师的不满更加强烈。

因此，我们看到律师对其职业生活感到不满的主要原因其实在于生活质量问题：过长的工作时间以及自身价值被计费工时来衡量、工作性质本身伴随着的压力、执业后感受到的现实与理想的差距以及每日里的重复性事务。

法律越来越像一门生意，而非一种职业

“金钱几乎是律师对其职业所有不满的根源：长时间工作、
商业化、吸引并留住客户的巨大压力、激烈竞争的市场、合伙人 57
间缺乏合作与忠诚、律师行业差劲的公众印象，还有行业里的不文明现象。”[18]

法律越来越像一门生意，而非一种职业。律所关注的是利益最大化。金钱等同于律所的声誉以及个人事业的成功。这些经济推动力不止作用在法律行业上，贪婪和竞争的加剧在各行各业以及社会生活中都不鲜见。经济学家罗伯特·弗兰克（Robert Frank）和菲利浦·库克（Philip Cook）称其为“胜者通吃”的社会。

如今的律所与从前相比给律师提供的职业保障越来越低。律所会放弃那些盈利性不高的领域，对辞掉律师也没有什么顾虑。20 世纪 90 年代，随着银行信贷紧缩和垃圾债券市场崩溃，大量律师和银行高级雇员失业。近几年由次贷危机引发的一系列经济问题造成雇用放缓、律师和律所员工失业、夏季招聘停滞、招聘信撤回，并让很多地产和金融律师转投其他领域。

律师的高周转率让律师对律所的忠诚度降低。法学院毕业 5 年内的律师中有 80%至少换过一次工作。[19] 这一数字比 1988 到 1996 年之间增长了 2/3，而传统主义者和婴儿潮一代一生只在同一间律所工作。[20] 即使一个律师做到了合伙人，他与律所的关系也并非永久性的。高级职位会有各种类型：通常分为权益合伙人（即律所的部分所有者）、非权益合伙人、顾问或高级顾问。这种精细分层的合伙人结构产生了异化的等级。在分层合伙人制度中，低层级合伙人的待遇不像是共同所有者，而更像是永久雇员。

58 律所的合并、解散以及横向招聘（lateral hiring）已经越来越常见。随着合并的步伐越来越快，兼并的本质已经发生了变化。法学教授戴维·埃克特伯格（David Achtenberg）说到，“在二十年前这种情况不可想象：如果一家律所明知与另一家律所合并会带来利益冲突、使很多合伙人离开律所或剥夺了他们的实际控制权，还是依然这样做。可在今天这已经非常普遍。”并购会增加不安定感并使信任感削弱。

律师们看重财务底线并尽量使利益最大化；成功与否仅仅基于量化标准——计费时数、每小时费率、律师费或有利判决。有些律师迫于经济压力可能会同意客户的一些要求，即使这样做等于在职业道德的悬崖边跳舞。律师的收费模式也助长了争议长期得不到解决的情况。这样的例子比比皆是，有些辩护律师使诉讼拖延数年，为的是让高额计时费用源源不断地流入口袋。

有些律师越过底线，做出不道德的事。有些律师表现得很不专业且让人反感，比如言语粗鲁或使用一些阻挠战术。接下来我们要讨论的就是律师的不文明行为引发的不满。

文明缺失

> 她要想耍花招，我就能回敬她……朋友们，我可是法学院毕业的。
>
> ——电影《新娘大作战》

律师职业生活中的一大不满来自于其他律师。这个行业里不文明的事并不少见。只要有律师聚在一起，就一定会有人对此抱怨起来。法律行业中的各种竞争手段本不稀奇，但不正当的手段 59
却愈发增多，尤其在大城市里更为明显。[21] 在小城镇，大家都彼此相识；但在庞大的都会地区，案件的两造律师也许今生只见这一次。这背后不仅是职业共同体认知的缺失，更是文明的缺失。

抗辩制和积极代理的道德义务产生了一些扭曲性后果。有些律师觉得强硬姿态可以带来战略上的优势，有些则把诉讼当成了一场战争。他们可能会进行人身攻击、侮辱谩骂、威胁向律协投诉对方，或粗鲁无礼、心怀敌意。这种全无专业性的行为会发生在律师与律师的接触中，也会发生在口头取证（depositions）过程中并进入到法庭上。在已知案件中的粗鲁行为包括讽刺、不合宜的语言、贬损女性律师的称谓（比如“小女人”）、称被告为“草丛里的毒蛇”或“懦弱、肮脏、卑微的狗”，还有冒犯及不合作的行为。在一项针对律师的调查中，56%的受访者表示，“惹人厌是在一些律师身上最常见、最令人不快的品行。”[22] 在联邦第八巡回法院一项针对随机抽选的4600名律师的调查中，近3/4的女性律师和半数男性律师表示在过去五年中遭遇过（包括与性别相关的）不文明行为。[23] 在另两项调查中，69%的律师认为这一行业中的文明程度在滑坡，而80%的法官表示曾有不文明的律师行为在他们的法庭上出现过。[24]

文明程度倒退源于律师的增多、竞争的加剧、对新律师指导的缺失、交往密切的律师小圈子的消失，以及社会总体文明程度的下滑。当然，这在一定程度上是一个“美好往日”的问题。一些老律师脑海中三十或四十年前的情景可能被记忆美化了。克拉伦斯·达罗（Clarence Darrow）在1932年写道：“审判不被当作是发现真相的过程而庄严地进行，反而更像是一场争夺奖牌的比
60 赛。”[25]（作为法庭上最像奖牌争夺者的人，达罗的这一评价听起来颇为有趣。）

时下一些诉讼中的焦土战术都不止是伪造事实、主张无意义的请求、强硬谈判、不尊重证人、残酷的交叉询问、滥用证据开示和上诉程序。各州纪律委员会曾处罚了一些律师，他们称对方律师是“小混混”“小子”“傻瓜”“白痴”，推搡别的律师；在一

个案件中，一方律师还威胁对方，若不同意调解就让他尝尝“法律上的直肠检查”。南加州最高法院对一名律师发出公开谴责，他曾对一位宣誓证人叫嚣，要把对方一丝不挂关在房间里对其舞刀弄枪，还要把对方装在“大口袋”里封严实。[26] 优兔（YouTube）视频网站上有一段点击量很高的视频，内容是一次口头取证中几个很有名的得州律师口中脏话连篇。[27]

在不断的摩擦中，律师们感到孤立并且学着不再相信别人。如果随时都可能面临血淋淋的诉讼战术和人身攻击（而且不仅仅来自于对方律师），可以想见每天去打仗（啊不，去工作）多么令人紧张。

这种竞争和不满也会进入律所中。其中一种紧张关系来自于一起工作的律师之间，马克·格兰特（Marc Galanter）和托马斯·佩雷（Thomas Palay）称之为“竞争合伙人资格锦标赛”：

> 每隔一段时间，律所都会举行一场竞赛，参赛者是所有刚加入的律师，奖杯就是成为合伙人的资格，颁发给固定比例的成绩优异者。每位参赛律师的最终成绩由律所规模和他在两方面的表现决定：(1) 高质量的法律工作；(2) 他本身的人力资本（这是一个主观指标，不能机械地衡量）。在一段时间后，这一组参赛者会被排位，位次在前的就是“胜者”（比例从10%到90%不等）。失败的人被告知他们可以继 61
> 续在这工作，但永远不会成为合伙人；或者他们将获得安慰奖——比如遣散费或者在找新工作时得到一些帮助；也可能

> 就只是简简单单被辞掉了。[28]

合伙人同样也会参与进来，尽管他们的比赛有些不同。一些合伙人会私藏客户名单。律师的横向流动性（尤其对于那些手中掌握客户资源的律师来说）让那些与客户有紧密合作关系的律师不愿与他人共享客户资源。他们不与其他合伙人分享客户，而是把工作分配给手下的律师，这样做是为了能在律所中保有话语权，并且在跳槽时有一份客户名单可以带到新律所。律师如同雇佣兵一样，可以随时拿起公文包开往下一站——就像雅痞版的《愤怒的葡萄》——他们也对与同律所里的同事增进关系没有多大兴趣。

文明程度退步的另一个附带结果是对市场的重视过于对律师才能的重视。驱使律师不分享客户的内在经济驱动力产生了一种现象，即律师们不愿把某些问题交给最能胜任的律师，以免客户被挖走。只重视收入让律所的专业性下降。

抗辩制也会对个人关系产生负面影响。法学教授戴维·冈瑟（David Guenther）所讲的故事就是关于赢得一场辩论——虽然在法庭上是一件好事——却有可能破坏你与别人之间的关系：

> 多年以前，一位男生来感谢我在课上教给他的东西。他说“我第一次跟女朋友吵架吵赢了。”巧合的是，几个月后一个女生来问我，怎么才能让她的男朋友别再像律师一样跟她吵架。
> 62 我告诉这个女生，有一次我在跟太太谈话（我以为只是在

“谈话”),她却忽然反驳我说:“行了,别再审我了!”[29]

赶上众达(Jones Days)律所的步伐

近年来在法律界出现的一个新现象是薪资信息的传播,包括同事的收入、合伙人的股份、律师的工资和奖金。在过去二十年里,关于相对财富的认知广泛传播,与此相伴的是财富和价值概念的合并。

在1975年之前,每一地的律师协会都会颁布律师收费最低标准,直到联邦最高法院裁定这一做法构成价格管制。在那时,很少有律师可以赚到天文数字。现在这样的律师不在少数,他们可能是通过为原告代理或者是作为律所合伙人获得巨大利润。现在不仅是有钱的律师越来越多,关于他们的信息也越来越多。

1987年,身为记者和律师的史蒂文·布里尔(Steven Brill)创办了《美国律师》杂志。在它发行前,律师们都有一个共识,那就是公开讨论自己或同僚赚多少钱是有损斯文的行为。行业里谁赚得多大家都心里有数,但是不会直接谈论这件事。布里尔的创意就是突破这个禁忌,公开讨论律师的收入,这让他的杂志取得了巨大成功。杂志里列出了各大律所新律师的起薪和合伙人的收入。这让情况产生了变化,律师们现在能更加明确地知道自己站在财富榜的什么位置。虽然《美国律师》只是关注那些大律所,但它的影响逐渐向下扩散,因为对最富有律师的关注带来了嫉妒和不安全感。 63

更大未必更好

律所的规模越来越大,这对律师的职业幸福感产生了负面影响。在美国，至少有六百家律所雇用了一百名以上的律师。最大的 250 家律所总共雇用了超过 120000 名律师。[30] 律所规模不同，律师与自己的工作及同事之间的关系也会差异巨大。在一个三四十人的律所里，律师们都彼此认识，而在一个两百人的律所就不会如此了。对于律所里的快乐程度问题，更大未必意味着更好。当未来很大程度上受控于人、成功与否掌握在不认识的人手中时，人们就会感到不安。

当律所的规模变大时，一个案件中每个律师处理的部分就会变少。律师们只处理大案子里很小的部分，埋头于无休无止的文件审定中，却很少与人直接接触。他们彼此之间的交流依赖于邮件、电话会议和快递。律师工作发生了异化，律师们体会不到工作的意义。

不过人与人并不相同，对于某些律师来说，大律所是他们最好的选择。大部分具有高度专业化和复杂性的诉讼是由大律所处理的，而许多律师表示很享受这些案件带来的脑力挑战。还有一些在大律所里感到快乐的律师喜欢其中高质量的培训和指导，并且身边都是聪明有趣的同事，通过他们可以建立自己的朋友圈。对一些内向的律师来说，大律所里有许多研究或与交易相关的工作，相比有更多社交需求的小律所来说，他们在大律所中可以面对较少的社交不适感。当然，最后是钱的问题。金钱买不来快乐，不过有时却可以阻挡不快乐。大律所的薪酬通常是最高的，这对于背负着高额学生贷款的法学院毕业生来说就意味着减少了一大头疼问题。

不被爱的感觉 64

问：一个律师和一桶水塘浮渣[*]的区别是什么？

答：桶。

问：为什么加州有最多的律师，新泽西州有最多的有害垃圾？

答：因为新泽西州先选的。

问：若海底有六百个律师，你会怎么说？

答：是个好的开始。[**]

问：路中间有一条死响尾蛇和一个死律师，他们的区别是什么？

答：响尾蛇面前有刹车印。

问：什么东西是黑色和棕色的并且跟律师很搭？

答：杜宾犬。

什么是最好的嘲笑律师的笑话——自然是律师们不认为好笑，而其他人不认为这是笑话。

公众对律师的评价很糟。一项 2006 年的盖洛普民调关注的是 23 种职业的诚实和道德水平，其中只有 18%的受访者给了律师“非常高”或“高”的道德评价。律师的评分大大低于护士（84%）、医生（69%）、牧师（58%）和警察（54%），不过也高于

---

* pond scum，美国俚语，意为卑鄙小人。——译者

** 源自电影《费城故事》里的一个笑话。——译者

国会议员（14%）、保险推销员（13%）和汽车推销员（7%）。[31]一项美国律师协会的调查显示，近3/4的受访者认为律师为了获胜不计代价，会“操纵司法系统、歪曲真相”[32]。律师被认为是狡猾、不道德、贪婪、好斗、不值得信任的人：总之是不可信和让人讨厌的集合。

为何人们会讨厌律师？这背后有一些因素作祟。律师们难免在信誉方面遭受诟病，原因是这一工作本身的性质决定了他们会
65 与负面的事情相关联。换句话说，诸事顺利的时候人们并不需要律师，或者至少不想跟他们打照面。当一个公司盈利时，没人会注意到这个公司的律师，也没有人想：“哇，他们一定有一个很棒的法务团队。”当坏事发生时——比如破产、受到犯罪指控或离婚——律师的作用才变得重要。人们遇到麻烦时才会想到寻求法律服务，所以“公众总是把律师与人生中最坏的时刻联系在一起”[33]。（虽然牧师也常常在困难发生时出现，但他们同样也与信徒一起庆祝最好的时刻，而且当事情变坏时牧师并不会受到指责。）也许与负面内容捆绑时，一个人很难不受中伤，即便是律师表现可嘉且尽力让坏事情有个好结果时。

律师是发苦难财的商人。与其他行业不同，人们处在焦虑和危机之时才来见律师，而律师也不能常常让客户高兴。就像法学教授安德鲁·麦克勒格（Andrew McClurg）所说，“对簿公堂的纠纷本就会产生赢家和输家。总有一方会受到损失，不论是经济上还是情绪上。”[34]除了调解的情况，律师大概有一半时间会输，而即便是“赢了”的时候，他们的客户也未必能得到所有想要的

救济。

虽然律师总会在坏事发生时被拽进泥潭，但他们却很少因为恪尽职守而给职业印象加分。除了一些虚构的人物（比如《杀死一只知更鸟》中的阿迪克斯·芬奇）、民权案件、真正的“无辜者行动”（innocence project）案件（律师通过DNA证据为服刑的人免罪洗冤）之外，很难想象还有什么其他案件能让公众由衷赞叹：“啊，律师真棒!”

律师们还必须面对客户对律师费的抱怨。律师费往往对于客户来说是一大笔钱，对于律师却是小数目。很少有客户觉得自己所接受的服务对得起支付的律师费，即使律师已经做到尽职尽责。

律师们——尤其是那些为商业巨头或卑劣的刑事被告代理的 66
律师——常被看成是与客户沆瀣一气的枪手。律师的作用并不在于无私、公正、揭露真相，无怪乎带着贬损意味的“喉舌”一词成了律师的代称。抗辩程序催生的一些行为可能被看成撒谎、拖延、扮蠢来获得讨价还价的空间。“这样的初始立场……会让律师看起来满怀敌意、气势汹汹、野蛮残暴，更喜欢恶意交战而非平和快速地解决问题。”[35]

公众对这一职业的看法部分源于媒体的塑造。大部分美国人对司法系统的认知主要来自大众传媒，尤其是电视节目。严肃新闻节目会报道“诉讼的数量、花费和时间大大增加，律师的数量越来越多、收入越来越高。”[36] 许多关于诉讼数量上升——尤其是有大额赔偿的人身伤害案件——的消息并不属实；但事情的关键并不在这。有时新闻和娱乐媒体混同，造成了法律的“娱乐化”。

新闻节目中关于某个案件的报道经常来自于法律观察家的一段采访原声。电视名人——比如南希·格雷斯（Nancy Grace）会煽动公众急于下判断，并且把律师（尤其是刑事辩护律师）描绘成不断阻挠正义的人。结果就是舆论审判的产生，伴随着“媒体对审判中真实情况的失实报道”。[37] 只要律师跟一个不受欢迎的委托人站在一起，他就会受到攻击和中伤。

律师的负面形象也部分源于流行文化中编造的故事。电视、电影里经常出现贪婪、不称职、玩世不恭的坏律师形象。电视剧《法律与秩序》中的检察官［尤其是山姆·沃特斯顿（Sam Waterston）扮演的杰克·麦科伊（Jack McCoy）］是个英雄化的人物，而辩护律师则是一副自鸣得意、让人讨厌的样子。在电影
67 《侏罗纪公园》中，恐龙吞下去的第一个人是个律师，这让观众们喝起了彩。在电影《魔鬼代言人》中，阿尔·帕西诺扮演了一个律所合伙人，而他的真实身份是魔鬼撒旦。作为这个行业中的一员，你要不断承受攻击，这些攻击来自好莱坞塑造的负面刻板印象还有杰·雷诺（Jay Leno）* 的脱口秀笑话，律师们为此感到疲惫沮丧、“空虚幻灭”。[38]

长时间工作、竞争残酷、文明缺失、公众反感——这一职业中所有不满的叠加效应解释了为何那么多人使用了同一个词来回应“快乐律师”这一概念，这个词即“自我矛盾”。但我们所寻求的不是“自我矛盾”，而是“可能性”。

有时我们会忘了做律师还有很多好处——也就是那些可以造

---

* 美国脱口秀主持人。——译者

就职业幸福感的事。让我们一起来回想一下这些好的方面。

法律是一项崇高的职业

“是我们律师创造的机制让深陷矛盾纠纷的人们可以在以追寻真相为首要任务的体系中和平地解决矛盾。”[39]

也许你同许多律师一样，不但喜欢自己的工作，而且感到自己不仅在追求一份事业，同时也在追求一份热忱。律师可以是一份充满意义的工作。作为律师，你能够做出很多贡献，不论是处理收养问题、捍卫宪法、反对种族歧视和性别歧视、起草立法文件、保护家庭暴力受害者、为企业家做咨询、与大型公司对峙，或者仅仅是做个让人信赖的诉讼代理人。从事律师职业也会带来为社会结构做贡献的机会：“不幸的是，当人看着一片建筑工地或一栋建筑时，他只是看到砖头、砂浆、工人、吊车、壮观的建筑和工程上的奇迹。可人们却看不见无数的法律结构和策略…… 68
律师也为这个世界的建设做着贡献。”[40] 公益律师作为社会活动家的确能够改变这个世界，因为他们能够改变规则。律师的话可以变成法律。

律师是公共公民（public citizen），他们在民主社会中的作用至关重要。几乎每一个诋毁律师的人大概都想连珠炮似地说出莎士比亚《亨利六世》里的那句台词：“我们所为最要紧之事，乃是干掉所有律师。”可很少有人意识到，说出这句反律师言论的屠夫迪克是个草寇，他说这话是希望各处的不法之徒能过得轻松一点。没有律师的世界必将一片混乱。经济学家们发现，社会中律师的存在与公民权利和公民自由有着显著的正相关。[41] 律师们可以参与对社会有意义的工作并获得不错的收入。不过，法律工作关乎很多逻辑和脑力方面的刺激和挑战，也面临着如何使其成为一个对他人有帮助的职业这一问题。

律师们的重要作用

“地下律师”博客想要研究律师们喜欢这一职业的哪些方面，于是博主贴出问题：“作为律师，你觉得最棒的是什么?”回答包括：

> 我喜欢和聪明、细心的人一起工作。
>
> 作为律师我最喜欢这一职业的包罗万象。每天都能够帮助不同的人解决他们解决不了的麻烦和问题。
>
> 我很享受为客户做咨询——他们信任我，听我的，我让他们做什么他们就会去做。我可以为他们解决问题。
>
> 我喜欢做律师，因为我有能力、途径和机会去改变、订立或解释法律。
>
> 我喜欢了解那些法规。我喜欢事实胜于其他任何事。对
> 69 于许多问题我都知道在法律上是怎么回事。如果碰到我不清楚的问题，我也知道去哪里寻找规则。
>
> 我喜欢做律师是因为我可以为别人发声，否则没有人会为他们站出来。
>
> 我喜欢解决问题。不论什么问题，只要能够把它解决就会让我开心。
>
> 我进法学院在很大程度上是因为看到一些律师对他们社区的影响。这就是我真正想要过的生活——努力让自己生活

的社区变成更好的地方。[42]

让人们的生活变得更好是一个长久的主题。一位儿童保护律师说："我爱自己的工作。帮助人们度过至暗时刻的感觉非常奇妙。"[43] 在后面的章节里，我们会继续看这些在工作中找到满足感、热情和获得自我实现的律师的故事。

法学教授戴维·冈瑟说："没有对正义的热忱就无法成为一名律师。"与那些遭受非正义的人接触会让你"感同身受"并且"明白这不是儿戏"。如果你是一名合格的律师，"他们的目标就会成为你的目标，你会为他们的权利倾力相助"。冈瑟教授指出这份热忱如果"得到恰当的引导"，就会"激发你最大的潜能并能鼓舞其他人"[44]。

作为一项有助于他人的职业，法律这一行出了很多英雄人物。约翰·亚当斯一生功勋卓著，为美国独立做出了重要贡献并出任美国第二任总统，可在晚年时他写道，在 1770 年波士顿惨案后，他作为一名年轻律师为向一众美国暴民开枪的英国士兵辩护，这是最让他骄傲的事："这是……我一生中最慷慨、英勇、无私、充满男子气概的行动，也是我为国家做出的最好服务。" 70
从 18 世纪将废奴作为终身事业的律师，到今天参与"无辜者行动"、为遭受错判的人奔走不息的律师，每个时代都造就了律师中的英雄。在让"世间道德的弧线……贴近正义"[45] 这件事上，律师的作用不容小觑。作为一名律师，你本身就拥有帮助他人的力量，你可以让这世界上的一个角落变得更美好，让权利得到保障，让正义得到实现，让矛盾止息。用教皇保罗六世的话说："如果你想追求和平，就为正义去努力吧。"

很多律师都对他们的工作充满热情——他们体会到法律的高尚，并且很享受通过自己的努力让他人的生活变得更好。然而，有时当我们深夜仍埋头于案子或忙于起草文件时也会想，做律师的意义是否胜过五年甚至十年单调乏味的工作呢？

职业曲线

告诉你一个好消息——对职业的满意度会随着时间而提高。工作年头变长后，许多人都学会了怎么把更多时间花在做自己最喜欢的事上，而把那些恼人的事推给别人——通常是年轻人。有经验的人在工作上越来越娴熟，因而也减少了焦虑。他们清楚知道自己应该做到什么。到后来，如果没有跳槽太频繁、招的人不合适或个性特别不好这些事，律师们应该已经积攒了一些人脉，从中可以获得支持也可以获得乐趣。

对律师职业满意度的调查显示出清晰的随时间上升的趋势。根据美国律师协会的研究，拥有十年以上经验的律师比起他们的
71 后辈来所拥有的职业满意度高出了四成至五成。亚特兰大的职业咨询师莫妮卡·R.帕克（Monica R. Parker）对有经验的律师更快乐这一现象的解释是："他们很可能已经变成了合伙人或高级顾问，并且已经认定法律是适合自己的职业；他们会继续做这一行并且乐在其中。"[46]

除了更让人满意的工作和对工作成果更高的掌控度，职业满

意度随时间增长还有另外一个原因。当我们年纪渐长时,自然也掌握了更强的适应能力来面对前路上无可避免的挫折和失望。这种成熟的适应能力可能就是六十几岁的人比二十几岁的人更快乐的原因。当我们年轻时,遇到挫折会更容易出现压抑、分裂、投射或被动攻击(找出那本旧的《心理学入门》书来帮你回忆一下这些心理防御机制)。而年纪渐长后,我们就会使用更加健康的方式,比如利他主义、幽默、盼望、抑制或升华。比方说,上了点年纪的人不太会为办公室里的小摩擦过分上心,他们更能够对此一笑了之。

乔治·瓦利恩特(George Valliant)的《适应生活》(*Adaptation to Life*)一书记录了一项对哈佛大学1942、1943和1944级男性毕业生的纵向研究,涵盖了他们从二十几岁到中年再到老年的生活,其中最重要的发现是,逐渐发展成熟的面对挫折的适应性是对成功生活最好的预测因素。[47] 诚然,随着年岁的增长而逐渐成熟并不代表你一定能拥有成熟的适应能力,许多人——包括哈佛这项研究中的很多人——自始至终都没有掌握这项至关重要的技能。我们总能想到一位上了年纪的亲戚或同事,在事情未按他/她所想的方向发展时仍会大发脾气、颇感受挫。

通常,在律师的职业生涯中总会有各种不同的工作环境,他们可以在其中锻炼自己的适应能力。绝大多数律师在事业中期已至少换过一次工作,根据一项对弗吉尼亚大学法学院毕业生的调 72
查,只有15%的律师从未换过工作。[48] 纵向研究显示出一些明显的趋势。虽然收入随着事业发展在不断上涨,但依然坚持私人执业的律师越来越少。相当数量的法学院毕业生在他们四十岁时已经离开了传统法律执业领域（在弗吉尼亚大学法学院毕业生的调查中，这一数字大约为1/4)，开始进入学术界或银行业，成为CEO或经营小企业。

虽然男性和女性律师在多数情况下的经历并无不同，但在一个问题上却存在着显著的性别差异。中断事业的女性大大多于男性，通常是为照顾年幼的孩子。虽然这一现象也许在减少，但巨大的男女差异却真实存在。在四十多岁的律师中，曾经暂时离职的女性达到40%，而男性只有1%。除了女性中断事业的几率更高，以及这一选择对成为合伙人的影响之外，对弗吉尼亚大学法学院毕业生的调查并没有显示出“在职业满意度方面明显的性别差异”。[49] 女律师可能更容易对工作-生活平衡问题产生抱怨，但在总体职业满意度上女性与男性持平。

在经济快速发展的今天，律师们跳槽的频率越来越高，这也是意料之中的事。大多数情况下，主动跳槽是为了更好的发展。不过请别忘了一件事，不停寻找下一个更好的工作也有它的负面影响。待不住的律师不太能享受自己已取得的成就，更重要的一点是，他们很难建立起投入感和深厚的同事情谊，而这两点对于职业满意度的提高大有助益。心理学家巴里·施瓦茨发现：“当
73 机会太多时，我们会感到难以招架……若花太多时间做选择，我们就没有足够的时间去做一个合格的朋友、伴侣、父母或宗教信仰者。”[50]

事业结束时的情形是怎样的？当律师们不再跳槽了，或者放

下公文包结束律师工作，或者仍然接案子，但开始在工作日找时间打高尔夫，他们的状态如何呢？忽然终止全职工作会带来一些问题，包括对精神上的敏锐度和与他人的关系都会产生影响，因此继续做兼职工作对于很多上了年纪的律师来说是个不错的选择。有些人很喜欢这种安排，但对于另一些人来说做兼职工作并不是一个真正的选择，律师这一行的工作性质还是会让他们忙个不停，即使他们并不愿意这样。有趣的是，退休这件事对于个人幸福程度几乎没有什么影响。差不多相同比例的退休人士（36%）和在职人士（35%）表示他们“非常幸福”。调查数据清楚显示，忙碌的人比无所事事的人更幸福：最满足的退休律师是那些用自己的兴趣、体育运动、与朋友相处来填满空闲时光的人。在职律师和退休律师都比没有工作的人要更幸福。[51] 无业人士中只有16%的人表示自己“非常幸福”，这还不足在职人士中选择此选项人数的一半。丹尼尔·内特尔（Daniel Nettle）认为，导致无业人士幸福感较低的原因是这一人群中普遍存在的对生活缺乏掌控的感觉，而非仅仅因为他们的收入偏低。内特尔指出，从统计学角度来说，掌控感是比收入准确二十倍的幸福预测因素。[52]

律师们经常在意见书中使用“不过即使……”这一短语。你可能会想：“不过即使大部分律师的职业曲线能够在将来带来满足，这是否也适用于我呢?”或许你觉得自己竞争过度、思虑过度或担忧过度（这些是很多律师身上都能看到的特质），以至于无法变得快乐。你或许也好奇，是否律师身上的人格特质会妨碍他们获得幸福。

74 是否存在一种与职业满意度相关的“律师人格”?

恐怕幸福这事与我无关，……这都怪我天生的性情。

——美国联邦最高法院大法官本杰明·卡多佐[53]

到底是律师们变成了不快乐的人，还是不快乐的人成了律师?许多相关文献都认为，是法律职业让人变得不快乐。当评价一种职业是否让人的幸福指数下降时，很重要的一点是区分相关性和因果关系。是那些不快乐的人选择了从事法律这一职业呢，还是法律工作会引起或加剧这种负面感觉?

国家民意研究中心进行的职业研究表明，快乐的人更容易被某些职业吸引。不同性格的人在不同职业中的分布也的确有差异。在全美的图书馆工作人员中很可能有很多容易害羞又喜欢帮忙的人，从事销售工作的有很多性格外向的人，而做牛仔表演的人大多比普通人更不怕危险。

那么法律职业里是否也同样聚集着拥有某种性格特征的人呢?答案自然是肯定的。当以性格类型为标准进行衡量时，律师群体与普通大众的差异即显现出来。律师这一群体比大多数人更加内向、多疑、冷静且逻辑性强。他们不太显露自己的感受，也比大多数人目光更长远一些。律师们好胜、自信（有时也近乎于傲慢)、雄心勃勃、以成果为导向，也可能很爱辩论。

当然，我们并不是在说你，但的确有很多律师（包括一些非

常成功的律师）显示出“高度主导性”人格。[54] 高度主导性人格 75
伴随着强烈的竞争欲望，表现为经常打断别人、主导谈话、切换主题、主动提出建议或指导，以及表达强烈的看法。[55] 在法庭上，官司的输赢为他们提供了强烈的竞争动力，所以这种性格一方面在事业上是一种积极因素，另一方面也可能影响与他人的相处，使得个人幸福感和职业幸福感降低。

许多律师善于分析和解决问题，所以在与人相处时他们看重的是想法和意见，而非感受。[56] 律师也可能性情激动而固执，这对工作是有帮助的，但与对方律师交流时，这样的行为却可能有害无益。简而言之，这些在律师身上最常见的性格特征通常不会在快乐的人身上出现。[57] 诚然，律师群体中有形形色色的人，有些律师也像行外人一样的外向、自信、更愿意活在当下。不过，许多律师显然已经在追寻职业幸福感的道路上遭受了打击。

积极心理学之父马丁·塞利格曼和他的同事们发表了一篇法律评论文章，讨论的问题是“为何律师不快乐”，在文章中他们提出了导致律师不满情绪的一个重要原因，即“他们因为自己身上的悲观主义，或者说是‘谨慎’而成为律师，而这种性格也是他们接下来人生的概括总结。”[58] 弗吉尼亚大学法学院的研究发现，悲观主义者比乐观主义者在法学院里的表现更好，不论是平均成绩还是参与法律评论期刊的比例都更高。[59] 塞利格曼在文章中写道，选择就读法学院的人更倾向于把半满的杯子看成半空，而且在坏事发生时也更愿意相信自己应该对不好的结果负责，并认为这一结果会产生后续影响。这些性格特征不会出现在优秀军

76 官、保险代理人或职业运动员身上，但它们通常会让人变成一名好律师——至少是某些领域的好律师。尤其是交易律师应该替他们的客户对最坏的情况做好预期和打算。如果事情出现迅速恶化，律师的谨慎和多疑会让他们的客户大大受益。

然而，悲观主义不利的一面也同样相当明显。塞利格曼的文章提道："造就好律师的性格特征可能无法造就一个快乐的人。"[60]当他们不为客户的未来担忧时，也可能在担忧自己是否能够成为合伙人，是否能为公众利益做贡献，或者是否会有飞机撞上自己办公室的大楼。自然，这些性格特征还会因为律师工作中那些导致焦虑的事情而加重，比如巨大的压力，以及（对许多律师尤其是新律师来说）有限的决定权和对自己工作环境的掌控性。律师的性格特征和工作要求会相互产生不良的影响。

法学教授拉里·克里格（Larry Krieger）和心理学教授肯·谢尔顿（Ken Sheldon）不认同不快乐的人会选择法律职业这一说法。他们认为是法学院的教育让快乐的学生变得不快乐。两人研究了两所不同法学院的课程，从新生培训一直到毕业，并且比较了这些法学院学生和一群本科生。他们认为："法学院新生和作为对比样本的本科生相比显得更加快乐、心智健全，且更加拥有理想主义或内在驱动力。"然而法学院的教育和文化让他们在毕业时"已与刚上法学院时非常不同：他们变得消沉、缺乏服务的意愿、更加认同那些无用且肤浅的目标和价值"。[61]在第五章中，我们将谈到法学院的教育方法、潜在信息和职业建议在多大程度上塑造了律师的性格。

对于某些律师来说，追求快乐意味着与他们的本性以及对职 77
业成功有利的性格特征作斗争。诗人埃德加·李·马斯特斯（Edgar Lee Masters）有一份正式工作，即著名辩护律师克拉伦斯·达罗律所的合伙人。他充满认同地写道："达罗拥有艺术家的感知力，这让他甚至能够反抗上帝的安排，让自己的生活变得和谐。"[62] 对许多从事法律工作的人来说，上帝的安排中也许根本就没有"快乐"这一项，我们必须想办法从生活里偷出些让自己快乐的事。

如果你在读前面几段时也比照自己做了心理自测，发现自己身上也存在着野心、顽固，或许还有功能性悲观，那么请不要忘了性格也有一定的可塑性。性格特征不是固定不变的。大量研究表明，行为会随着时间变化，也会受到社会结构的影响，并且乐观主义是一种可以习得的世界观。[63] 如果律师群体在职业满意度方面的心理学特征对你来说没有什么积极意义，你也仍旧有办法在这个行业中变得更快乐一点。

这一章中的大部分内容讨论的是什么导致了律师的不快乐。下一章会讲到很多让律师们变快乐的方法。接下来让我们看看，有哪些办法和点子能让我们从律师职业中汲取更多快乐。

78 第四章　快乐工具箱

正在读这本书的你很可能对自己的工作并没有那么满意（如果你觉得自己已经拥有了一份完美的工作，那么恭喜你——这本书可以转送给其他有需要的朋友了）。你也许很想知道怎样才能成为一个更快乐的律师，那么答案就在这一章中。

利用本章所给出的方法，你可以打造一份更加令人愉悦的事业，或者弥补以前不那么愉快的工作。工具箱通常都存在一个问题，即箱子里的某些工具只适用于某项事情。你可以看看我们提供了哪些工具，然后选择适用于自身情况的那些。

导致工作不愉快的原因可能出在工作本身，也可能在于你自己，不过更多情况下是这二者的结合。适合别人的工作未必适合你。不过也的确有些工作本身的性质就决定了无论谁接手都快乐不起来。

超出许多人想象的是，人们的好恶都差不多相同。工作中让
79 你开心的事八成也会让街对面的邻居同样感到开心。你的邻居也
许在听古典音乐，而你在房间里随着 80 年代的迪斯科舞曲蹦来

蹦去，但你们享受的东西都是一样的。根据长期的社会科学研究，你和你的邻居也许都在寻找一种掌控生活的方式，都很享受与他人的交往，看到不如自己的人会觉得自我感觉良好，想在做事时拥有“心流体验”，并且在内心深处渴望所做的工作与自己的价值观相吻合。不是每个工作都能满足以上所有核心需求，甚至有些工作连一项都满足不了，不过看一个工作在多大程度上与你的需求相吻合才是预测未来职业满意度的有效途径。

当然，并非要把人所共有的需求列成一张清单，然后对照着去寻找最完美的那份法律工作，否则我们早都已经填好这张表，蜂拥着去找同一份工作了。在法律职业中实现快乐最大化绝非如此简单。这不仅要求我们深刻理解一系列的基本需求，而且还要明白在你的价值体系中如何权衡每一种需求，以及怎样才能让一份工作更好地满足这些需求。工作并非一成不变，它们以目标为导向，是一种能够重塑的行为体系，以使其中的人得到更多愉悦感。

那么就一起来打开我们的快乐工具箱，看看有什么可以帮助我们变成更加快乐的律师。

掌控带来的愉悦感至关重要

作为一名律师，如果想获得快乐，就要去努力掌控你的生活。“是呀，没错。”你边说着边手忙脚乱赶着在截止日前递上Acme公司案件的简易判决申请，还不忘给保姆打电话问她能不 80
能接上你上二年级的儿子并把他送去参加篮球比赛，可这场比赛你又无法到场。掌控生活并不容易，并且还可能伴随着经济上的压力，不过为了我们的情绪健康，这是不得不做的事。生活完全失控的感觉会让你非常沮丧。

老鼠的竞争

爱德华多·普赛特指出，失去控制是“悲伤和抑郁的根本原因”。[1] 在他看来，大脑虽然运行在“暗处”，但也需要感觉到自己说了算。对人类如此，对动物也是如此。普赛特提到了 20 世纪 80 年代末的一项实验。研究者们把五只老鼠分别关在不同笼子里，然后不定时向它们施放强电击。不过其中一只老鼠的笼子里有一个控制杆，推动这个控制杆时，所有老鼠的电击就会停止。实验进行六周后，其中四只老鼠的免疫系统和情绪系统崩溃，因抑郁而一命呜呼。而有控制杆的那只老鼠却继续活了好几个月，虽然它受到的电击强度与其他四只老鼠完全一样。

很多研究表明，人类和老鼠对掌控感的反应是一致的。对大学生、英国公务员、疗养院里老人的研究都显示出掌控感与幸福感紧密相关。举例来说，当疗养院里的老人负责给植物浇水和养护时，他们的快乐程度与不能控制这件事的老人相比明显变高了（更重要的是，前者的死亡率只有后者的**一半**）。另一项研究发现，英国公务员的幸福指数并非取决于他们的薪资水平，而在于其对工作的掌控程度。

81 几乎在所有事情上——不论是人际关系、身体机能还是在高速公路上驾车——是否拥有控制权都与快乐程度息息相关。不过我们在此只讨论与工作有关的问题。基于对实验中那些可怜老鼠的观察，普赛特认为，掌控感是对职业满意度最重要的影响因素。他写道："当我的学生问我该不该接受某份工作时，我总会建议他们选择那些自己手中握有控制杆的，即便能掌控的部分很小也没关系，总好过那些虽然工资很高，可自己的决定不会对任何人或事产生影响的工作。"[2]

然而事实是，律师在工作中的掌控权比不上很多其他的工作。商店店主可以决定何时开门营业、卖什么货品、定多少价格、怎样布置货架、谁来负责销售。橄榄球教练可以决定应用什么战术、训练时间多长、谁来做四分卫。艺术家每天早晨醒来都可以根据自己的想象自由创作。可是律师呢？作为律师，你就要按照客户的需求做事，无论这些事是否符合自己的兴趣。你确实可以决定哪些论点对客户有利，或者采用哪种形式的合同——但与另外一些职业相比，这点控制权根本算不了什么。控制权的缺乏也许就是导致律师行业拥有最高比例重度抑郁症患者的原因。研究者指出，缺乏控制权与抑郁症之间存在关联，而律师和秘书（抑郁症发病率最高的三种职业中的两种）的自主权相对较低。[3]

既然律师职业在掌控感这一方面并没有优势，那么对掌控感的全面认知也许可以帮助我们了解应该做些什么来让生活变得更好。只有当你的工作集齐某几个要素时，掌控感才会产生，所以这是一个涉及多方面的问题。

掌控感的多面性 82

掌控感有哪几个层面？其一就是，你要感觉到自己已经在职业需求和身份需求（作为父母、配偶、亲戚或朋友）之间做到了恰当的平衡。这种平衡感的产生也需要你照顾到自己的情绪需求，你可以在下班后与同事喝杯啤酒，追最喜欢的电视剧，或者在一个宜人的五月傍晚打一场高尔夫球。多少次你准备在周五下午和孩子们一起嬉戏或和朋友们一起聚餐的计划落空了？那个简易判决申请终于在最后一刻交上了，可你还得回复完三条留言、七封邮件才能下班。“工作-生活平衡？——你可真会开玩笑！”你周围的人都在谈论工作和生活的平衡，然而这对于办公室里的每一个人来说都是可望而不可即的事。生活里的各种繁杂事务推着我们走，可内心深处的罗盘却失了准。

当今社会中失控感变得越来越普遍，尤其是在职业满意度最低的大型律所里。在美国律师协会所做的一次调查中，70%的受访律师表示，让他们更换工作的原因之一就是“想拥有更多与家人相处的时间”。[4] 接近 20%的受访律师对目前工作与生活的平衡问题非常不满。[5] 不出所料，女性比男性更容易抱怨紧张的工作影响到了自己的家庭生活。

掌控感的第二个层面是工作的稳定性。英国教授彼得·沃尔（Peter Warr）对职业幸福感做了大量研究，他指出工作的稳定性是决定员工是否快乐的十二个要素之一。[6] 如果随时都要担心一纸
83 解聘通知出现在桌上的话，谁又能感到快乐呢？在这个世界上没有什么是绝对不变的，除了死亡和纳税（这么说来，或许遗嘱检验律师或税务律师还算牢靠的工作），所以工作的稳定性也只是相对而言。不过，与小律所里的律师相比，大律所律师的工作稳定感相对较低。在两百个律师的律所里，你的去留也许完全取决于上司的一闪念或律所是否丢了一个大客户。小律所也有这个问

题，主要看律所是否有足够的业务，或者对你知根知底的同事会不会把你扫地出门。

掌控感的第三个层面在于你是否相信自己的贡献有意义。丹尼尔·吉尔伯特简明扼要地指出："意义感让我们快乐。"[7] 可惜，如今这种从工作中获得的意义感越来越稀缺。普赛特说："当下一种无力感越来越盛行，人们感到自己对产品、公司、整个社会和世界上发生的各种事毫无影响力。"[8]

意义感可以从各种地方获得。它可能来自于上司或同事对你工作的肯定，或者至少是让你知道自己所做的事很重要。客户在获得了有利判决、交易成功进行或者超速驾驶记录被抹掉时的如释重负（其实律师更希望他们"充满感激"）也会带来意义感。许多研究表明，反馈对于工作中的愉快程度至关重要。诚然，并非所有反馈都让人高兴。正面反馈的意思是最清楚的。当我们做错了什么事情时也会想要知道究竟错在哪，以便作出必要的调整。

并非所有法律工作都能带来意义感。2007 年美国律师协会针对律师满意度的调查发现，公共部门的律师对职业生活最为满意，他们也是在工作中最能感受到被重视的律师群体。70%的公 84
共部门律师怀有这种感受。[9]

意义感也可以源于内在感受。你可能知道——这不需要别人告诉你——自己的工作会给你在乎的人带来实在的影响。当我们完全不在乎自己所做的事会给他人带来什么影响，也不觉得他们会受到任何影响时，不快乐的感觉就会增加。我们希望做这份工作的意义不止是赚钱。有些律师更加能够意识到这种源自内在的成就感，而另一些律师在缺少他人认同时就会感到不快乐。

掌控感也取决于工作中有多少掌控事物的机会。这种控制权可能涉及工作的内容和完成工作的时间表。若律师可以自由决定先做哪个案子、后做哪个案子，诉讼摘要里的哪一段应该删掉以便符合法庭规定的页数限制，以及这周和下周分别安排向谁取证，那么他在工作中感受到的快乐会更多。法庭上说了算的通常比那些听命于人的要快乐一些。

然而抗辩式诉讼制度把最终的控制权交在了当事人而非律师手中，这对于增加律师的愉悦感来说并非好事。或许你想让案子赶紧和解，这样就不用看那些讨厌的案件资料了，可你的客户不接受，因为觉得这对自己不公正。或许你灵光乍现，在合同里增加了一段，可你的客户觉得不好，要把它删掉。或许你想花一天时间好好研究一下怎样从一个有意思的角度处理手上这个民事案件，可你的客户不是土豪，并不想在你的计费工时排行榜里高居榜首。这个制度就是这样，在其中你永远无法拥有像小说家一样的自由。接受那些你无法改变的事吧，就像那首祷告词里说的一样。

最后，个人掌控权也意味着能够改变工作环境的能力。你能
85 不能把家人的照片摆在桌上？如果你搬来一把舒服的椅子、挪了桌子的位置、又调了办公室里的灯光，会不会有人来抱怨？当你有更多权力改变自己的工作环境时，你就有更多快乐。一位评论家说过：“小小的自由……却可以大大让你满足。”[10]

拥有掌控权

如果掌控权在各个层面都会对幸福感产生重要影响，那么给

予律师在其工作生活中更多掌控权也许是律所很需要（甚或最需要）做的事。根据美国律师协会的调研，工作-生活平衡问题是引发律师焦虑感的一个主要原因。从更大范围来看，美国越来越长的工作时间也许解释了为何自 1975 年起这个国家的幸福指数就没有增长的现象，而在越来越悠闲的欧洲，幸福指数却持续增长。美国人平均一年的工作时间达 2000 小时，而丹麦人、意大利人和德国人的年工作时间少于 1700 小时。[11] 如果工作时间少 15%，并把更多时间花在社交或者海边，那就可以让快乐大大增加了。

然而对于工作狂来说，减少工作时间却可能引发焦虑。心理学家杰罗姆·卡根指出，人们一旦建立起努力工作与获得回报之间的关联，这种关联就很难被推翻。如果一个人通过努力学习考上了好大学，继而找到了好工作，那么这种工作与回报之间的关联对他而言就再自然不过了。[12]

律所的一个优势就是聚集了一群聪明人。除了减少硬性计费工时要求，他们还会想出更好的办法来让律师们拥有更多掌控感。根据律所的目标和经济状况不同，律所可以采取的变革有很多，其中包括放松对工作时间和工作地点的硬性要求、允许律师 86
把孩子带到办公室、提高律师在选择客户和工作任务以及决定工作方式方面的灵活性、鼓励律师按照自己的品味和风格来布置办公空间——包括调整灯光、挂饰、家具等。

如果你的律所不能或不想按你的需要给予你控制权，那换个工作也许是最好的选择。其他律所可能会同意让你做兼职工作或拥有更加灵活的工作时间。在小律所里，你可能对工作内容和环境都有更大的掌控权。当然，独立执业的律师拥有最大程度的控制权——但是如果你在推广和营销方面不太擅长的话，控制权太大也未必是好事。简而言之，考虑一下哪个层面的掌控感对你来说最为重要，然后想想怎样才能实现它。对生活的掌控太重要了，值得你为之而奋斗。

还有更糟的呢——下行比较带来的愉悦感

那个在公司法上懂得还没你一半多的麦克斯在拐角办公室里坐拥壮丽河景，你的窗外却是 Acme 公司大楼的背面。你毕业于排名前五的法学院，还是前任法律评论编辑，可那个只上了很一般的法学院，而且连法律评论都没干过的简每年却比你多赚一万美元。这些事让你好烦恼，觉得实在太不公平！律所的管理委员会怎么如此愚蠢？你想让自己专注在手头的工作上（Snerk 诉谷歌案的备忘录需要赶紧写出来），可思绪却总是飘到那本该属于你的拐角办公室和那一万美元上。

你陷入了上行比较的痛苦。

87 事实证明，有时表现得不太好反而是好事。研究者们比较了奥运会奖牌获得者的快乐指数，结果发现铜牌获得者比银牌获得者对自己的表现更加满意。[13] 为什么呢？银牌获得者会与冠军相比较，遗憾于自己错过了长久向往的目标；而铜牌获得者却为自己站上了领奖台而高兴，庆幸于自己差一点就像其他那些努力训练却没获得奖牌的人一样了。

尖刻的社评人 H. L. 门肯（H. L. Mencken）说道："所谓有钱人，就是那个比他太太的妹夫多赚 100 块的人。"我们似乎明白了快乐并不完全由收入多少决定，而更多取决于比别人好了多少。当受访者被要求在两种情况中做选择时——一种是社会平均收入为 2.5 万美元，你的收入为 5 万美元；另一种是社会平均收入为 25 万美元，你的收入为 10 万美元——大多数人选择了前一种情况。虽然每个人都知道 10 万美元比 5 万美元能换来更好的生活，但人们还是觉得"相对富有"显然比"相对贫穷"要好。只要大多数邻居家都没有 60 英寸的等离子电视，那我家没有也没什么关系。

我们在第二章中已经提到，收入一旦达到中等水平以上就对幸福指数影响不大了。从 1970 到 1990 年，美国人均收入上涨了 3 倍，但人们却并没有变得更快乐。[14] 可见金钱的确买不来多少快乐。

然而，对人们来说，相对收入比绝对收入影响更大。身处较高社会阶层的确与更高的幸福感存在相关性。较高社会阶层带来的与收入无关的益处——比如在工作场所或休闲场所中地位的提升——会让人们感到更开心。[15] 认为自己身处较低社会阶层的人最容易做上行比较，并因此觉得不满。看到邻居和同事们比自己赚得多时会很难受。用英国经济学家理查德·莱亚德（Richard 88
Layard）的话说，有钱人会散播一种"社会污染"，引发周围人有害的嫉妒情绪。[16]《纽约客》杂志上的一幅漫画表达的也是这个意思，画中一位中层管理者站在老板的桌前说："如果你不能给我涨工资，那能不能给帕金森降一点?”[17] 在奉行平均主义的斯堪的纳维亚国家中，社会阶层几乎已经不称为问题，因此这些国家长期处于幸福排行榜的前列并远远高于美国（这证明莎士比亚错了，丹麦并不是世界上最愁苦的地方，反而在幸福榜上数一数二)。

无论在薪水的多寡、办公室的大小还是抢手任务的分配上，人类的本性总是拿自己和周围人相比。当与周围过得更好的人相比时，我们就会不开心，正如索尼娅·吕波密斯基所说：“你不可能同时又嫉妒又快乐。”[18] 反之，当我们发现自己比别人过得好时就会觉得更幸福一些。所以，快乐与否部分取决于我们与谁相比。小鱼塘里的大鱼过得更开心——当下一次选择鱼塘时别忘了这一点。

不过事情当然也没那么简单。并不是说你选了一群人做下行比较就会让自己更开心。在一定程度上，基因和成长环境会迫使我们做出上行或下行比较。但我们也并非完全不能选择与之做比较的人群。通常人们会与最常相处的人做比较，所以与那些不如我们幸运的人相处就会有更多机会做下行比较。

人们会花很多时间在工作上，对于美国人来说尤其如此。与谁一起工作以及为谁工作是可以选择的。我们可以成为殡仪员、
89 屋顶修理工、护士或运动员。但我们选择了成为律师。同时我们也可以选择做小镇律师或大城市律师、移民律师或证券律师、独立执业或在三百人的大律所里工作。

正如前文所说，调查显示出选择扶助性职业——比如社工、护士、物理治疗或精神治疗师、维和部队成员——的人们感到更

加幸福。从事这些职业的人高于平均水平的幸福感很可能来自于工作中很多下行比较的机会："我自己也有困扰，工资也不高，但起码我不是那个吸毒的单亲妈妈，没有四肢瘫痪、精神不正常或下半生都被困在疟疾横行的第三世界国家。"他们比别人更能将自己的生活看成是一杯半满的水，而非半空的水。

以上这些为提高律师的职业满足感指出了一条路径：花更多时间为那些至少比自己问题多一点的客户工作。帮助别人会带来积极感受，因而也许会让你对自己的生活感觉好一些。给亿万富翁当律师的确很彰显身份，但奇怪的是，帮一个农民家庭从国税局多要回40美元，帮一家善意的拉美裔家庭获得美国公民身份，或者确保那个被掉落的铁砧砸伤的小男孩能得到ABC铁砧公司（或者哪个因疏忽弄松了铁砧的混蛋）赔付的医疗费时，你会觉得更快乐。总之，在可以对他人的生活直接做出贡献的领域——比如老年法、社会保障法、人身伤害法和移民法——会有更多的职业满足感，而为那些以盈利为唯一目的的公司辩护便比之不及了。的确需要有人为做传销或垄断的人辩护，但那个人未必非得是你。

还有一种变上行比较为下行比较的方法。你可以成为常言中 90
小鱼塘里的大鱼。大小是相对而言的，在小鱼塘里你会觉得自己个头变大了，想想游在水中时周围都是比你小的生物，这就是件开心事。比起那份大律所里薪水更高的工作，要不要试试接受那份在你家乡七个人的小律所里不那么赚钱的工作邀约呢？即使你真的渴望大城市生活，也还是有许多选择——没必要非得选那些在毕业聚会上最能震住你同学的那种。你也许并非每个五年都过得让自己得意，也并不在多么有影响力的律所里工作，但你是个让人愿意合作的好律师，每天都乐在其中。当然，你可能有时也会心酸地想象一下那些拿着高薪、做着高端工作的同学过着怎样的优质生活（其实也并没有那么好），但每次小跑去饮水机的时候你也并不羡慕那间拐角上的办公室。

还有最后一种让你进行下行比较的方法，至少对那些所供职的律所能够提供这种机会的人而言。你可以无偿做一些法律援助工作，更多接触那些面临的问题比你更大的人。调研数据显示出法律援助工作与更高幸福感之间的关联关系。另外，志愿者工作可以让你从常规工作中抽离出来。当年迈的我们在摇椅里回望一生时，那些没做的事会比做了的事更让你遗憾。所以多做好事，并享受快乐吧。

收获人际关系的果实：重要的在于人

没有社交生活的人很难觉得快乐。根据专家所言，大约70%
91 的可控愉悦感来自于人际关系。[19] 对幸福程度影响最大的因素到底是控制感还是人际关系也许还没有定论，但毋庸置疑，这二者都拥有重要地位。我们不仅依据社会关系来定义自己，也从这些关系中获得许多生活的意义。

你身边的伙伴可以给你带来快乐，这是自然。人与人相互需要。自作家们把字写在莎草纸上那一天起，亲密关系就开始被歌颂了。希腊哲学家伊壁鸠鲁写道：“凡智慧所能提供的助人终身幸福的事物之中，友谊远超一切。”

除了性之外，社交就是最能让我们快乐的活动了。与朋友互动提供了最大的快乐助推力，其次就是与配偶和孩子在一起的时间。通常我们与同事和客户相处时并不如与好友和家人相处时那么享受，但调查数据显示，人在与上司相处或独自处理工作时的情况更糟。[20] 大部分人在大多数时间里都愿意与人交往，对于美国人中75%的外向者来说更是如此。有质有量的交际是对职业幸福感影响最大的十二个因素之一。[21] 这就是为何失业那么糟糕：它让你与同事的关系断绝了。

社交是最普遍的制造快乐的活动，而工作在这个榜单中几乎垫底。排在工作前面的有锻炼、吃东西、购物、敬拜、看电视，甚至还有（信不信由你）做家务。在日常生活中那些很花时间的活动里，只有通勤排在工作之后。[22] 如果社交让我们感到快乐，而工作反之，那有人也许会想，那些能够提供最多人际交往机会
的工作——即使这种交往并不像周五晚上跟朋友喝酒一样享 92
受——是否最让人开心呢？事实证明的确如此。

律师之间可以交流互动吗？

让人产生最强烈幸福感的工作场合就是能与他人产生直接接触的那些。与同事或客户的交往程度越深，工作中就越能体会到快乐。当招聘新律师时，律所很明白同事间积极互动的重要性。当你做律所的暑期实习生时，他们会带你吃大餐、坐球场的豪华包厢、去酒吧、划皮划艇、给你很多交际的机会。可惜通常情况下，当你成为这个律所的律师之后，那些让你在实习时欢欣快乐的方法就渐渐被遗忘了。

工作中人际交往的深度也许可以解释，为什么在随机选择的27500人中对职业幸福感评价最高的是牧师。[23] 2/3的牧师认为自己“非常幸福”，而对于其他职业来说，这个数字平均只有1/3。使得牧师职业拥有如此高幸福感的一个重要原因就是他们在工作中建立密切人际关系的机会。杜克神学院的杰克逊·W.卡罗尔（Jackson W. Carroll）教授对此解释道：“牧师会被邀请参与人们生活中意义重大的时刻，与别人一起庆祝新生、抗争疾病、迎接死亡。这给他们带来很大的满足感。”[24]

律师的职业描述中不会出现“与客户庆贺婴儿新生”或者“在客户弥留之际握着他的手”这种事。相反，客户通常是在遭遇困难或危机时才来找律师，比如离婚、人身伤害、遗嘱认证或
93 需要刑事律师做见证时。这些事有时会非常紧迫。律师经历着与牧师同样的事时却不能产生同样的快乐，因为他们的目标不同。牧师关注的是与人建立关系，增强教会成员内心的平安与喜乐。而律师通常追求的是为客户实现更直接且常常是金钱方面的目标。不过对于那些与客户建立起个人关系的律师来说，即使在解决客户迫切的法律问题时，也比那些没有这样做的律师更加快乐。做公共服务的律师拥有更高的职业幸福感，原因之一可能就是这种工作能够提供更多与客户接触的机会。

每个人总有需要别人的时候

对于很多从事法律工作的人来说，在工作中建立的深层次关系通常是与同事之间而非与客户之间。这些关系的质量与我们的快乐程度直接相关。每个人都渴望归属感。我们想要加入一个小

集团并学会他们独特的握手礼；我们希望被接纳。所以，人们愿意花时间与那些“喜欢自己并与自己相像的人在一起”。[25] 如果你律所里的同事与你拥有同样的兴趣和价值观，并且很享受有你同在的时间，那么你很可能会觉得快乐。如果你的律所不仅看重在暑期招聘时增强人与人之间的关系，而且也为同事之间的互动提供很多机会——比如设立共同合作的项目、设置午餐交流时间、举办办公室聚会和全所垒球比赛等，那么让你快乐的可能性就更大了。罗伯特·普特南（Robert Putnam）在他的重要著作《独自打保龄》中说道，在茧式生活盛行的现代世界中，社会关系正在逐渐消亡。[26] 律所在重建社会关系上做得越多，律所本身和它的律师们在这方面就做得越好。

在建立关系这件事上你也可以做出自己的努力。表达感激是 94
非常有效的方法，不论是你还是被感激的人都有所收获。[27] 当同事提供了一条有用的建议、帮了一个忙或为律所的利益做出贡献时，就要向他表达感谢。手写卡片比邮件更好。

美国律师协会的调研表明，小律所比大律所更让人快乐。[28] 这一发现与针对其他职业和不同规模的工作场所的调研数据一致。小一点通常更好，这背后的原因是什么呢？

答案很可能与信任有关。一项调研显示，信任对于快乐而言至关重要。在个人关系中丧失信任——比如发现配偶有外遇——结果都是毁灭性的。那些信任自己同事的人最为快乐。

在所有国家中，国民对自己的政府和同胞信任度最高的国家也是幸福指数最高的地方，这其中包括世界上最幸福的两个国家——丹麦和瑞士。[29] 与个体的社会角色相比，社会的整体质量对个人幸福感的影响更大。适用于国家的也基本上适用于工作场合。当工作中存在信任时，其中的人也很可能觉得快乐。

规模小的工作场所比规模大的工作场所更有利于建立信任。信任也需要随着时间慢慢形成。它来自于积极参与，尤其是当同事们相互分享信息并信守承诺时。在大律所里，你也许不会一直与同一拨同事合作，因此在建立信任方面就比不上同事之间拥有常规互动的小规模工作场所。

不过，小律所也并非适合每个人。如果基于经济或专业领域
95 方面的考虑，大律所是你唯一的选择，那么要看一看它们能够提供怎样的人际互动。查一查这家律所人员变动的频率，如果变动太快就很难建立同事之间的信任。设法了解一下你是否可能在大部分时间里都在同一个小组内，与一群固定的同事就某项特定的事务而工作。看看这家律所的文化是什么：律师之间是否彼此认识？律师和工作人员是否合得来？是否经常有饮水机旁的聊天、工作外的聚会、同事间的合作项目、小组午餐、社交活动等？工作中是否有游戏感（a sense of play)？律所有多强调计费工时？有一些大型律所的确会比同行提供更好的人际互动。

全心投入

如果一个律所的互动程度足以促进信任感的产生，那么久而久之也会带来另外一个益处——让你对大型企业产生投入感。没有投入感，你的工作只相当于在耗费时间。有人说，如果你三心

二意就无法对一个人、一个地方或一份工作产生热爱。[30] 与婚姻或其他长期情感关系一样，从长远来看，事业满足感也需要调整和妥协。

律师职业培训师恩迪·格林伯格（Hindi Greenberg）经常要处理在职业中期面临无聊感的问题："在最初几年，你会很兴奋地说'我是个律师'。你带着一个大公文包，任何工作上的事情都是崭新而令人兴奋的。不过接下来这一切就变得平淡了。"[31] 除了在工作中做你真正喜欢的事，恩迪还建议律师们"改变心态"，将半杯水看成是"半满的"而非"半空的"，努力克服这种无聊感。[32]

没有一种工作是完美的。律师们要花大量时间审阅文件、提交申请、做一些单调的文书工作。新任命的最高法院大法官索尼娅·索托马约尔（Sonia Sotomayor）提醒我们，"绝大多数的律师工作都是辛苦乏味的——它是泡在图书馆里、是匆忙写就一份 96
律师意见书、是没完没了地与客户会谈。"[33] 烦人的琐事会挤跑满足感。每当这时，记得提醒自己这份工作最让你喜欢的地方是什么，然后把它们列成一张清单，看看这样能否改善你的情绪状态。不过，如果你像大多数人一样，那么总有些时候会想，如果自己做的是其他工作就好了。总想着为什么山那边（或隔壁公司大楼）的草更绿的话，是要付出一些代价的。除了降低"热爱"（如果这个词能用在工作上的话）的可能性之外，不断寻找新工作还会产生一些其他问题。一方面，你无法真正放松下来。工作机会太多的话会让你感到不知所措——"需要做的研究调查太多，而时间太少。”另一方面，花费在寻找其他工作上的时间就意味着与家人、朋友相处的时间减少，以及做你最爱的休闲活动的时间减少。

总有些时候，你应当真正享受一下自己的成就。全心投入是一个重大且严肃的词汇，是我们在生命最初的二三十年里努力逃避的——然而只有欣然接受它的人才能拥有最深刻的满足感。

找到心流

什么时候你会觉得时光飞逝？

当我们全神贯注于一件事，以至于长久困扰我们的焦虑感和自我意识都消失时，那种时光飞逝的感觉就会来临。哪些事能让我们全神贯注取决于自身的专长和兴趣。对不同人来说，这件事可能是攀岩，是高尔夫，或是随着社区乐队的吉他演奏一起用脚打节拍。对于拥有合适技能和兴趣的人来说，这些活动能够带来延伸体验，或是创造力上的挑战。

当事情的各个环节都在顺利进行，并且其中的挑战足以检验我
97 们的技能、让我们集中精力，同时又不因过于困难而让人气馁时，我们就身处一种积极的心理状态——“心流体验”。“心流”（flow）这个词来源于米哈里·齐克森米哈里（Mihalyi Csikszentmihalyi），他将心流定义为一种将个人精神力完全投注在某种活动上的感觉。这是一种“行为与意识相融合”的状态。[34] 运动员会非常愉快地回想他们的心流体验，通常会说他们在那时“进入了状态”。[35] 在心流体验中我们处在当下（now），而非过去或现在（present）——

并且是完全地用心而专注。不过随着时间的推移，对过去的事（合伙人对我上一个备忘录做的评价）和未来的事（我能不能及时写完意见书然后跟大伙一起吃午饭）的思考会蹦出来并且使心流减弱。也许更准确的说法是，我们会经历不同程度的心流体验，而真正的心流是短暂的。

若说在心流体验中我们会感到**快乐**，那这种说法并不准确。在心流体验中，我们完全关注在手头的工作上，以至于情绪仪表上的数字都变得毫不相关了。并且，如果去想此时此刻自己有多快乐这个问题而打断心流时，我们的愉悦感肯定会下降，心流体验的感觉也就随之消失。当感受到心流时，我们正充满活力地活在当下，认真而热切。这就是所谓快乐吗？或许是吧。当在心流体验之后被问到当时的感受时，很多人大概会说这件事很让人满足、很吸引人，甚至很有趣——不过当思考自己感受如何这个问题时，心流一定被打断了，因为在此前我们并没有注意到自己的感受。当你集中精神去接对手发过来的一记高速球时，你根本没时间去想自己是开心还是难过——心流之美正在于此。

当被问及心流体验时，我们很可能会举出一些与工作无关的活动，比如体育运动、户外活动、自己的爱好、演奏音乐或写诗。不过工作中也会出现心流体验。

能够产生心流的活动拥有怎样的特征呢？第一，这项活动要 98
求你必须运用自己的技能（或至少是自认为所拥有的技能）。自欺欺人在这里也行得通。第二，对技能的要求不可太高，以避免引发焦虑；也不能太低，以避免让你觉得无聊。正如我们一位同事所说："跟水平太低的人打网球没意思，因为他根本接不住你的球；跟水平太高的人打也没意思，因为你根本接不住他的球。"[36] 第三，必须要有清楚的目标，以便让你有明确的行动方向。第四，这件事可以让你停止胡思乱想，并且从单调的生活中抽离出来。[37] 如果有个问题是能够通过你的努力而得以解决的，那会很有帮助。比起确定无疑的事来，头脑更喜欢解决难题。最后，这件事不能被电话、警笛、休息和上厕所时间、白日梦或在体育网站上看球队得分而打断。我们必须全心投入这项心流活动。

作为律师，当我们谈论工作这个问题时并不会第一时间想到心流。在律所里的大部分时间都被非心流体验占据，比如回复邮件、填账目表或在一堆文件夹里翻找那份忽然变得重要却又难以理解的文件。不过有个问题也值得一问——在工作中何时会有时间飞逝的感觉。如果你是一位怀揣雄心壮志的出庭律师，那么当你询问关键证人时或念到总结陈词末尾的华丽词藻时，抑或在选择陪审员时思索怎么用好最后一个无因回避的机会时，心流也许会不请自来。如果你是一位交易律师，那么心流也许出现在那个"尤利卡时刻"* ——你忽然发现了如何从合同条文下手来为客户避免高昂的诉讼费用和几个月时间的忧心忡忡。如果你是一位法学教授，当课堂辩论越来越激烈，一个个思想的小灯泡在学生们头上点亮时，你或许会体验到心流。如果你是一位擅长写作的律
99 师，那么心流会在你写下一个个清晰明了的句子时来临。心流就

* eureka moment，意即恍然大悟的时刻。——译者

是我们的专长、兴趣和目标所导向的地方。

我们都希望拥有更多心流。心流也许并非快乐的同义词，但我们都承认它实在太棒了。为了获得更多心流，你可以想想在过去哪些工作经历中曾体验过它。在工作日做一些给你带来心流体验的事并想办法尽量多做这种事。如果去年为律所筹备团建活动让你获得过心流体验，那今年就再做一次。如果可能，就跟那些与你志趣相投且能让你在专业技能上长进的同事多多合作。如果诉讼辩护合你胃口，就多做辩护。写上诉书时发觉时间飞逝？那就多写这种文书。不过并非所有时间都像哥伦比亚河那样奔涌而过，但是提高心流时间、压缩非心流时间应当是每个律师的追求。

研究发现，某些工作条件更有利于激发心流体验的产生。有多种不同任务的工作会比单一任务的工作更好。窗外可以看到户外空间（尤其是自然风景）的办公室会比没有窗户或窗外只是砖墙或空地的办公室更好。需要创新性的工作比不需要的更好。没有频繁打扰和过度噪音的工作环境比有噪音和其他搅扰的工作环境更好。

难题在增加心流体验的概率上大有帮助。难题可能以各种形式出现，但效果是一样的。如果我们碰到一个问题，这个问题并没有明确的解决办法，但我们相信可以通过自己的能力去解决，那么心流很可能就会出现。解决难题需要集中注意力。另外，遇到难题还有一个好处：当我们设法解决它时，也就在积攒最后解题成功时的快乐——这与篮球运动员投球正中篮筐时感受到的正向强化（positive reinforcement）如出一辙。

100 好在法律工作中有大量的难题。如何为客户规避足额的遗产税，好让客户可以留住家庭农场？如何给陪审团展示有利事实，同时又能避免我们的证人受到不利的弹劾？应当引用什么案例来说服上诉法庭的法官支持我的客户？这份单子可以不停地列下去——如果你想不到工作中有任何难题能让你体会到解决它的快感，那不消说，这份工作肯定不适合你。

我们会因为好的理由、坏的理由或说不上好坏的理由而变得快乐。助人为乐是好的理由。情敌得了重病，而你因此感到开心，这是坏的理由。被一条有趣的小动物视频逗乐，这是不好不坏的理由。如果说心流可以带来快乐（我们认为的确如此），那它通常都是一个好的理由。

从别人的快乐（或不快乐）中汲取经验

你自以为知道怎样能让自己快乐？那你很可能错了。这是吉尔伯特的畅销书《快乐为什么不幸福》（*Stumbling on Happiness*）中最主要的观点之一。吉尔伯特搜集了大量研究来保证其结论的准确性，他在书中证明了人类在预测自己未来幸福水平这件事上表现多么糟糕。[38] 当我们试图设想自己在新情境下的生活时，想象与现实完全不符。

我们若想象自己中彩票后五年的生活，以为那一定快乐得跟云雀似的，然而并不会那样。我们若想象自己遭遇车祸后截肢，以为生活一定暗无天日，事实也并非会如此。人们在遭遇挫折后的自我调整能力远远超出自己的想象。而天降好运在最初带来幸福的震撼后也会随着我们在享乐主义踏步机上的脚步而逐渐消退，且速度远比想象中快得多。[39]

关于快乐有很多并不准确的臆断。我们以为从爱荷华州搬到 101
加州就会更快乐，然而现实或许相反。我们想象着自己会多么享受金州的高山和海滩，却全然忘了可怕的交通堵塞和高昂的生活成本。想象中爱荷华州的生活一定比玉米片还乏味无聊，可我们却在那里交到了好朋友，并且发现草原也有它自己的文化。我们忘了，生活中的大部分时间并不会花在沙滩上晒太阳或从草坡上滑下来，而且即便在这些愉快的时刻，人们还是会抱怨交通不畅、旅馆太贵。

吉尔伯特的大量研究应该会让人变得稍稍谦虚一点。我们的确不太明白什么能让自己快乐。根据密歇根大学最近的一项研究，当美国人被问到哪件事会让他们开心时，回答基本都是"钱"。[40] 一系列相关研究表明，这实在是最坏的答案。可事实就是，美国人觉得拥有更多钱是决定他们未来快乐与否的关键。

如果想象力不足以预测自己在未来是否快乐，那我们能做什么呢？吉尔伯特说他知道答案："'替代者'是最好的预测方法。"[41] 他建议我们去"看看在不同情境下人们的幸福感如何"。关于未来，最好的信息来源就是那些正经历着你所设想的事情的人。我们在相同情境中所体会到的幸福感大抵相同。人类有很多相似之处，会为同一类事物感到开心——与别人交往、有掌控感、有价值感。如果某种情境下有足够的快乐因子，那身处其中的人很可能就会快乐——今天是别人，明天可能就是我们自己。

102 最近的一项关于闪电约会的研究证明了“替代者”这一工具的惊人力量。研究者比较了约会对象的个人简介和照片，还有曾经与同一人闪电约会过的另一位女性的自述，看看这二者之中哪一个能够更好地预测被试者是否会享受一次五分钟的闪电约会。虽然大部分女性认为，自己通过约会对象的简介和照片可以对接下来的闪电约会做出更好的预测，但实际上，“她们根据自己社交网络中曾经与同一人约会的女性好友的描述所做的预测更为准确”[42]。研究者们总结道，虽然依据来自替代者的信息可以得到更准确的情感预测，但人们会低估替代者的作用，因为他们误以为自己的心理模拟会更准确。

在约会方面的原理也同样适用于职业选择。“窥探别人的生活”[43]可以让我们对于自己适合在哪个地方及哪个领域做律师给出最准确的判断。基于对他人的观察，我们可以从中有所学习。如果只是询问别人是否喜欢自己的工作，这并没有什么用。大部分人说他们喜欢自己的工作时并不代表这个工作有多好。

观察要求你行动起来。对于执业律师来说，这意味着你要默默观察那些与你互动过的律师。如果你正在寻找一份工作，那最好让自己体验一下各种不同的工作环境。去看一看法庭、律所、法官办公室、法学院、新闻发布会、行政听证会等，总之去各种你可能看到律师工作状态的地方。跟尽量多的律师谈谈他们的职
103 业生活。他们看起来有多快乐？当然，还要记住，不管他们是哈哈大笑还是脸上露出灿烂笑容，这都不代表他们真正快乐。律师

在心流时刻所展现出的专注神情也许能够说明他们快乐。而负面迹象或不快乐的迹象也如同那些正面迹象一样会表现出来。无聊感是很难掩饰的，压力也会显现出来，愤怒和心烦意乱同样如此。

既然说了这么多来表明观察的不可替代性，那么调查数据是否能提供一点关于在什么样的工作环境中律师最快乐的有用信息吗？答案是肯定的，不过调查数据是模糊的，其中包含了很多限定词。尽量利用调查数据，然后大胆地走进律师的真实世界，用你的双眼和心灵仔细观察。

了解自己会让你更快乐——明白自己的乐趣和强项所在

明白自己的乐趣所在

想想你喜欢做什么，然后多做这些事——这个想法非常简单，你会觉得每个人都会这么做。可是这条最简单的通往快乐的道路却少有人走。相反，我们的日常活动更多被自己的欲望所决定——然而欲望却很少与快乐相关。

乍一看，我们想要的事物似乎会让自己感到开心。可是进化的需要使我们成为竞争性动物，我们追求的是从竞争而来、而非从娱乐而来的奖赏。我们努力获得升迁、努力赚钱买这条街上最大的房子、努力得到律所里最受关注的客户。我们比从前更相信财富是制造幸福的关键，即使无数研究已经指出这二者的关系并不紧密。

把那些能够带给你大大小小快乐的事情列成清单。你的清单 104
上可能写着：穿着浴衣读报纸、跟老朋友打双人网球、在壁炉边玩拼字游戏、去从未去过的地方旅行、在周五晚上跟同事一起喝喝啤酒。最好特别留意下那些每天发生的小确幸，或许那只是些无足轻重的小事，比如傍晚时分坐在洒满阳光的窗边，或者从你喜欢的咖啡馆买一杯味道非常好的咖啡。那么从现在起，如果可能的话（如若周五行不通，或许周四也能跟同事一起吃午餐?），就多做一些清单上的事情。还有比这更简单的吗?——你还会因此变得更快乐呢。最近北卡罗来纳大学做的研究也支持了这一结论。当人们懂得欣赏那些幸福的“微小时刻”，他们的“积极情绪也会绽放”——并且能够更好地应对负面事件。[44] 正如吕波密斯基所说：“享受那些小事，因为当你在某天回头看时就会意识到，它们都是大事。”[45]

然而在你的法律工作中，事情却未必如此简单。你可能很喜欢在陪审团面前做总结陈词，却不能只做总结陈词。做更多的总结陈词意味着把更多案件带到陪审团面前——但这未必符合每一个客户的利益。这同时也意味着做很多你不喜欢的事——比如彻夜准备对关键证人的交叉询问。不过，工作中总有些让你愿意做的事，会让你的时间花得值得。不论你喜欢的是什么——是搜索“律商联讯”（LexisNexis）数据库，是策划公司聚会，还是向证人取证——也不管它有没有“用处”，只要你对此还算擅长，就不妨多做一些。诚然，你还是需要满足同事们在其他方面对你的
105 期待，但多做一些最让你享受的事一定会让自己变得快乐一点。

明白自己的强项所在

有三个问题值得你注意：什么事让你觉得有意义?什么事给

你带来乐趣？什么事让你发挥强项？同时满足以上三点的工作才能提供最大的长期满足感。[46]

找到你的强项并不比找到你的乐趣更难。如果从幼儿园起老师就说你很善于跟别人合作，那你大概的确擅长于此。相反，如果你每一次的作文发下来都写满了批评（“这里是什么意思?”“用词不当!”“结构不好!”），那写作应该不是你的强项。可能成为强项的事情多种多样，无论是校对的能力还是在人身伤害案件中与陪审员建立共鸣的能力。把你的强项写下来。认真思考什么工作可以让你发挥强项。对你所做的事手到擒来，并且由于胜任这项工作而带来掌控感，这都与快乐息息相关。塞利格曼说道，一个人若认为自己在工作中能够发挥优势，那他很可能会得到“真正的快乐”，这是所有形式的快乐中最能抵挡侵蚀的一种。[47]

法律职业是否处在你的价值观、乐趣、强项三者的交叉点上？这个问题只有你自己可以回答。然而这是一个非常重要的问题。你应当努力寻找答案，并且找到最能兼顾以上三点的那份工作（如果的确存在的话）。如果这样做，你就一定会变得更加快乐。

找一份与自我价值观相匹配的工作：跟随本心 106

如果你能够挑选客户的案件，你会挑什么呢？是你目前正在从事的，还是完全不同的？如果你同大多数律师一样，那么客户委托给你的大部分法律纠纷在客户之外都没有多大意义。当然，为一件无关紧要的甚至是坏的法律事由做代理同样能为你带来收入（甚至是更好的收入），但我们更愿意挣良心钱。身为诗人、律师、国会图书馆馆长的阿奇博尔德·麦克利什（Archibald MacLeish）写道，当他对“这 90 万美元到底应该归谁”失去兴趣时，他就明白自己的职业路线应该变一变了。[48]

最快乐的律师会觉得自己的工作至少能让这个世界变得好一点点。法学教授黛博拉·罗德（Deborah Rhode）是全美在法律职业问题上的权威专家，她说律师们若感到自己的工作对公共利益没有任何贡献，他们就会经历“最大的职业挫败感”。[49]

与其他给律师带来不快的事情不同，没有为更大的社会利益做出贡献的感觉来源于你自己的选择。没有人逼你选择市中心那家服务有钱人的律所。你本可以成为县检察官或公设辩护人（哪一种职业能让你感到服务于社会公益取决于你对法律、秩序和正义的理解）。也许你没能找到在司法部或塞拉俱乐部*里的理想工作，但还会有**其他**工作比目前这份更符合你的价值观。如果你对受伤的小男孩充满同情，那或许在为人身伤害受害人代理的律所里工作会很适合。如果你像柯立芝总统一样，相信“美国的头等大事就是做生意（The business of America is business）”，那么从事公司法领域或做公司法律顾问或许更能让你享受其中。那么你的价值观是什么呢？

107 如果上一段末尾的问题让你无法轻松作答，那么不妨列一份清单，写下你最在乎的人、事、物（如果你什么都不在意，那就去寻找一些专业帮助，因为只有能够体贴他人的人才能获得长久

---

* Sierra Club，美国历史最悠久、规模最大的草根环境组织。——译者

的快乐）。可能你关注的某些东西是不想让妈妈知道的，比如赌博、色情影片、手工雕刻的烟枪，那就把它们从清单上划掉。你可能还会关注一些无关紧要的事情，比如最喜欢的球队或者摇滚乐队——把它们也划掉。现在再来看看单子上剩下什么。可能是环境、家庭、同性恋权利、自由贸易或无家可归的人。现在，认真想一想：律师可以在这些事情上提供怎样的帮助，以及这样的律师在什么领域工作。然后去找到他们，表示希望与他们共事。真诚的热情往往会给你回报。

如果你正在做自己关注和在意的事，那你可能会很快乐。在公共部门工作的律师拥有更高的职业满足感，[50] 一方面，这与他们较好的工作-生活平衡有关，另一方面则是因为他们很在乎自己为之努力的事情。与自我价值观相符的工作会让你产生情感共鸣。正如普赛特所提醒我们的："缺乏激情"的话，"没有什么工作是值得做的。"[51]

不过，并非每个人都要去保护濒危物种或为民权而战；大部分律师还是要在私人领域工作。某些私人律所会提供法律援助的机会，去为律所客户之外的人提供帮助，或为公共利益服务。[52] 法律援助工作很明显可以提高律师的自我认同。一位律师总结法律援助所带来的益处时说，这项工作"可以大大鼓舞整个律所的士气……无论是办公室聚会还是郊游都做不到这样。"[53] 法律援助还有一个附加利益，就是能够改善律师这一职业在公众心目中的负面印象。调查中 2/3 的受访者表示，如果律师多从事法律援助工作，他们会对这一职业的评价更高。[54]

108 适用于律师职业的也同样适用于其他职业。能够对他人有帮助的职业在满意度方面都会排名较高。更准确地说，从业人员认为自己的工作能够帮助他人的话，那这一职业的满意度就会较高，即使这种“帮助”在行业外的人看来微不足道。吉尔伯特提到，即使一项工作并不具有明显的意义，从事这一工作的人也时常会为其附加上意义。他举例说，美发师会认为自己是顾客的知己，由此得到满足感。[55] 律师可以从中学到的功课是：如果你并不认为自己的工作可以让世界变得更好，那就再仔细思索一下这个问题。

最完美的工作是同时迎合我们的价值观、个人优势并能带来乐趣的工作。很少有人能正巧碰上这种工作；为了找到它，我们需要认真思考自己真正在乎的是什么、自己的优势是什么以及自己的乐趣来源于哪里。

并非所有快乐都一样

我们最开始就说过，快乐拥有多重含义。有短时快乐，即塞利格曼所说的“生活中的乐趣和愉悦”，[56] 还有一种快乐源自于奉献。亚里士多德用“eudaemonia”（精神振奋）来描述有意义的生活（即参与并沉浸在对社会有贡献的活动中）给人什么感受。对于亚里士多德来说，真正的快乐不止来自于好的感受，更要出于好的原因而拥有好的感受——也就是做好事之后的感觉。

当你对工作的意义深思熟虑之后，出于有意义的工作而产生
109 的幸福感会有更强的持续性。比起其他形式的幸福感——比如升职加薪或得到垂涎已久的拐角办公室，因从事重要工作而产生的

满足更不容易返回原始的“快乐设定点”。参与改善世界的工作，你所拥有的幸福感就会更加长久。

去寻找一份符合自我价值观——或者至少让你觉得自己在改善这个世界——的法律事业，并由此来提升自己的幸福感。如果你的工作要求你为金钱紧张地奋斗，而那些钱最终归谁你并不在意，那么从长远来看，你很难得到多少职业满足感。投身于一项你认同的事业，让自己变得更快乐一些吧。

这只是一个工具箱，并不是烹饪食谱

没有一项工程要求你用尽工具箱里所有的工具，也没有一个律师可以成功地应用我们在本章中提到的所有方法。考量一下每种工具，思考能否把它应用于你的职业中，然后挑选出适合你的情况、专长和个性的那些。现在，着手去建立一个让你更加满意的法律人生吧。

成为快乐律师的方法：

1. 确定你的工作对自己的意义。
    - 在繁忙的工作中选择那些有意义的项目
    - 努力让自己成为律所中或职业圈子中重要的人
2. 想想你的工作怎样可以对其他人产生积极影响。
    - 思考怎样通过工作让别人的生活变得更好
3. 努力平衡工作和生活。 110
    - 在必要的时候愿意在收入方面做些牺牲（其实也没什么大不了）

- 考虑远程工作或“把五天的工作压缩到四天”
- 与有同理心的合伙人讨论一下工作灵活性的问题

4. 让自己的工作更稳定。
    - 跟那些决定你命运的人结识并交朋友
    - 完成律所对你的期待并试着做到更好
    - 在非周期性或反周期性领域增长技能
5. 掌控你的工作成果和工作空间。
    - 有可能的话，设置一个完成工作的时间表
    - 培养自己完成目标的技能
    - 用照片、艺术品等装饰自己的工作空间
6. 与人交往。
    - 有可能的话，选择一些与别人一起合作的项目
    - 与同事或客户一起吃午餐
    - 参加律所里的社交活动
    - 寻求帮助并提供反馈
    - 赞美工作表现优异的同事
    - 记住别人的生日并写张生日卡
    - 有可能的话，选择有面对面交流的工作
7. 如果工作可以给你带来快乐，就全心投入。
    - 不要总是这山看着那山高（做好你手头的工作）
    - 提醒自己这份工作中让你真正喜欢的东西是什么
    - 信任那些值得信任的人，并且记住，建立信任需要很多互动

8. 增加“心流体验”。

- 想想哪些工作会让你有时光飞逝之感
- 总结这些工作的共同特性
- 找一些能够带给你挑战但又不至于太难的工作任务
- 有可能的话，避免做一些太过简单而让你觉得无聊的事 111
- 找一个干扰最少的工作环境
- 试图在一天里穿插不同的工作任务
- 在有自然光和风景的地方工作

9. 避免进行上行比较。

- 关注内在目标，不要与同事攀比
- 提醒自己金钱与快乐没有太大关系
- 有可能的话，选择那些能够帮助不幸之人的工作

10. 看看什么样的事情会让其他律师感到开心。

- 记住人与人之间的相似性比差异性要多得多
- 跟别的律师交谈，问问他们的经历
- 看看哪些事情能让别的律师开心
- 选择那些让其他律师也感到快乐的工作或项目

11. 明白自己的优势和乐趣所在。

- 找到给你带来乐趣的工作任务或其他事情，经常做这些事
- 找到自己的优势并多加利用

12. 让你的工作与自我价值观相符合。

- 了解自己的价值观并寻找与其相匹配的工作
- 考虑做一些法律援助或为一些你关心的事情工作

112 第五章　为一份满意的事业做好准备——法学院阶段

曾经，能够“读懂法律”并跟随有经验的前辈学习就能成为律师，然而这种时候已经一去不复返了。如今，对于大多数想从事法律工作的人来说，唯一途径就是读法学院。这三年时光如何度过可能决定着你今后能否拥有一份愉快的事业。

本章内容并非要教你怎样顺利读完法学院，在这方面有很多其他好书。[1]

这一章虽是写给现在或未来的法学生，但主题却是以如何塑造一份满意的事业为角度来看法学院生活。我们所设想的理想化法学院应当致力于提高学生未来的职业满足感。

法学院适合你吗?

并非每个人都适合成为律师。每年有成千上万的学生意识到
113 法学院不适合自己——也有成千上万的学生让法学院来为自己做
出这一决定。2002 至 2008 年，全美法学院每年的录取人数保持

在 48000 到 49000 人之间。[2]

如果你正在考虑是否要读法学院，那就先问问自己到底基于什么原因。如果答案是“我想赚很多钱”或者“爸妈会为此而高兴”，那我们强烈建议你考虑一下其他选择。读法学院可以基于很多好的理由，以上两条不在其中。

如果你期待着影视剧里那种光鲜的律师生活（比如《法律与秩序》《律师本色》或《波士顿法律》），那么去法学院前请三思。“法律在影视剧里被塑造成集财富、权力、戏剧性与英雄主义为一体的工作，然而现实中却完全是另一回事。”[3] 透过镜头，这个职业看起来多么激动人心：扣人心弦的故事、新奇的法律问题、让人无罪开释的法医证据、引人入胜的法庭场景、华丽的演说。然而在大多数律师日复一日的生活中，让人在法庭上肾上腺素飙升的事情却少之又少，也很难有机会为处在下风的一方逆风翻盘。大部分律师的日常工作就是查找法条、案例、行政法规；读合同上小字印刷的条款；写备忘录、动议、律师意见书；准备并进行取证；会见客户。“对律师工作的真实再现很难成为有趣的娱乐电影。谁会排队去看一部叫《制定文件历险记》或《做尽职调查的男人》的电影呢。”[4]

如果你觉得自己对于学习有关法律和法律制度的知识感兴趣的话，那就去读法学院吧。如果你喜欢解决问题、进行批判性思考并且帮助他人，那就去读法学院吧。[5]

乐于接受新思想和新方法可以促成学业和事业的成功，如果你拥有这种素质，那你会很好地适应法学院生活。而最有助于学 114

业和事业成功的因素就是责任心（conscientiousness），即“一个人在秩序性、持续性和目标导向性方面所具备的能力”[6]。如果你对新思想持开放态度、有责任心、对法学院要求做的功课（包括大量阅读）感兴趣，那么你不仅会拥有令自己满意的法学院生活，也会在未来的职业生涯中有所成就。这些素质“可以很好地预测你能否利用法学学位获得满意的事业。”[7]

事情并没有绝对的对错，如果你有足够的时间和金钱，即使对自己从事法律工作的热情和能力并不十分确定，也可以去上法学院试试。许多人还不确定他们想要从事什么工作时会把法学院作为一种通用选项。对一些聪明的学生来说，法学院常常是默认的研究生项目。你有三年时间来做决定——即使在这之后也依然有机会更改你的职业。不过进法学院时一定要做好心理准备。假使学到一些法律却没有拿到学位也不是人生中最糟糕的事。

当你考虑是否真的想做一名律师时，要明白传统的律师工作模式（无论在大、小律所）已日渐式微。现在大概只有 2/3 的律师仍在私人领域执业，其余 1/3 可能在法务部门或州政府、联邦政府工作，也有很多人在法律之外的领域利用他们的法律学位工作。[8] 这是 1950 年以来发生的巨大变化，那时美国大约只有 250000 名律师（是现今律师数量的 1/4），其中 80%在私人领域执业。[9] 这一人口统计学方面的变化意味着在你的职业生涯中很有可能要从事一些别的事情，而不仅仅是在律所里服务客户。

对于利用你的法律学位从事一些法律实务以外的事要保持一
115 份开放态度。法律学位有非常大的灵活性。如果你读的是牙医学院，那么就要准备好花很多年来看牙齿。然而法学院的学位却可以为你敞开政治、经济、医疗、新闻、执法等许多领域的大门，只要这个领域需要清晰的思维和对法律的了解。不要只把目光局限于传统法律工作。你可以在你的专业领域工作（比如商业评估）、做猎头、从事仲裁或调解、做人力资源工作（比如做平权法案事务）、进行房地产开发、写惊悚小说［想想斯科特·图罗（Scott Turow）或约翰·格里沙姆（John Grisham）］、做学区的法律顾问、在大学或大专教书、培训律师助理、在娱乐或体育界做经纪人、管理棒球队（托尼·拉·拉鲁萨 Tony La Russa）、做橄榄球教练（文斯·隆巴迪 Vince Lombardi）、写诗（埃德加·李·马斯特）、设计填字游戏（威尔·肖兹 Will Shortz）、做体育解说员（霍华德·科赛尔 Howard Cosell）、做电视记者（杰拉尔·里维拉 Geraldo Rivera）、做演员（约翰·克莱塞 John Clesse）、为总统撰写演讲稿并做游戏节目主持人（本·斯坦 Ben Stein），甚至是做社区管理者直至成为总统（巴拉克·奥巴马）。总之，不要一进法学院就想着之后唯一的职业就是在律所里做律师。

选择一所法学院

选择哪所法学院是一个重要决定。这一决定不仅关乎你接下来三年的生活，也可能在很大程度上决定了你未来执业的方向和方式，以及你是否会享受做一名律师。

在美国大约有 200 所美国律师协会（ABA）认证的法学院。它们在很多方面都非常相似。基于认证的要求，所有法学院都要

求进行至少两年半时间的学习，所教的课程也几乎一样，并且基
116 础课程的教授方式也差不多相同——都是大班教学并使用案例分析方法。法学院都会提供相似的课外活动机会，包括加入法律评论编辑部、学生法学会、模拟法庭队伍等。

大部分人在选择法学院时会比较排名，考虑师资力量、对校园的印象、地理因素、所提供的课程，或许还会看看学校的橄榄球队怎么样。然而这种挑选法学院的方法并不正确。

考虑同学的重要性

选择适合你的法学院时，最重要的考虑因素就是你是否喜欢、尊重并信任那些即将成为你同学的人，并且你是否会被他们同化。我们以为读法学院是在购买一项法律教育服务。而实际上，也许更确切的说法是，我们在购买一批同学、选择一群会塑造我们价值观和执业方式的人，而且他们很可能会在接下来几十年的时间里陪伴在我们的职业生活和社会生活中。

在前文中已经说过人际关系对于幸福程度的关键作用，以及信任身边人的重要性。然而，很多人还是会惊讶于同伴对你的价值观和行为的影响会有多么大。在《连结：社交网络的惊人力量以及它如何塑造了我们的生活》一书中，作者尼古拉斯·克里斯塔基斯（Nicholas Christakis）和詹姆斯·富勒（James Fowler）展示了同伴对我们的体重、性行为等各类事情的影响，更不用说对幸福感的影响了。[10] 事实上，两位作者得出了一个令人吃惊的结论——多赚 10000 美元所带来的快乐不仅比不上拥有一个快乐
117 的朋友，甚至比不上拥有一个有快乐朋友的朋友！克里斯塔基斯

和富勒发现“社交网络的传染性”拥有惊人力量，并且深深根植于我们的进化历史中。

考虑到这一点，就请仔细挑选你的同学群体。你心仪的学校里的学生是否拥有你所认同的道德价值观？他们与你的（或你想要拥有的）世界观一致吗？他们是那种能够让你引以为傲的朋友吗？（当然，哪里都有一两个不那么讨喜的人。）当你去参观校园时，除了看学校的建筑之外，也别忘了看看那里的学生。尽量多跟那些学生交流一下，问问自己，他们是否就是你想要成为的人——因为在未来（至少）三年时间里，他们会把你同化。你或许想象不到，这些人现在所欢喜和忧虑的事基本就是你将来所欢喜和忧虑的事。

考虑各类型的排名和信息来源

大部分法学院看起来都差别不大，于是你很容易依据一些外部评级来选学校，这些排名主要看的是录取学生的学术资历、法学院的经济资源和声誉。你或许会依据《美国新闻与世界报道》（*U. S. News and World Report*）对法学院的排名来做选择。对于某些人，尤其是那些想尽快成为法院书记员或在知名大律所找一份高薪工作的人来说，这种排名或许是一个不错的决策基础。不可否认，在申请某些职位时，申请者学校的排名的确会影响最后的结果。

选择学校时你最好也考虑一下其他因素。值得一提的是，“第四等”法学院（即《美国新闻与世界报道》的排名中最低的一档）的毕业生却是调查中职业满意度最高的人群。[11] 这一现象

118 背后的可能原因有很多，包括进行下行比较所产生的满足感。第四等法学院毕业的人就像奥运会上的铜牌获得者一样，他们庆幸自己终于读完了法学院，因而比其他人更珍惜自己的职业。也或许是由于顶尖法学院中高度竞争性和知识性的氛围通常能让毕业生获得一份薪水高、压力大的工作，却无法导向一条快乐的职业道路。

相比于申请到你能力范围内最好的法学院，不如想想哪所法学院更关心你的未来，并能更好地指导你在一生中如何快乐地工作。联系一下备选法学院里的学生、毕业生和老师，问问他们对这所学校的看法。多看一些调查，比如关于法学院学生参与度的调查，它从多角度测评了学生的幸福感，而这些角度在一般性的全国法学院排名中并不会纳入考虑范围。[12] 每年《普林斯顿评论》都会发布“最佳法学院指南”，其排名的依据是 18000 多名学生的回复，涉及课堂体验、生活质量（包括法学院的审美和与社区的联结）以及与教授见面的机会，该名单也会讨论各法学院对大龄学生的欢迎程度。[13]

看一看学校的课程目录里有没有你特别感兴趣的执业领域。总而言之，一定要仔细选择。切身感受一下你想要申请的法学院是不是一个让人快乐的地方、是否能够培养出快乐的律师。

参观学校

当你在比较不同的法学院时，最好去实地参观一下，问一问
119 高年级学生他们的经历，并且去课堂上试听几次。这所法学院是否着意培养学生们对抗法律职业压力的能力？是否鼓励你去发现

自己的道德观、信念和标准？是否支持学生们去解决现实世界中的问题？学校的教授们是否会给学生提供反馈意见并注重学生的文明程度？他们会解释案例中当事人的困境吗？他们会培训学生如何与未来的客户保持良好关系吗？[14] 支持性的教育文化会促进学生在学业上的成功，帮助他们顺利通过司法考试，并培养他们的职业追求。[15]

最好的万灵药不是金钱，而是人。去找那种教授们明白并且传授社会纽带重要性的法学院。你心仪的法学院是不是那种教授和学生可以玩在一起的地方？是否会举行棋牌比赛、师生垒球比赛或年度表演秀？问问在校生可曾跟教授一起喝过咖啡或啤酒？

这所法学院是否重视专业和个人方面的指导？从前，新律师都是通过师徒制得到训练并融入职业圈中。然而今天，许多学校里的师生关系仅限于课堂之上。[16] 查查你考虑中的这所法学院是否有正式的导师制度，即是否每个学生都有一位指导教授。有这种制度即表示学生们可以更加容易地与教授接触。有些法学院会邀请当地律师协会的全体成员加入学校的导师制度或律师学院计划（inns-of-court），以便让学生能够同时接受来自教授和律师的指导。[17]

你考虑中的这所法学院是否培养合作性的执业方式？是否鼓励或允许学生们进行一些合作项目？虽然学生们有时会私下里和同学一起完成作业，但绝大多数学生并不会被要求“与同学进行合作来完成某些项目”。[18] 虽然大量研究已经证明了合作学习的益 120
处——包括提升参与度、深度和批判思维，[19] 然而许多学校的学生们还是不被允许进行合作学习，否则会受到“荣誉守则”（honor

code）的挑战。[20] 除了一些法律诊所和法学期刊的工作，以及一些模拟法庭之类的团队活动之外，大部分法学院“都把竞争变成了一种独自参与的活动”[21]。

一些法学院设立了跨学科或问题解决式的课程（主要是在法律诊所中），旨在鼓励学生通过团队合作对某些现实问题（比如儿童和家庭服务或医疗保健服务等）提出解决方案。[22] 少数几所学校把这种合作扩展到商业课程——比如让商学院和法学院的学生组成团队来教授创业法律实务。[23] 问问你将来要去的法学院是否提供这种合作性的法律技能训练，以便为你将来进入法律世界做准备。法律执业越来越呈现出跨学科、多学科及合作性趋势。诉讼日渐式微。2006 年，仅有不足 1.5％的联邦民事案件以庭审方式结案。[24] 过去的四分之一个世纪中，替代性纠纷解决机制（包括仲裁和调解）出现了指数级增长。来自合作性法律从业者的数据显示，不论客户还是律师都对过程和结果具有更高的满意度。[25] 选择一所鼓励合作的法学院不仅会帮助你建立满意度更高的事业，还会帮助你更好地适应不断变化的法律执业领域。

选择一所看重人本身的法学院

我宁愿跟一只小鸟学唱歌，也不愿教一万颗星星如何不跳舞。

——e. e. 卡明斯

法律是一种关于人的职业。你将会在第七章读到一些受访律师的故事，对这些律师们来说，最好和最坏的经历中，绝大部分

都跟人与人之间的互动有关。当你去法学院参观时，看看教授是 121
如何对待学生的。去寻找一所教授尊重学生以及学生的时间和需要的法学院。举例来说，尊重学生的其中一种表现就是记住并能叫出他们的名字。学生们更愿意听到自己的名字被叫到，而不是“坐在后面那个穿绿衬衫的”或用手指向他们。其他表明教授尊重学生的方式也非常简单，比方说准时上下课。问问在校生他们最好和最坏的经历分别是什么。

更广一点讲，看看教授们是否善于通过微妙的暗示来传达重视他人的理念。一位学生提出论点之后，再让另一位学生提出反对论点，这对于教授来说是很简单的做法；然而，如果教授对第二位学生说，希望他先找出第一位学生提出的论点中最精彩的部分并给予肯定，再试着从反面提出自己的论点，那么这种交流方式的难度系数就变高了。看一看不同的观点是否被重视？看一看当学生在课上互相帮助时是否会得到赞扬？试着去发现教授们是否真的在乎学生。就像一位学生曾经告诉我们的一样：“好老师不仅在乎学生在课堂上的表现，也在乎学生在人生中的表现。”

关心他人的老师对抗着法律行业中的文明缺失问题，传达着在乎他人及他人感受的理念。他们明白，如果在使用案例教学法时让学生明确区分“相关”与“不相关”，会使学生丧失这种理念。通常在一个案件中，关乎案件结果的事实或特征就是“相关的”，而不关乎案件的法律结果但会影响当事人甚至整个社会的事实或特征却被视为“不相关”。在课堂讨论上，严重的人身伤害、粗暴的侮辱以及关于正义的抽象概念都会因为“不相关”而

被忽略，最终得出一个“充分符合逻辑”的结论。虽然这种分析
122 可以训练学生的思维，但教授也可能会向学生释放一种信号，即那些法律上不相关的事对于真实世界的人类生活来说也不相关，然而事实却全然相反。在讨论案件时，我们应该在某个时刻停下来，摘下律师的滤镜再来看看这个案件。法律实务不单单关乎案件的输赢，我们要做的是在保障客户利益的同时把对他人的影响降到最低。

在一所重视人本身的法学院，教授们不会过分强调法律行业的对抗性。很多时候，学生们从教授所讲的故事中体会到的并非思想上的交战，而是一个充满敌意的世界：

> 法学院学生很快就学会了将他人视为对手。胜利意味着找出对方或下级法院的错误。如果关注积极的方面，那我们的话就被视为空洞无物。法律职业的这一层面极为仰赖我们与他人交往的能力，不论是建立职业关系还是个人关系。[26]

镇静地变换立场的训练会让未来的律师对案件当事人及他们的痛苦变得麻木。书上案例中的人物变成了“原告”和“被告”，而不是真实的人。[27] 你读到的案件只是一系列真实事件的组合，然而对于身涉其中的当事人来说，他们的生活可能就此改变。案件相关人承受着来自社会、经济、工作和家庭的各种压力。与我们不同，他们是这些事件的亲历者而非旁观者。克莉丝汀·赫特（Christine Hurt）是马凯特大学（Marquette University）法学院

的侵权法教授，她提醒自己的学生："课本里每一个案件的当事人，无论原告还是被告，都是活生生的真实人物，都曾受伤害或伤害过别人，因此每个人都是不同的。"[28] 你怎样看待课本上绝育上诉案背后的当事人，那么日后你看待自己的客户时也会以此为基础。在你眼中，他们是原本良好的金钱交换或思想交换关系的 123
破坏者，还是复杂、软弱、求索又怀抱希望的人？如果你学着去关怀你所代理的人，你将会变成一名更好的法律从业者，也会对自己的律师工作更为满意。[29]

选择一所在意你是否成为快乐律师的法学院

传统法学院的课程通常不会关注职业满足感问题。虽然已有超过一百所学院和大学讲授幸福研究方面的课程，然而当我们看完美国律师协会认证的近两百所法学院[30] 的课程表后发现，仅有六所法学院提供了如何快乐执业的课程。[31] 另有九所法学院将职业满足感问题作为法律执业管理、法庭辩护或职业责任课程中的一部分。哈佛法学院有多达四百门研修课和课程，却没有一门课是关于幸福或职业满足感的，虽然哈佛大学本科的幸福课是全美最受欢迎的课程之一。密歇根大学法学院有一门课的名字很有意思，叫作"血海深仇"，但也并没有一门课程讨论幸福问题。或许法学院认为职业幸福感问题属于职业服务办公室的业务范畴，或者毫不值得做学术上的追问——抑或他们从来就没考虑过这个问题。

当然，关于职业幸福感的理念会时不时在其他课上出现，比如讲授法律职业道德或职业责任的课。关于这些问题的讨论有助于学生设置合理的职业预期，减少日后在执业过程中出现的理想

与现实的偏差。然而事实依然是，美国90%以上的法学院完全不
124 提供以律师职业满足感或幸福感为主题的课程。没有这类课程，法学院还怎么帮助学生们建立一份满意的事业呢？

如果法学院并不在意你是否成为一名快乐的律师呢？

或许你已经开始读法学院了，而对比上面的愿望清单后，你发现自己所在的法学院缺少了关键的几条。作为一名乐观主义者，你或许想知道如何做可以让自己的法学院生活在建立满意事业方面更有帮助。在你就读的法学院里总有机会推动改变的发生。许多法学院提供给学生某些关于学生生活的委员会职位，比如课程和任命委员会，以便让学生参与学院的决策过程。找到那些举办论坛并邀请讲员来你们学校讲演的学生组织。发出你的声音，表达你希望邀请讲员谈一谈律师幸福感问题的愿望。

为何不跟教授或者课程委员会谈一谈设置法律职业幸福课的问题？这个课程可以向学生们介绍关于幸福的科学研究以及幸福的不同定义。也可以比较不同职业的幸福程度，找到高幸福感和低幸福感职业的特征，考察不同执业领域的律师在职业满足感方面的特点。这门课还可以从决策理论（decision theory）方面探讨人们面对过多选择时的反应，以及人们在预测自己面对不同事件或情况时所犯的启发式错误的类型。[32] 课程练习可以包括让学生们认识自己的价值观或采访从业律师的项目。[33] 在课上还可以通
125 过一些英雄律师的故事来告诉学生们一段高尚的旅程即将展开，[34] 并且教育他们不仅要做好自己的本职工作，还要“对公共利益做出独特贡献”[35]——正如哲学家西德尼·胡克（Sidney Hook）在

1943 年的著作《历史中的英雄》中所说的那样。

定义法学院里的成功

所有申请法学院的学生都会写一份个人陈述，讲述自己为何想成为律师以及为何能从其余八万多名申请人中脱颖而出。《大鼻子情圣》中罗珊的话正是法学院在鼓励学生展现对自我的理解时想说的：“对我说话……向我展示你的口才和聪明。创作、赞美……把你的梦想化为语言。”[36] 或许你写道，申请法学院是出于改变世界的梦想。或许你说自己的志向是为正义而战，让这个世界变得更美好。

那么你的梦想后来怎么样了？

当你进入法学院后，很容易就会走上“制度性滑道”（institutional glide path）。[37] 法学院通常根据学生的成绩、排名、是否参与法律评论编辑工作、最后是否进入知名律所并获得高薪来评判学生成功与否。法学院的学生说他们在开学之前的迎新周就已经听到了这些。[38] 结果就是，学生们内化了这种预设的成功衡量标准，也因此充满压力。哈佛法学院的前任院长哈里·刘易斯（Harry Lewis）在《失去灵魂的卓越》一书中写道，学生们将取得高分作为一种资格认证的方式，却不追求对知识的真正理解和掌握。[39] 你很容易就会陷入这种想法：成功和意义只取决于是否拿到了前 10％的平均绩点、是否参与法律评论编辑工作、是否在校园招聘时拿到好几个面试机会。如果你允许自己被这些外在标 126
准定义，那你注定会变得不快乐。

第一个应该问自己的问题就是，要由别人来对你的学校和事业设定期待吗？很多学生立志去大律所工作，原因却各有不同，有些人是因为大律所可以接到有意思且有影响力的案件，有些人却多少为了金钱或面子。还有些人是被法学院灌输的信息影响，即在大律所工作代表着成功的巅峰；在某些法学院的确更加容易找到这样的工作。在大律所工作、拿高薪并不是坏事。然而不论在哪个地区，3/4 的法学院学生都没有机会进入大律所。[40] 90％的学生都无法以前 10％的成绩毕业。基本上所有认同这些传统成功标志的学生都会面临一个问题，即这些量化标准并不代表着未来能够拥有一份让人快乐的事业。认同这些成功标准还有一个副作用，就是加剧了法学院里的竞争文化、个体脆弱性、自我怀疑以及自我隔离——换句话说，就是让你的法学院生活如同在高压锅里一样难受。

幸福研究揭示的最重要的两件事是：在事业中拥有热情和目标的人更快乐；为自己设定个人化工作评价标准的人更快乐。法学院只为人们设定了狭义的成功标准，仅仅包括拿高薪、在法院做书记员、在精英律所工作而已。这只是成功的无数可能性中极为局限的一种，并且它与你是否快乐可能毫不相干。

不要忘记自己的梦想。如果还没有梦想，或者还不知道自己想要做什么，那就去广泛地探索，思考你想要从事的法律领域，
127 小心那些会让你变得不快乐的常见错误，并且想一想你到底是否愿意从事法律行业。

法学院生活

> 一个普遍的错误认知是：在班级里名列前茅是通往快乐的必经之路。[41]

法学院的第一年是转型期。此时你认识到绝大多数法律问题并没有唯一正解——法律是不确定的。对于那些出于对规则的喜爱而选择学习法律的人来说，意识到法律中包含的不一致性让他们颇感不安。每晚都有一大堆阅读作业，并且一打眼看都像天书。某些拉丁文术语——比如“事实自证”（*res ipsa loquitur*）、“犯意”（*mens rea*）——即使翻译过来也让你不明就里。在合同法中，“对价”（consideration）并非“体贴”的意思。那财产法中的“横向相互关系”（horizontal privity）又是什么意思？反正不是你所想的那个意思。

你必须每天做好准备，一旦在课堂上被叫到，你就要在同学面前表述你对材料的理解。苏格拉底教学法本意是测试学生对法律的理解，并显示事实上的差异会导致结果上的差异，然而这一方法也可能会让学生感到惶恐、不自信（我们认为此种做法极为不妥）：

> 琼斯先生，能否请你描述一下某某案的事实部分？
>
> 琼斯先生，某某案中的争点是什么？你是否同意法庭的

> 某某观点？好的，那么琼斯先生，你会让法庭如何判决？琼斯先生，我现在有点迷惑。你现在说的是……，可几分钟前你说的却是……，琼斯先生，你的观点到底是什么？你说你
> 128 “不确定”是什么意思？对什么不确定？那么，现在我稍微改变一下案件事实，琼斯先生……[42]

有时苏格拉底教学法看起来就像一场残酷的“藏球”游戏。其结果可能会是信任崩塌。而前文已经提到，从社会心理学到神经经济学的研究都表明，关系中的信任对于快乐与否至关重要。[43]

教室里学生间的竞争和异化是外显的。法学院文化中也包含着其他公开竞赛——竞争研究助理、教学助理、模拟法庭成员、法官助理、实习生，以及工作机会。法学院会让人联想起高中，同样有分配好的班级、储物柜以及无情的流言蜚语。在某些法学院里（绝不是全部），学生们会进行更具有攻击性的霸凌行为。他们会在课上随时发短信奚落别的同学，或者玩一种叫“枪手宾果”（Gunner Bingo）的游戏。[44] 学生之间的相互攻击也许在日后就会发展成律师间的不文明行为。这也证明了选择同学的重要性，你所选择的法学院里应当有你喜欢的同学。

大部分人进入法学院时都抱有很高的期待。你一定是位成绩优异的本科生，否则你也不会来到这。或许你是那种异常拔尖的人，以至于让其他优秀的人都相形见绌。成绩评定机制本身就具有竞争性，法学院的正态分布评分机制让学生们在排名之战中相互竞争。这种排名的本质就是制造少数成功者，而剩余的全是失

败者。如果你在法学院里的成绩不像本科时那么好，你可能会感到挫败，虽然这里采用的正态分布与以往并不相同；表现不如其他同学的话也会让你的自尊心大大受挫。而第一年的成绩往往决定着谁可以进入法律评论，谁可以拿到法官助理的机会，这二者都是为日后的工作铺路。更糟糕并且更让人焦虑的是，总成绩通常还取决于学期末的一次综合测试。[45] 而在这场考试之前，你几 129
乎得不到任何关于个人表现的反馈。

面对这些累积的压力，你或许会不自觉地改变自己的生活方式和态度：也许你比从前更焦虑，不再进行有规律的锻炼，跟家人和朋友的交往也变少了。“你的个人习惯会发生巨大改变：变得完全没有食欲或暴饮暴食、永远睡不醒或根本睡不着、总想寻欢作乐或丝毫没有兴趣。”[46] 压力或许会导致你生病：抑郁、头疼、病毒感染、过敏或其他疾病——并且你还可能感到绝望，难以集中精力，对朋友、家人、老师充满怨怼。[47] 你甚至想用酒精和毒品来麻痹自己。[48]

你也许会想，是不是法学院招来的学生都是一些注定不快乐的人？[49] 法学院并不使用 GPA-LSAT-MMPI* 录取指数，但研究表明法学院学生们开始时的心理状态基本都是正常的。除了某些个性上的差异外，法学院的学生与其他专业的学生看起来差不多。他们或许比本科时期的其他同学更有竞争意识，更想占据主导或领袖地位，并且更倾向于接受外部验证方法；不过尚未就读

---

* GPA 指平均绩点，LSAT 指法学院入学考试，MMPI 指明尼苏达多项人格测验。——译者

法学院的学生“在罹患抑郁症方面并不存在更高的概率”。[50] 心理学家肯农·谢尔顿（Kennon Sheldon）和法学教授拉里·克里格在两所法学院授课时对学生做了为期三年的测评。他们发现，当法学院的学生入学时，他们的调节能力相比对照组的本科生而言持平甚至更优，但进入法学院后他们却越来越不快乐。

130 在巨大的竞争压力下潜藏着的是心态的转变。学生从原本内发的理想化动机（诸如为了帮助他人或出于好奇心）变成了外源性动机——即作为“达到目的的手段”（诸如“为了让别人钦佩，或获取地位及影响力”）。[51] 法学院是否读得成功取决于这些外部标准，法学院里的这群聪明人将成绩、法律评论、法官助理机会和高额起薪内化为自我目标。

一言以蔽之，学生们对这一套肤浅的目标充满认同，他们无力改变这一系统，结局就是在竞争中渐渐丧失自信。克里格直言不讳地说：“你对可能出现的结果所持的态度（和焦虑感）以及生活方式的扭曲很可能让你在身体和情绪上精疲力竭。”[52] 更糟糕的是，在就读法学院时期产生的这些功能失调症状——包括焦虑、抑郁、药物和酒精依赖——可能会贯穿你的整个职业生涯。法学院里的竞争氛围以及刚工作时的过渡阶段会使好习惯或坏习惯得到进一步巩固，尤其对于那些从前没有全职工作经验的人来说更是如此。一旦开始工作之后就很难改变不良的压力管理习惯了。

在下面的章节中，我们将谈到如何才能不让自己的基础变得薄弱，以致对将来的职业幸福感产生阻碍。不过在此之前，让我们先换一个角度来看法学院。你常常听到关于法学院经历的负面描述，那么有没有好的一面呢？

对法学院生活的不同看法

法学院生活真的这么糟糕吗？大部分学生都势必无法拥有满意的事业吗？事实上，许多律师都对自己的事业感到满意，许多学生也很享受读法学院的过程。法学院生活并非千篇一律，不同学校和学校里的老师也各有千秋。学生们会遇到很棒的老师，也 131
会遇到不那么负责任的老师。

每年有许多从法学院毕业的学生并不曾经历上文所描述的那种高压生活。2007 年一项针对 27000 多名法学生的调查显示，大多数调查对象“对他们的法学院生活感到满意。在对法学院的经历进行评价时，82％的学生选择‘好’或‘非常好’，只有 3％的学生选择‘不好’”[53]。有些学生在法学院里得到迅速成长，并对未来的事业充满期待。有些学生盛赞法学院里的互助氛围和团结的集体精神。同学将来会变成同行，学校里的友情也会延伸成你日后的关系网：“当我们回顾在法学院读书的日子时，会发现在那里找到了延续一生的友谊。”[54]

法学院提供了丰富的法律诊所和校外实习机会，让学生们得以一窥未来的理想职业选择。[55] 有人评论说，法学院培养了一群没有理想的学生，他们期望在大律所里找到一份工作，虽然“工时长、培训少且工作没有成就感”，但“可以让他们偿还大笔学生贷款”——然而一项针对法学院三年级学生的调查却与此论调截然相反，调查显示 79％的学生对“自己毕业后会拥有一份满意事业”持乐观态度。[56]

或许，法学院在帮助学生实现一份满意事业方面能提供的最好服务就是让他们的期待与现实相吻合。法学院让学生们为未来做好准备才能让他们在满意的职业道路上前进。读法学院就必须要努力，这对于将来进入高强度的律师行业来说也是一种必要的训练。

当你回顾过去时会发现，法学院的确训练了你处理工作中各
132 种逆境的能力：你在分享笔记时学会了团队合作，苏格拉底式对话锻炼了你的敏捷思维，让你能够向客户清楚地阐述观点，明白了“实际工作中遇到的大部分难题”并没有唯一答案，以及作为诉讼律师——与尤吉·贝拉（Yogi Berra）* 不同——你需要为各种情况做好准备。[57]

由于学生的个性不同以及选择的法学院不同，他们的法学院生活也各有好坏。下一章节讨论的是与法学院满意度指标相关的心态类型并会给出一些建议，帮助你在读法学院时为将来的理想事业奠定良好基础。

由自己来定义法学院里的成功

保有自己的指南针

取得极大的成功——包括拥有拔尖的成绩、高薪或受人尊敬的工作——是通往快乐的捷径，这几乎成了一件“假定事实”。然而这种普遍想法却是错误的。[58]

---

* 尤吉·贝拉，美国著名棒球运动员。——译者

如何从事法律实务基本是在工作以后学到的。不过有一些关于未来事业的关键因素却可以在法学院里习得。出乎意料的是，这些关键因素与学习成绩并没有多大关系。近期一项针对50所法学院里6000多名学生的调查显示，LSAT（法学院入学考试）获得高分与“生活满意度呈现出某些负相关”。[59] 研究者认为，“由标准化入学考试测试出的个人能力水平并不能代表生活上的满意度。通过努力和投入而取得的成就才是生活满意度的预测因素。”[60] 简单来说，投入度高的学生更有可能成为快乐的律师。

这些生活满意度的关键因素让你学会如何让内在动机引导自己。依据自己的价值观来定义成功的人不容易陷入“痛苦-抑 133
郁-药物滥用”的三重组合。[61] 个人价值观可能涵盖了你所看重的个人品质，比如正直、责任感、协作的意愿等，也可能组成了内在的理想目标，比如为客户进行有效的代理、辨别客户的真实情况、在民权案件中获胜或为公共利益服务。[62]

拥有内在目标的益处不止在于增强自信、提高胜任力以及避免法学院的外在奖励系统所带来的竞争性。关于学习理论的研究表明，当学生们以掌握一个学习主题为目标并专注于“获得这一主题下的技能和知识”时，他们在学业上的实际表现优于那些将“成绩或与其他学生比较”作为目标的学生。[63] 换句话说，如果你努力学习财产法并将考试时得到B作为目标，也许不如将目标设定成“能够在将来向客户解释各种土地契约”时表现得好。如果你关注的是自己的目标，考虑的是自我价值的实现，那你就更有可能去追求个人满足感，而非追逐由社会设定的职业方向。

另一个关乎能否读好法学院并为未来理想事业奠定基础的关键因素就是交朋友。现在的同学就是将来职业生涯中的同行。你要去结交朋友，即便开始时并不擅长也还是要这样做。拒人于千里之外、缺乏社交都不能塑造快乐的学生或快乐的律师。研究发现，有更多亲密朋友和更广泛社交的律师比孤立的律师更有可能成功（基于外部成功标准）。[64] 与他人建立联系并与支持性社交网
134 络保持关系的确需要花费功夫，不过你会愉快地发现，在法学院里要学习的许多事情以及整个法学院生活中最好的部分都发生在课堂以外。

与教授建立良好关系也十分重要。学生们可能觉得教授不易接近，在一年级的大课上尤其如此。比之男生与白人来说，女生与少数族裔更不愿意向老师请教课业或寻求职业建议。[65] 在课堂之外与老师建立社交关系不仅有助于学业，也“让教学过程变得更有意义”，因为老师可以通过一对一会面让学生更好地思考自己的价值观。[66] 并且老师在工作机会方面也会掌握更多信息。

在工作之后，你会期望在律所内外都能找到指引自己的前辈，那么同样的道理，你也应该在法学院之外寻找导师。去寻求指导，因为这也是职业训练的一部分。人脉和导师都对你的事业至关重要。幸运的是，你会发现律师们都非常愿意指导别人。众达律师事务所华盛顿分所的合伙人格雷格·卡斯塔尼亚斯（Greg Castanias）说，自己从业经历里的高光时刻并不是某一个事件，而是“我接受到的指导以及我对他人的指导”。

不要为偿还贷款的缘故而做出职业选择，避免受外物操控

关于某些法律从业领域职业满意度的文献表明，在政府和公

共利益领域工作的满意度通常比在私人执业领域要高。然而，很多法学生担心自己能否在公益领域追求事业的同时还能把学生贷款还上。研究发现，当学生们刚进入法学院时，有 40%—70% 的 135
人表示想要在公益领域工作，可当他们离开法学院时却只有很少一部分人真正从事这方面的工作。[67] 对于那些最终没有选择公共利益工作的人来说，迫于偿还学生贷款的压力只是一个并不充分甚至有些误导性的解释。另一种解释是，大部分法学院的课程并没有针对公共利益工作所需要的管理、实践和人际交往能力而对学生进行培训。[68]

2008 年，公立法学院的州内学费中位数约为 15600 美元，州外学费中位数约为 26400 美元，私立法学院学费中位数约为 34000 美元。[69] 2009 年，刚刚开始从业的法学院毕业生通常背负着 100000 美元贷款。[70] 让我们来看看贷款压力对于法律工作起薪来说意味着什么。

以 2008 届学生为例，全国法律就业协会（National Association for Law Placement/NALP）报道说，律所起薪的中位数为 72000 美元，平均数为 92000 美元。[71] 这些数字可能有一定的误导性。薪酬会出现明显的双峰分布，其图表看起来像一只双峰骆驼，薪酬的高点和低点就是两个驼峰。刚毕业的新律师们依据薪资水平被分为了“有产阶级”和“无产阶级”。很多法学院毕业生的起薪很低，只有少数人一开始就能拿到高额起薪，而中间地带只有很少人。[72] 见图 1。

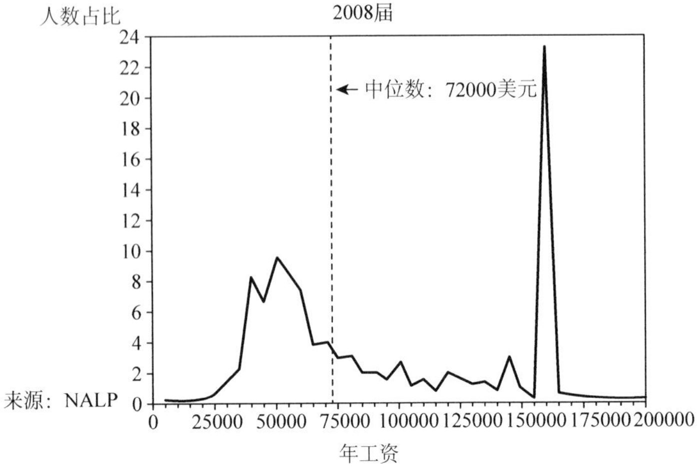

图 1：2008 届毕业生年工资分布图

右边的驼峰（其实更像一根尖刺）显示出，那些加入这场薪酬大战的大律所们相信，在起薪上战胜其他规模略小的律所事关本所的声誉。而另一个驼峰表明，其余绝大多数律所并不想或并没有能力参与这场薪酬大战，他们只提供与其市场规模相匹配的薪资。

真实的薪资水平因律所的规模、类型以及地理因素的不同而差异巨大。举例而言，在 2007 年，全美拥有 2—25 名律师的律所
136 提供的起薪中位数为 68000 美元，拥有 26—50 名律师的律所为 81000 美元，拥有 101—250 名律师的律所为 105000 美元，而拥有 250 名以上律师的律所为 130000 美元。检察官和法院书记员入职之初的薪资仅为最小规模律所起薪中位数的 2/3（46000 美元），而法律服务律师第一年仅能拿到 38000 美元。[73]

思考一下你现在的决定在多大程度上是基于经济上的考

虑——你可以接受什么样的薪资水平，以及是否能够偿还学生贷款。幸运的是，虽然这笔贷款初看是一大笔钱，然而或许并没有那么难还清。律师并不是低收入职业，并且随着时间推移薪酬会越来越高。而新近出台的联邦贷款免除计划对于某些人来说也不失为一种选择，这类计划可以全部或部分免除一些律师的贷款，条件是这些律师在某些法律服务岗位上工作满一定年限。

贷款偿还资助计划 137

十六个州以及哥伦比亚特区为在公共服务领域工作的律师提供贷款偿还资助计划。[74] 这类计划通常对就职于某些公共利益领域的律师每年提供 2500 到 12000 美元的资助，前提是他们的年薪低于 40000 到 65000 美元（视所在州的具体情况而定）。[75] “平等正义工作”（Equal Justice Works）[*] 列出了 109 所法学院，这些法学院要么有自己的贷款偿还资助计划，要么参与了所在州提供的相关计划，或二者兼有。[76]

2008 年，美国国会通过了《高等教育重新授权与大学机会法案》，该法案提供了四种针对公共利益律师的贷款免除项目。[77] 最终，教育部展开了一项以收入为基础的联邦助学贷款偿还计划。自 2007 年 7 月起，该计划创设了一种根据收入和家庭成员多少而调整的学生贷款浮动计算制，让学生们能利用一些贷款减免措施（由家长申请的贷款不在此范围）。[78] 如果你对公共利益工作感兴趣，可以研究一下这些贷款偿还资助计划。

---

* 一家位于华盛顿的公益机构，致力于为律师提供与公共服务领域工作相关的服务。——译者

收入与主观幸福感

当你研究各种各样的职业选择时，不要忘了金钱在让你变快乐这件事上发挥的作用非常有限。或许你认为金钱能够带来快乐，但人们高估了金钱对快乐程度的影响力。让人惊讶的是，仅仅想要获得高薪的欲望本身就能让人的生活满意度下降。[79] 那些在财富方面做上行比较并让自己的野心不断膨胀的人注定要为此付出代价。正如我们在讨论“享乐踏步机”时提到的，收入提高所带来的快感转瞬即逝，随着消费水平的提升，你继而又想获得更多财富。并且对于那些看重计费工时的法律行业来说，身处其中的你会发现自己根本没时间享受金钱所能提供的乐趣。

138

找到那份令你满意的事业

> 二十五年来，全国法律就业协会（NALP）对全美的法学院进行了调研，并报告说超过90%寻找工作的学生在毕业后大约六个月内找到了工作……然而，虽然最终会找到工作，但很多法学生依然担心，他们害怕自己会流落街头，身负十万美元的债务，在中央车站外乞讨……事实上，真正可怕的事情并不是找不到工作，而是找了一份错误的工作。[80]

学生们基于各种不同的原因来到法学院，因此对毕业后的职业路径也有各种不同的想法。当你思考读完法学院后做什么工作时，最好想一想那句古老的法律格言——唯一正解并不存在。爱德华多·普塞特提醒道，因为现实世界太过复杂，所以我们创造出了各种理想化的（即想象中的完美模型）爱人、事业，等等。[81] 理想的工作并不存在，但有很多工作会令你感到快乐，也会有一些工作并不适合于你。

避免“制度性滑道”

当你在考虑将来可能会做的工作时，衡量一下某些类型工作的信息来源和制度压力。法学院里存在的一些问题会影响老师对学生获得满意职业道路的指导。学生们听闻的关于好职位的许多信息来自于老师，而这些老师们通常在大律所里没工作过几年，并不具有丰富的实践经验。[82] 美国法学院里的教授们在执教之前平均执业时间仅为3.7年。[83] 这是下滑航道（glide path）问题的一个方面：教授们倾向于以自己最熟悉的模型来指导学生，即干几年联邦法院书记员，之后再进入大律所。

法学院也会出于提高声誉的考虑而更愿意让学生进入规模 139
大、薪酬高的律所工作。这会让学校的声誉提升，从而吸引更多的潜在捐赠人。

学校的就业服务办公室采取了各种方法来迎合大律所，因为这些大律所每年都会参与校内招聘，通常也是最常招聘应届生的雇主。频繁向学生展示大律所容易造成一种职业鄙视链，即在大律所工作看起来比其他工作更高端。[84] 向大律所的倾斜也由另一个因素造成。对就业服务人员的工作评定是以学生的就业统计数据为标准。这导致就业导师们花费大量时间联络学生，目的只是完成就业报告，而非进行个人化指导来为他们找到与兴趣和技能相匹配的职业选择。[85] 虽然法学院的老师们深知，一份职业若与学生的兴趣和技能不符，那最后的结果不会让人满意，然而对于大部分法学院来说，指导学生去争取最光鲜工作的传统做法已然根深蒂固。要知道传统路径未必能给人带来长久的满足感。虽然社会地位高、薪酬高的工作“很有诱惑力，描绘出一副美好的生活图景……然而实际上，这样的工作却不会让人快乐。”[86]

职业指导老师们并不愿意传播那些对大律所不利的信息而让法学院陷入矛盾地位，因为大律所通常也是法学院最大的金主，这些出手阔绰的捐赠人把杰克逊·波洛克（Jackson Pollock）的画挂到教师休息室，又在学生中心建起喷泉。或许这不是就业导
140 师有意为之，但他们可能也有种模糊的想法，即如果法学院一心帮学生找到让自己快乐的工作而非高薪的工作，那么长此以往学院在经费问题上会受到影响。

学生们对哪些法律工作更让人愉快，以及各律所关于计费工时和工作-生活平衡方面的具体政策知之甚少，而有些律所出于市场营销的原因较少披露内部信息，因此也加剧了这一状况。要知道那些来学校做校招的律师是（至少部分是）为了营销自己的律所。

所有这些深层利益、固有做法、半遮半掩的事实以及传统的处事方式都说明了一件事：你必须要主动探寻在各类工作中如何实现职业满足感的真实信息。律所的信息（比如规模、薪资、业务部门、服务、客户）在网上触手可及。律所的网站都在显眼位置放上了自己的各种评级。学生组织“改善法律职业的法学生”（Law Students Building a Better Law Profession）列出了一个网

站，该网站提供一种互动型“报告卡”，涉及全美主流市场上的350家律所，考虑的因素包括计费工时要求等。2008年《在职母亲》杂志（*Working Mother*）以及全国性咨询团体“弹性时间律师”（Flex-Time Lawyers）发布了他们的第二份最适宜女性工作的五十佳律所年度榜单。[87] 可供查询的信息越来越多。就像教授们必须要面对学生们在网上对自己的评价（比如“教授评价网”www.RateMyProfessors.com）一样，现在律所也要面对自己的律师和客户在网上的评价了。[88]

或许你们学校的职业服务办公室会尽力让学生的期待与即将就职的律所或机构的现实情况相符合。或许他们会提供一张表单，列出本地律所的计费工时要求、育婴假政策、工作-生活平衡方法等。他们也可能会收集校友数据，了解他们工作的律所、是否工作得愉快、是否已离开这家律所，以便获取一些不同人与不同律所是否相适合的信息。如果你学校的职业服务办公室并没 141
有做这些，那就考虑下是否要去一问究竟。[89]

广泛探索与选择的困境——为何律师思维未必有帮助

当你开始寻找法律方面的工作时，可选路径的数量或许会让你作难。你可能会因为选择过多而纠结，也可能因为选择过少而沮丧。这就是法律职业角度的“三只熊困境”。

如果你选择困难最小的那条路，机会也会变少。你去参加校招，抱怨他们只想要成绩排前10％或20％的学生，之后就只在求职网站上找找工作。这种做法是错误的。

学校里不只有校招。你还可以参加各种职业论坛、关于职业可能性的小组讨论、与律所见面的活动、律师协会的社交活动等。研究一下如何找公益领域工作的指南，参加模拟面试，看看关于学生暑期实习的测评簿，参加相关主题的学习项目——比如怎样让自己对律所有益、怎样评估自己的价值、个性和职业选择等。找到律师协会的通讯录，给自己感兴趣的律所写信。找找政府里实习生或研究员的机会，问问学校里的职业服务办公室，看他们是否与你想去的那所城市里的法学院有合作项目。如果你对将来的职业路径已经有明确的想法，那就学习相关课程，参加研讨会或继续教育项目，咨询一下这个领域的律师当初是怎样找到这份工作的。要广泛探索，至少在最开始时要这样。不过选择太多也未必是好事。

142 还记得“选择的困境”吗？过多选择会引发焦虑、降低幸福感、导致失望。[90] 从 90 种不同类型的共同基金或 17 种不同品牌的牙膏中做选择会让人觉得不知所措。在法律领域，你同样也要面对大量的选择并且要找出最适合的选项。选择过多可能会让你难以抉择：“或许有时候机会太多会让人无所适从。我们感到无法控制、无法应对。”[91] 即便只是存在选择过多的可能就会让人产生惰性，这就是为什么很多人会长期使用同一家电话公司，并不会在不同的电话套餐中换来换去。[92]

当人们有选择时会觉得对生活的掌控感最强，但选择过多时就不会这样认为了。针对超选择（hyperchoice）的一种解决方案就是将多重选择缩减为数量较少的、彼此间区分明确的不同路径和可能性。第一步就是区分出那些真正有意义的选项，把自己从无谓的选项中解脱出来。[93] 不要把时间花在衡量匹兹堡和费城哪个城市好、哪里的棒球队更好上。真正应该思考的是哪个执业领域让你更感兴趣、更符合你的价值观。

选择那个“足够好”（令你满意）的选项通常比一直等待那个“完美”选项更容易带来快乐。“以‘足够好’而非‘最好’作为标准的话，做出选择后又出现了更好的选项时也不容易感到后悔。”[94] 我们总是幻想得到一份完美的工作。工作有好有坏，当然也有非常棒的工作，但独独没有完美的工作。

迈克尔·梅尔彻是一位职业顾问并著有《创造性律师》一书，他认为，许多在法学院里学到的“像律师一样思考”的分析策略并不能指导你的职业路径。他说道，律师们“只做分析而不去探索、关注在缺陷和潜在问题上、搜索明确的先例、寻找具有 143
普遍适用性（“什么对律师们有用”）而非个案适用性（“什么对我有用”）的解决办法、在不确定的时候推迟行动、对可能性保持怀疑、不愿冒险。”[95] 你无法想象出自己的整个职业轨迹，也无法知道将来会怎样发展，以及什么时候自己会最快乐。正如梅尔彻所指出的，“事物的发展不是平铺的直线，而是蜿蜒的折线，……比起事无巨细地筹谋，你不如多去探索和经历。”[96]

那么，既然选择过多会让人不知所措，选择太少会让人焦虑，靠律师思维又无法在一片混沌中分析出一条路来，那么我们该怎么做呢？开始时先接受一份“还可以”的工作好不好呢（尤其是考虑到第一份工作通常不会持续到最后）？还是说这样做会把自己锁死在一个特定领域中呢？对于这些问题，我们只能给出一个典型的“法学院式”回答：看情况。这要看你在情感和经济上的需求、可供选择的工作是什么，以及你对不确定性的忍耐力如何。学生们常常急于找到一份工作，焦虑和恐惧主导了找工作的过程。而最好的方式是思考做什么会让自己快乐，以及自己所拥有的价值观、技能和兴趣是什么。

勿忘你的热情

有一些办法可以让你在追求所爱事业的同时又能让自己从一下子涌入就业市场的 43500 名应届法学毕业生中脱颖而出。对于你想要从事的法律领域来说，未必有“明确的先例”可以遵循。[97]如果你拥有一些独特的技能组合可以用来服务客户，那么你在就业市场上就会很受欢迎，且个人满意度也会很高。凯文·特拉维斯（Kevin Travis）的经历值得参考，他是一名住在中西部的律师，但他的主要客户却在南部几个州：

> 144 我本科学的是机械专业，也像一位机械师一样度过了法学院的几年。拿到律师证后，我以为自己永远不会再用到机械知识了。然而在我工作的第一个律所中，作为诉讼律师的我花费所有时间服务的客户是机动车服务合同管理人，当他们被起诉并否认这些诉讼请求时，所需要的不仅是懂诉讼的人，更需要有人能够理解车辆哪里出了问题以及其中的原因，并能向寻求事实的人解释清楚诉求中关于机械方面的问题。因为我拥有法律和机械方面的技能，所以满足了这两种需求，于是乎我一下子明白了自己的独特优势，能够让我不

单单在自己的城市或州，甚至在全国都脱颖而出。我现在为另一个同领域的客户做着相同的工作，不过他们在数千英里之外。客户没有在当地选择那些亟需业务的律师却选择了我，原因就是我可以提供独一无二的技能组合。

或者也可以看看朱莉娅·贝利安（Julia Belian）的经历，她获得了神学硕士学位和法学学位，现在在密歇根州执教。利用这些学位，她进入了遗产规划行业。她说在遗嘱认证工作方面找到了“独特的快乐”，因为“客户不论贫富都一样重要，人终有一死，我们都想照顾好自己所爱的人……我们所讨论的不单单是法律问题，实际上更是生命和死亡的问题。”她还经过了特殊培训来帮助客户面对她们的恐惧并做好遗产规划——“因为做规划之前，你必须先要接受你会死去这件事。”她说与客户做这些讨论也是一种“对神的宣扬”。

或许你也从小喜欢马。在丹妮丝·法里斯（Denise Farris）小的时候，她家“后院里总有一匹马”。从法学院毕业后，她对马的喜爱仍然持续。当她听闻对马业从业者创设责任保险的法规时，她将这些法规制成简报邮寄给美国东部三州地区的马厩，将此作为一种公共服务。之后她被密苏里和堪萨斯州的马业委员会 145
以及肯塔基大学法学院邀请就这一主题做报告，并且很快成为了全美马业法专家，目前这也是她的主要执业领域之一。她为客户解决了很多马业法方面很有意思的问题，包括风险管理合同、种马辛迪加协议、人工授精后的亲子鉴定、与粪肥和动物尸体处理相关的区划及环保问题，以及为了保证某匹马能得到长期照料而为马主人进行遗产规划。法里斯说，基于你一生热爱的事物而探索出新的执业领域，这会使你受益匪浅。

除法律以外的兴趣爱好或特别的专业知识或许能为你带来称心的工作。可是如果你并没有什么特别在行的领域怎么办呢？

你的强项、兴趣和价值

自从1880年约翰·文恩（John Venn）发明了著名的文氏图后，学生们学会了用交叠的圆圈来表示信息集相重合的部分。哈佛大学心理学家塔尔·本·沙哈尔（Tal Ben-Shahar）提出利用文氏图作为寻找工作的工具。我们觉得这个方法可以帮助法学生们寻找满意的工作。

本·沙哈尔建议找工作的人使用他所谓的“三问题步骤”。他列出了三个关乎内在且有助于找工作的问题，即（1）什么赋予我意义？（2）什么带给我快乐？（3）我的强项是什么？[98] 赋予意义的来源可以包括远足、歌唱、解字谜、读历史书等。强项可以包括问题解决能力、细致周到、历史知识、交游甚广等。你需要对自己进行长期、大量的观察训练才能列出意义来源、快乐和
146 强项。可以在每个问题下面各列出十条。在强项方面，想一想你所熟知的领域（比如环境法、知识产权等）、你的技能（比如写作、口头交流、分析能力、组织能力、与人交往的能力等），以及你的个性（是否和善、愿意承受风险、外向、耐心等）。

将你列出的条目以文氏图的形式放入圆圈中，观察重合的部分来帮助你思考最称心的工作可能是什么。如果你为老年人工作

时感到有意义（意义来源），喜欢与人相处或探讨历史（快乐来源），懂得老年人法或遗产规划，并且富有耐心且为人和善（强项），那你或许在社会福利管理或遗产规划方面（这只是几个很容易想到的可选工作）会得心应手。如果你乐于帮助弱势群体，喜欢表演以及制定策略，并且懂得如何与各种人相处，那么我猜你已经想到了可以成为一名为原告代理的人身伤害律师。

本·沙哈尔提醒道，你列出来的表格很可能一团乱。工作不太可能直接从你的文氏图里跳出来。“三问题步骤”最大的用处或许在于让你对意义、快乐和个人优势的思考更清晰，并且帮助你明白这几个方面对于职业满意度的重要意义。

另一种观察自身优势的方法来自于密歇根大学的心理学家克里斯托弗·彼得森（Christopher Peterson）、美国心理学协会前主席马丁·塞利格曼以及其他 55 位社会科学家。他们研究出一种性格强项分类法，该方法基于对人类积极特征概念的考察，确认了六种核心品德。历史上各文化中的宗教和道德哲学家都将这些品德与人类的蓬勃发展及美好生活的实现相关联。根据这些社会科学家的研究，这六种品德为：勇气、仁慈、公正、节制、超脱以及智 147
慧。这六大类又被分为了 24 种被普遍认同的品德或个性优势。[99]

彼得森、塞利格曼和他们的团队设想，人们所拥有的这些品格特征代表着他们的个性优势。个性优势的体现包括：其他人觉得这些品德是他们为人的真实反映、对于与优势相关的活动可以很快学会、在使用这些优势时兴奋且活力充沛。研究者认为，人们努力利用自己的优势时比努力矫正自己的不足时境况更好。在塞利格曼的网站上有一个问卷，你可以借其认清自己的个性优势。[100] 个性优势与成为快乐律师的关联在于，“认清自己的优势可以帮助你找到充满成就感和意义感的新工作，或者让你现在的工作变得更有个人成就感和意义感。”[101] 彼得森和塞利格曼建议人们思考一下更深层次的快乐。他们关注的焦点是如何利用自己的个性优势来实现更长久的生活满足感。你每日所做的工作利用到自己的优势了吗？

如果你已经回答了本·沙哈尔的三个问题并做完了塞利格曼的个人评估，那么怎样利用这些呢？我们建议你不光写下来一份工作描述，并且描绘一下你想要的职业路径。

你的职业路径：

以下面的这些问题为引导，写下两段你的职业愿景。第一段：什么样的工作与你的个性、价值和技能最匹配？第二段：十年后你对自己有什么期待？二十年后呢？

148 1. 你大概知道自己想要做什么样的工作吗？你计划做法律实务吗？在你想象中自己在二十年后的事业最高点是怎样的？
2. 你拥有什么样的价值观？你看重经济上的安全感吗？看重家庭和朋友吗？或自主性？稳定性？创新性？你想要孩子吗？你愿意承担风险吗？你喜欢多样性吗？你喜欢压力和刺激，还是没有压力的生活？你想在空闲时间追求自己的各种兴趣爱好吗？你的职业规划与自己的价值观相匹配吗？
3. 你想要怎样度过一天？你喜欢与人交往吗？整天开会让你觉得受不了吗，或是你喜欢跟同事们一起处理事情？你在多大规模的团队中表现最好：自己一人、与一两人还是与很多人？你是否喜欢花大量时间写作、做研究？你喜欢细节性的工作吗？你喜欢做市场开发吗？你对诉讼的前景怎么看？你喜欢出差吗？你喜欢迎接新挑战还是处理熟悉的业务？你清楚自己对哪些法律领域不感兴趣吗？

4. 你设想自己成为律师后的工作时间是怎样的：花大量时间工作、朝九晚五还是兼职？你能够处理好工作与生活的平衡吗？你会一心扑在工作上吗？

5. 当你考虑是否接受某份工作时，这份工作提供的薪资和福利达到了你的最低要求吗？或你在其他方面还有更高的要求吗？（比如这份工作对你来说是否有意义、是否符合你的兴趣？）

6. 如果某个法律领域要求你必须居住在某些特定区域（比如国际法、水法），你还感兴趣吗？你喜欢住在城市里吗？大 149
城市还是小城市？或者你喜欢住在郊区或乡村？你更喜欢在国内出差还是去国外出差？

7. 你感觉别人（或许是家庭成员，比如父母、伴侣）是否对你怎么利用自己的法律学位有所期待？他们的期待与你自己的相同吗？

8. 你身上与法律相关的个性优势是什么？弱项呢？

9. 你的兴趣爱好是什么？与你的职业规划是否相关？可以变得相关吗？

10. 如果你不做律师，你会做什么呢？其他非法律实务的职业能否利用到你的法律学位？

你明白了自己想要的职业路径之后，下一步就是评估这是否是一条正确的路径。此时你可能会遇到一些认知上的困难。

未来并不清晰

认知心理学的研究表明，人们对于什么让自己快乐这件事的预测会出现系统性偏差。在思考如何让未来的自己变快乐时，你很可能犯两种错误：一种是预测错误，另一种是无法遵循那些准确的预测。[102]

与其他人一样，律师也会错误地预测在面对未来积极和消极事件时自己的情绪反应。他们会高估赢得一个上百万的官司带给自己的快感，也会低估自己从晋升失败这件事中自我恢复的能
150 力。在这两种情形下，环境都会使事件的影响减弱，并且人们会进行自适应并向他们的快乐设定点回归。当你考虑是否接受派克、麦本和钱德勒律所（Parker，McBain & Chandler，LLC）的工作机会时，你或许会假定在本市最有名的律所工作一定会让人快乐。这的确会给你带来快乐——但只在一段时期内。很快，日复一日乏味而繁重的工作就会给这种快乐当头泼冷水。

你可能也会因为投射偏差而出错。人们倾向于认为自己在未来的喜好也会和今日相当。（这解释了为什么当你饿的时候在杂货店买食物时就会装满购物车。）丹尼尔·吉尔伯特发现，“当我们预测自己在未来的感受时会自然而然以当下的感受作为出发点，因此我们会觉得将来和现在应该差不多，然而事实并非如此。”[103] 你的行为以及许多外部因素会影响未来的你作何反应。如果你正在法学院读一年级，你可能会被那种快节奏、让内啡肽大

量分泌的诉讼工作——比如检察官或公设辩护人——深深吸引。此时的你可能还没有多少其他责任，所以能够在诉讼上花大把时间。然而三年之后，你或许就想做一份没那么刺激、时间比较固定的工作，好让自己有时间陪九个月大的孩子——他/她那时候可能正让你精疲力竭。吉尔伯特建议说：“如果你想知道某些事在未来会让自己产生何种感受，那就要设想在未来我们会做出怎样的权衡，而非现在正在做着怎样的权衡。”[104]

即便人们对未来能让自己快乐的事做出了正确判断，也常常很难按照这种判断行事。克里斯托弗·希（Christopher Hsee）和里德·哈斯蒂（Reid Hastie）都是芝加哥大学行为科学教授，他们提到“做出次优决定的一个主要原因就是‘冲动’，即以牺牲长期快乐为代价而选择带来即刻满足感的选项”。[105] 如果你胡吃海喝过，那你就曾受害于自己的冲动。对于法律工作的招聘来说，151
人们有时也会做出冲动的决定，接受那些在眼下具有吸引力的工作——可能是自己获得的第一个工作机会，也可能是父母的好友工作的律所。

另一个有关决策的悖论是，人们容易依据理性或规则做决定，即便他们觉得另一种经历或许会让自己更开心。举例而言，人们如果认为自己应当遵循“去寻找不同体验”这一“规则”时，他们就会选择菜单上的其他菜品，而非自己最喜爱的食物，而实际上一直选择后者的话会让他们更快乐。人们在决策时也倾向于看重经济方面而非体验方面。希和哈斯蒂举了一个例子：“当被试者被要求从一块价值 50 美分的心形巧克力和一块价值 2

美元的蟑螂形巧克力中做选择时，大部分人选了那块大的蟑螂形巧克力，即便他们认为吃那块小的心形巧克力会让自己更享受。”[106] 如果你刚刚开始自己的事业，你或许会认为求职的首要目标就是找到一份薪水最高、地位最高的工作。然而研究证据表明，你应当找的是给自己最大的满足体验并能发挥个人优势的工作。

那么怎样避开这种认知陷阱呢？如果你觉得自己可能会喜欢某种类型的法律工作，却又不太确定怎么办？或者你之前挺确定的，可读了上面几段文字后又不确定了呢？下面我们就来介绍一种避开自我想象弊端的最佳方法。

找到未来的可能性

> 当我们变得极度渴望某些事物之前，最好先看看已经拥有这些事物的人到底快不快乐。[107]

想要知道自己在某个职位上会不会感到开心，最好的办法就是问问那些正在做这种工作的人是否喜欢自己的工作，即为未来
152 的自己找一个替代者。[108] 这对于刚刚开展法律事业的人尤为重要。比尔·戴维斯（Bill Davis）之前是北卡罗来纳州一家中型律所的合伙人，后来做了公司法律顾问，他建议说：“找一些你正考虑的工作条件下的成功故事，并比照他们的职业技能和个性特点把自己带入看看。”

对于日后每天重复的办公室生活，你最好有一些亲身感受。实际生活中日日重复的工作以及与他人的交流其实也如同在某一

法律领域里执业一样重要。你希望每天早晨醒来时对上班这件事充满期待。每一份工作都有多个层面，但与快乐相关的关键因素有二：一是你每日都要做的事是什么，二是你与谁一起做这些事。琼·海明威（Joan Heminway）说，“这二者的关键性有时会此消彼长，但缺一不可。”她是田纳西大学的教授，曾在世达律师事务所（Skadden Arps）从事公司并购工作。

那些正做着你所向往的工作的人或许可以帮你设想一下未来在工作室里的一天。如果你对于自己是否真的愿意从事资本市场工作、写专利申请报告或代理大型集团诉讼还有疑惑，那请教一下正在从事这些工作的人可以让你得到更准确的信息。问问他们每天从早到晚做着什么事情，尤其要问一下他们事业中的高潮和低谷是什么。做这件事的方法之一就是对该行业中的律师做一次“信息采访”（informational interview）。不要只是简单问他们是否喜欢自己的工作——大部分人都会说喜欢。[109] 而要问工作中最让他们喜欢的部分是什么，哪些方面最让他们紧张焦虑，对这一职业领域最有用的培训是什么，以及他们认为自己的经历在这类工作中算不算典型。

个人采访并非收集职业信息的唯一途径。可以去听听公共讲座，或找到你感兴趣那个领域的教授聊聊。大部分法学院还会提 153
供法律诊所和实习机会。根据一项法律就业服务公司所做的调查，“90％被调查律师认为实习经验是选择全职工作候选人时最关键的因素。”[110] 通过实习，你得以知晓自己对某些类型的法律工作感受如何。暑期实习律师的经历也十分有益，不过被格外优待的实习生们请务必好好观察一下那间律所里初级律师的生活，因为如果实习后选择留下，这就是未来生活的真实样子。

还有另一种可以帮助你选择工作的重要信息来源。当你收到工作邀约后，你会对一至两家律所做最后的调查研究，此时试着了解一下四五年前在这家律所工作的律师们现状如何。在《马丁代尔-赫贝尔法律指南》（*Martindale-Hubbell*）（这里指的是图书馆地下室里的纸质书，而非网上已更新的版本）里找到五年前刚进这家律所的低年级律师，并与现在的律师名单比较，看看谁离开了这家律所，再查查他们中的一些人为何去了新律所或换了新职位。通过对离开律所的人（而不仅仅是留下的人）做些调查，你可以对这份工作的成本和收益有一个更准确的了解。

为一个更加愉快的工作场所而面试

大多数求职服务公司会提供一套标准化丛书或讲义，罗列一些他们推荐的面试准则。其中那些示例问题都旨在为面试官留下好印象。很少有内容是关于如何获知律所的价值或其中的生活质量。下面我们会提供一个不一样的列表，关注在如何获得面试官的好印象，同时又能帮助你深度了解那些可以成就一份称心事业的问题上。

154 **面试策略**

想必你在第一次参加面试之前就已经做好功课了。你会知道这家律所代理的客户到底是大型烟草企业还是斧头杀手，是有毒霉菌的受害者还是麦道夫骗局的受害者。你会知道是否律所里的一位高级合伙人刚刚被提名或授予了国会荣誉勋章。当你面试这份工作时，收集一下相关信息，看看这个地方是否与你的价值观和兴趣相吻合、是否看重你的强项、是否能够提供令人满意的工作环境。

面试大体上分为两个步骤，通常情况下第一轮是校园招聘中的面试，第二轮是在招聘单位进行的现场面试。与律所或机构初次见面时并非询问其生活-工作平衡政策的最佳时机。在第一轮面试时，你要尽力把自己展示给律所，而非弄明白律所能给你提供什么福利。

第一轮面试

在开始时，大部分法律行业招聘者通常会问一系列相对标准化的问题，比如：你为什么想从事法律行业？你喜欢法学院的生活吗，有最喜欢的课程吗？你认为自己身上有哪些特质可以让你成为一名优秀的律师？你是如何克服生活上的一些困难的？你对自己十年后的规划如何？在初期交谈时，你可以问一些关于律所结构的问题或展示自己想要努力工作的愿望。通过 155
问问题来了解律所对律师的管理、提供的反馈机制和培训项目以及人际关系等。你可以问，律师们是否可以专攻某个领域？律所是否为律师提供正规的培训、指导和商业发展计划（比如，初级律师是否参与客户推广）？律所怎样评定律师的工作、是否有正规的反馈机制？你还应当问清楚律所有怎样的管理结构（比如，有一个单一的管理委员会还是数个委员会分管不同领域），以及律所的总体发展规划如何？成为合伙人通常需要多少年？想要成为合伙人的话，律师是否需要有独立的客户名单？对于诉讼（或非诉业务），什么样的案子（或交易）需要律师参与或独立处理？

若时间允许且面试进展顺利，你还可以问些其他问题，比如律所看重什么样的人、何种个性品质、何种活动等？律所里的英雄人物是谁？有没有什么故事代表着律所处理案子的方式，或什么样的案子代表着律所的价值观？通过律所的成功故事（抑或战争故事、恐怖故事），你可以判断这里的价值观是否与自己的相吻合。人们告诉你的轶事也传递着他们自己的故事。

之后的面试

在第二轮或现场面试中，你可以问更多的探索性问题来判
156 断一家律所或机构能否与自己的快乐计划协同。下面是一些你可以问律所的问题。

这些问题都贴着警示标（请原谅，免责声明是我们的职业病）：不要像在进行取证一样问这些问题，否则你会搞砸自己的面试。它们自然不是你在第二轮面试中唯一或主要的问题。你应当把这些问题穿插在其他问题之中，这样即使没有直接问出来，或许你就已经知道答案了。

1. 律所对计费工时的要求是怎样的？如果律师超额完成目标或预期是否会得到奖金（或带薪休假）？

2. 律师在案件上的责任和决策自由度是怎样的？在个人事项上呢？（比如我能否决定自己办公室的布置、挂我自己的画、带来自己的台灯？）
3. 律师们可否（或律所是否鼓励律师）自己设置日程表？减少工时、远程工作、灵活性全职日程是否对所有律师适用（还是只适用于某些情形，比如怀孕、生病或工作满一定年数之后）？选择灵活工作制的律师和合伙人的比例有多少？这些律师与选择传统工作制或固定工作时间的律师们是否按照同样的方式进行工作评定？律所在多大程度上可以为家庭办公室提供技术设备或补贴？
4. 律师有多少天休假？不过更重要的问题或许是，律师们真 157
的会休假吗？休假是否会感到有压力？在假期中他们还会被邮件和电话缠着吗？
5. 律所是否会利用每位律师的强项和兴趣？如果律师在事业初期或中期想要探索新的执业领域，律所是否曾经帮助过这样的律师更换新方向？
6. 律所提供多少有补助的家庭假期（因为孕期或因为孩子、配偶）？有多少律师选择了休这种假？在此之外，可以与律所商议休无薪假期吗？
7. 什么样个性的人在这家律所里表现最好？你们想要奋发努力的还是悠闲放松的人？矛盾争议（有关案件、薪资、人事等）是如何解决的？
8. 律所如何推进女性和少数族裔进入高端领导层？律所里是

否有负责多样化或职业发展的人？女性、少数族裔、性少数群体是否能成为部门领导或进入律所的管理委员会？

9. 律所的员工流失率如何——每年有多少律师（或合伙人）离开律所？

10. 除了那些取悦暑期实习生的活动，律所雇员还会参加什么集体活动（比如扑克之夜、体育运动或新手父母小组）？所里的律师会一起出去吃午饭或在办公时间之外聚会吗？律所鼓励或支持什么样的社区参与活动？

面试结束之后，你还要问自己一个问题：你觉得自己真的会喜欢这些将来一起工作的人吗？

158

结语

让我们以一段有趣又励志的话来结束关于未来的讨论。让我们想象一下你的葬礼。

拉里·克里格教授曾经是人性化法律教育运动的先锋，他提议进行一项发人深省的操练：写自己的悼词。

> 我邀请参与者们去想象自己退休之后，离开当下的环境，正在某个可爱的地方旅行。我让他们想象自己来到了一个小型的安静聚会，而这个聚会正是自己的葬礼。接下来我要他们为自己写一个简单的悼词，即如果自己能参加葬礼，到时希望从那些最重要的人口中听到的话——包括伴侣、挚

友、工作中与自己熟识的并受人尊敬的律师和法官、其他领域中（教会、社区、志愿服务俱乐部）让自己敬仰一生的人，以及如果时间允许，自己的孩子或其他熟识的年轻人。他们也要写下自己最想说的话——那些回望一生时最值得骄傲的事。

这场操练的结果很富有启发性，因为学生和律师们由此看到了对自己来说最重要的事情。参与者常常惊讶于最后的结果。他们的悼词里反映的总是那些最传统的人性价值和品德：耐心、正直、公正、谦逊、勇敢、关怀、诚实、愿为有价值的目标而努力、乐于助人（帮助家人、朋友、客户和社区），等等。从始至终从未有任何人所写的悼词围绕着奢华的房子、优秀的成绩、法律评论成员或丰厚的收入。[111]

虽然这一活动很可能由于对未来的误判而产生预测缺陷，但它也的确能让你扪心自问，到底希望别人以后怎样看待自己。其 159
意义并不在于对未来进行精确的设想，而是展望一种围绕着自我价值观和内在目标的生活。它也更深刻地揭示出哪些内在品质是不受限的、非竞争性的："用法学院的术语来说，任何人都能在善良、耐心等方面排名前5%。"[112] 如果在法学院里认真学习是出于你自己的目标，而非陈腐的既定路线强加给你的目标，那么当你从法学院毕业之时也就是开启自己的称心事业之日。

160 # 第六章 律所该如何让律师们快乐？

> 我们这里是律所。时间都是计费的。客户不是花钱来闲聊的。你离开办公桌的每一分钟都让律所在你身上少赚了钱，而你还在消耗着办公用品，吃着松饼，喝着咖啡，呼吸着这里的空气，增加着地毯的磨损。你就是律所日常开支的一部分。如果你赚不到钱，就不该在这待着。[1]

杰里米·布拉赫曼（Jeremy Blachman）在他的博客“匿名律师”（*Anonymous Lawyer*）里辛辣讽刺了精英律所里的生活。后来他发在博客里的文章结集成书，不过这并不是第一本描述律所悲惨生活的书。威廉·济慈（William Keats）还保留着自己在一家知名律所工作第一年时的日记，之后以《如履薄冰》（*Proceed with Caution*）为名出版。还有许多博客，比如http：//abovethelaw.com，记录着八卦、让人生疑的成就、律所招聘里的门道、计费工时要求、律师间的倾轧、办公室政治、裁员，等等。

然而事实真的如此糟吗？未必。但也的确有证据表明，律所（尤其是大律所）里的生活正朝着糟糕的方向发展。2009 年的经济衰退导致加薪停止甚至减薪、新律师暂缓入职、律师和合伙人都面临裁员。除了经济衰退引发的动荡外，对利润的追求也逐渐 161
让大律所里的舒适和相对稳定性成为过去式。工作年头长的律师像口头禅一样念叨着："法律变成一门生意了。"这句抱怨之下的潜台词是，法律不应只像一门"生意"，更应是一种追求高品质并服务社区的职业。老律师们抱怨着现今前所未有的高计费工时要求，摒弃了面对面交流而选择效率更高的电子通信，以及牺牲工作质量来迁就客户对高额律师费的顾虑。他们怀念着从前律所里的同事情谊，哀叹着法律这行世风日下。

不过也有好消息。一些律所、公司和政府部门正对抗着这种令人忧心的趋势，对他们的人事政策进行重新考量。一些律所实行了新政策，让律师们能够做好工作和生活间的平衡，或者与同事们恢复关系。如果你是一位律所合伙人或公司法务部门的领导，抑或政府或公益组织的管理者（为求简练，我们基本上会以"律所"一词指代），那么这一章就是为你而准备的。你将在此看到如何让自己的律所变成一个更快乐的地方，以及你为何应该如此做。

律所应当让自己的律师感到快乐的四个原因

原因一：快乐的律所能够留住优秀的律师

律所最重要的资源就是律师。如果你的律所被认为能够以极高质量完成工作，那么案件、客户和律师费就会进来。如果律师162 们不快乐，那你的顶尖人才就会流失。全国法律就业协会（NALP）在 2007 年做了一项关于大律所律师减员率的调查，结果发现 37%的律师在三年之内离开了他们的律所，而五年之内离开律所的人更是高达 77%。[2] 诚然，律师跳槽的原因千千万万，但最常见的还是因为“别家的草更绿”——事实上，在那些跳槽的律师眼里，前雇主家的草八成已经枯了。

原因二：让律师们快乐可以给律所省钱

填补跳槽律师留下的空缺大约要花费二十万到五十万美元——通常是这个律师年薪的 1.5 到 2 倍。[3] 如果你的律所一年走掉了 5 个律师，那就意味着损失了一百万到二百五十万美元。从账面上看，由于律师流失而可能产生的成本包括：遣散费和应记假期福利、为新的空缺职位发招聘广告的费用、猎头的时间和薪资、面试费用（包括交通、餐饮和住宿费用）、资历核查费用、搬迁费用、对新职员的培训费用，还可能包括入职奖金。而账面下的成本包括了浪费的工作时间、对离职律师遗留工作的弥补、对客户进行的告知甚至安抚，以及对留下来的律师们士气的影响——与这些相比，账面上的损失可能都算不了什么。[4]

原因三：快乐的律师更有工作效率

快乐的员工效率更高，并且快乐会让工作表现更好，在这一点上已有无数证据支持。快乐的人（首先他们更容易找到工作）得到的工作评价更高，薪水也更高。他们的缺勤率低、医药费用163 也低；他们把目标设定得更高，在认知任务中也坚持得更久。在法律职业之外，研究表明，快乐与许多提升工作表现的方法相关：人们处于好情绪时能够成为更好的谈判者；他们可以做出更好的管理决定，更具有创造力，且能为周围人的工作表现加成。[5]可以合理推断出，在法律行业中快乐与正面期待也有着同样的相关性。[6]

这并不意味着你的目标应当是让律师们持续处于兴奋状态。虽然快乐会提升创造力，但也同时降低了准确性和专注度，因为快乐的人对各种不同信息保持开放状态，而缺少了负面情绪所提供的注意力过滤机制。[7]对细节的注意在律所工作中至关重要，而它与亢奋状态不可兼得。

原因四：快乐本身就是奖赏

在保留珍贵的人力资源并提高工作效率之外，创造一个更快乐的律所会让你和其他律师更享受其中。这本身就是一种奖赏。当快乐开始在律所中生长，它就会自动传播开来。你会被快乐“传染”。当隔壁的律师快乐时、当你的秘书快乐时，他们的快乐也能让你的心情变好。

人是社会动物，我们的情感状态也会被周围人的情绪所影响。人们会主动模仿其他群体成员的表达和行为，并且通过潜意识下的反馈机制吸收、匹配并反映他们的情绪。组织行为学方面的研究发现，工作场所中的群体情绪（比如士气、和谐、团结）和情绪的蔓延会被语言、暗示、政策、目标和优先性影响。[8]负面情绪也会在人们之间传播并且感染整个团体。如果工作中的大部分时间都与那位丧气的黛比·唐纳（Debby Downer）在一起，你

164 很可能也会染上她的坏情绪。丧气律师身上的不快乐会像感冒病毒一样传播。好情绪和坏情绪都能影响别人。总之，快乐和不快乐都具有传染性。[9]

让律所里的快乐实现最优化，而非最大化

你的目标是让快乐实现最优化，而非最大化。每天下午四点准时开派对的确会让律所的氛围嗨起来，但这样做显然弊大于利。你的律所终归是要服务客户和赚钱的。

如果你想拥有一家快乐的律所，我们建议你雇一些快乐设定点高的人，也就是通常所说的乐观外向的人。雇用快乐的人，并且只雇这样的人，是让律所变快乐的最简便方法。不过复杂的业务最好由一群天赋不同、快乐设定点也不同的人一起处理。不太快乐的人同样可以是非常棒的律师，并且对细节的重视和对负面结果的忧虑可能让他们成为更好的律师。还记得马丁·塞利格曼所发现的悲观主义对律师来说的正面意义吗？快乐是件好事，但也过犹不及。不过对于现在的律所来说，太快乐或许不是问题，太不快乐才是。

解决律所里的快乐问题：这是一个全新的挑战

各种外力推动着律所对其传统结构和工作方式进行改革。各种群体都在推动着这一变革——不仅包括想要有更多时间与家人
165 相处的律师，也包括更喜欢对每个项目实行定额收费并希望律所内部更加多元化的客户、美国律师协会（2002 年美国律协就敦促

律师们重新考虑计费工时问题）以及将要成为下一代律师的学生们。若想营造更加快乐的律所，有时需要随潮流而动。

理解代际差异

> Y 世代（千禧一代）和女性都更希望拥有生活上的平衡感……虽然五十多岁的人对此表示不解，但他们也进退两难，因为工作上缺人手。这迫使律所需要换种方式思考问题。[10]

当你开始去理解律所里新上任的 X 世代合伙人身上的代际差异时，你才意识到，刚刚招进来的 Y 世代律师将会成为律所里的下一代生力军。七千万强壮的 Y 世代（千禧一代）将会是美国的下一波主力。X 世代（出生于 1965 至 1979 年）与 Y 世代（出生于 1980 至 2000 年）所工作的律所里，通常由婴儿潮一代（出生于 1946 至 1964 年）或传统世代（出生于 1946 年以前）担任高级合伙人。

虽然给仅有一年之隔的人贴上不同世代的标签显得有些武断，“世代”的划分从 14 年到 20 年不等也看起来很奇怪，但代际研究的确可以提供一些有用的信息。每一代人都有其特点，但某些总结也过于泛泛。一些 Y 世代的人也可能怀抱旧时代的价值观，一些婴儿潮世代的人也可能与年轻同事们拥有同样的工作态度。

对于当代人来说，工作和生活的平衡比起收入来说更为重

要。艾伦·弗里德曼（Ellen Freedman）是一位法律职业管理协
166 调人，他说 X 世代“看重工作环境中的灵活性，期待得到认同和奖励，不过也愿意为了更加平衡的生活方式而在薪资方面做出巨大让步。”[11] Y 世代的律师则更愿意参与社交，希望获得指导、团队合作机会和反馈，并且“无法忍受辛苦乏味的工作”。[12]

X 世代和 Y 世代的律师对律所的忠诚度低很多，也没有兴趣一直在同一家律所工作。传统一代中有超过一半（58%）的人认为对公司的忠诚度最为重要，而 Y 世代中只有不到 1/3（32%）的人认同这种想法。[13] 对于传统一代来说，换工作是可耻的；如果你是婴儿潮世代的一员，你或许认为换工作会有损竞争力；年轻一代则认为换工作是家常便饭，是必要且应当的。[14] 可别忘了，研究证明忠诚对工作满意度来说非常重要。如果你忙着找下一份工作，就很难在目前这份工作中建立信任并全心投入。年轻一代不愿忠于现有工作或许是获得幸福感的一个阻碍。

不同世代的人带着不同期待来到律所。传统世代和婴儿潮世代习惯了面对面的交流（包括在办公室里进行会面），而年轻一代在手机和电脑的陪伴下长大，他们习惯了通过电子设备交流并进行远程工作。懂得鼓励孩子、尽家长责任并让孩子参与决策的父母抚养出了年轻一代，这一代人认为决策过程应当透明并且自己有能力参与其中，“他们更喜欢平等性而非层级性的领导体制。”[15] Y 世代成员被作为重要且特殊的人对待，他们想得到即时且频繁的正面反馈。“老一代人认为没有消息就是好消息。[Y 世

代］希望自己得到肯定。老一代人会为得到一份工作而心存感激，而年轻职员真正想要获得的是赞许和认可。”[16] 多任务一代（multitasking generation，在某些领域中也被称为“i 世代”）瞬间就能发好一条简讯，他们希望即时获得信息，也习惯于对生活进行高度掌控，这是从前并不存在的情况。婴儿潮一代喜欢有形 167
的物质奖励，比如金钱或转角办公室，X 世代认为自由才是最高奖赏，而 Y 世代想要寻找真正有意义的工作。[17]

不同世代的人在一起工作的现状对于律所制定提升快乐的策略来说意味着什么呢？它意味着要强调两件事的重要性：一是要意识到不同人群对不同事物的满意度各不相同；二是要意识到不同人群都能贡献出有价值的思想。传统一代认同的忠诚度有助于提升幸福感，Y 世代认同的反馈和指导机制也同样有此效果。X 世代追求的不是辛勤工作，而是以更加智慧的方式工作，并且他们很看重灵活性。Y 世代个性化强，他们希望对自己的评价依据是工作成果和质量，而非资历。正如本章中接下来所提到的，有些律所已经开始采取区别化的激励机制、实行更有利于律师家庭生活的工作安排、提供更多的社交互动机会以及更明确的反馈机制。虽然没有一个完美的“快乐律所配方”，但每一代人都能提供有益的贡献。

“X 世代希望寻找一个团队，让自己在其中做出有意义的贡献。婴儿潮一代在过去和现在也都有着同样的想法。X 世代希望得到充分的获取信息的途径，但谁又不想呢？X 世代想要有创业精神，即在工作中有机会来界定问题、以自己的节奏解决问题并输出成果。这对于服务客户的律师工作来说至关重要。X世代希望获得个人化的关注、指导和忠诚度，所有成功的律师也都这样认为。”[18]

解决客户的需要

在全国范围内，律所的客户都在呼吁对传统计时收费制度进
168 行变革，律师们也在抱怨着这事。研究证明“高效解决问题与对客户按时间收费之间存在着潜在的利益冲突。”[19] 出于经济利益上的考虑，律师可能会降低效率、拖延时间。[20]

在某些领域，来自客户的压力可能会使计时收费模式减少。一些外包法律服务的大公司已经开始弃用计时收费，而是协商出一个统一费用（即处理一系列事项的总费用）或固定费率（即每项工作所收取的费用）。但这种替代性计费模式现在还不是主流，在2008年奥特曼·威尔（Altman Weil）的一项调查中，83%的受访法律顾问表示，除了减低计时费率的情况之外，“他们只在不到10%的情况中使用了替代性计费模式。”[21] 不过在全美排名前200的律所中，3/4的管理者认为在未来几十年里“很多大律所都会改变他们的计费模式”，2/3的人说他们已经开始商议一些以固定费率收费的交易形式。[22]

美国规模最大的一些公司也开始要求其所合作的律所必须雇用适当人数的女性和少数族裔律师，并且要求律师们以所做的工作为基础收费。2004年，莎莉集团（Sara Lee）的法务总监里克·帕尔莫（Rick Palmore）发表了一封公开信，名为《行动号召：法律行业中的多元化》，信中呼吁公司们对合作的律所提出多元化

要求。自此之后已经有136家公司签署了这封承诺书，包括通用磨坊、通用汽车、慧与科技、强生、微软、壳牌石油、星巴克、塔吉特以及沃尔玛。[23]

公司对多元化的要求对律师们产生了现实效果。为了赢得这些商业巨头的业务，律所们听从了《行动号召》的呼吁，在处理公司业务时让女性或少数族裔律师参与进来。[24] 律所开始明白多元化所具有的商业意义。不过，多元化能够带来快乐吗?

考虑工作场所中的多元化问题 169

从前，律所是白人男性的社交场，没有任何多元化发展的压力。合伙人和律师都是打高尔夫球的白人、男性、上层中产阶级。然而在过去几十年中，律所里的人群结构已经发生了巨变，现在的律所在许多方面都具有了多元化特征。虽然高尔夫还是不变的常量，但它现在既存在于乡村俱乐部，也存在于用Wii玩的“虚拟高尔夫球场”里。

多元化律所是否能成为快乐的律所?这还是一个开放性问题。一方面，世界上最幸福的国家都具有同质性，比如斯堪的纳维亚国家。[25] 根据《独自打保龄》的作者罗伯特·普特南的说法，同质化社区也同样如此。普特南通过对社区多样化的研究发现，与同质化社区相比，种族多元化的社区中存在着较低的邻里信任度、选举参与度、对政府的信任感，以及较少的志愿服务和“较低的幸福感和生活质量”。[26] 在人际互动方面，大量证据显示，人们更容易对那些与自己具有实质相似性的人产生重视。[27] 大部分证据（关于国家、社区以及人际关系的数据）并没有明确指向工作场所，因此在得到更多研究结果之前并没有关于工作场所幸福感的明确结论。

另一方面，多元化无疑具有教育和经济价值，并且能够鼓励创新。[28] Y 世代律师很享受自己身边有来自不同背景的人。[29] 社会评论家马尔科姆·格拉德威尔（Malcolm Gladwell）发现，“在拥抱人类多元性时，我们会发现一条更加信实的通往真正幸福的道路。”[30] 律所们也发现，当他们开始关注多元性时——比如为反对
170 微观不平等（micro-inequities）而进行培训、为那些需要照顾小孩或老人的律师调整成兼职身份或允许他们在家工作、制定“育婴假”政策和导师制度——律师对工作条件的满意度就会上升，律所也能留住女性和少数族裔律师。[31] 这种个性化的关注和工作上的灵活规定对于多数群体中的成员也同样有益；那些对律师的家庭生活和个人需要提供更多便利的律所也会成为更快乐的工作场所。虽然普特南收集到的许多证据质疑了多元化与幸福感之间的正向关系，但最终他还是认为多元化是一种值得我们追求的价值。他说道，虽然多元化最初会让人感觉不适，“但是人类文明最大的成就就是对不同社会身份的包容。美国国徽（以及一美元纸币）上的座右铭‘合众为一’（e pluribus unum）明白无误地反映出了我们的目标，即以多元的‘众’组成全新的‘一’。”[32] 虽然对于多元化律所是否就是更快乐的律所这一问题仍无定论，但我们已经得到了一个重要结论，即多元化律所一定是更好的律所。

提升律所快乐程度的十个步骤

快乐在律所这个环境中有多层面的意义。律所的整体口碑——即这里是不是一个可以快乐工作的地方——是雇员总体职业满意度的一个层面。在律所层面，一些积极正面的行为（比如注重培养律师的忠诚度，具备灵活性和同理心，拒绝一味批评）会提升员工的忠诚度、职业稳定度和工作成果等，这些都是促进公司走向成功的关键因素。[33] 还有一种“具体的幸福感”[34]，即律师在具体工作任务中所感受到的满意程度，比如对自己手中的案件是否能够掌控、是否有清晰的指导和反馈。若管理者们想要成功提升律师的职业满意度，他们就既要关注总体职业满意度，也不能忽略“具体的”幸福感——即每一份工作任务是否具有吸引力。我们将通过下面这些步骤对这两方面进行阐释。 171

1. 提升律师的自主权

关于律师满意度的研究表明，如果工作中有足够的自主权，律师就更有可能感觉到快乐。反过来说，如果你在决策和工作环境等方面受限，那你的满意度就会降低。2001 年，公益性研究组织 Catalyst 调查了 1400 名毕业于五所顶尖法学院（加州大学伯克利分校、哥伦比亚大学、哈佛大学、密歇根大学、耶鲁大学）的律师。受访者被要求列出工作中最能给他们带来快乐的五件事。工作中的掌控感是男性受访者所列条目中的第一名（68%）和女性受访者所列条目中的第三名（57%）。[35] 这一结果也和其他关于职业满意度的研究结果相一致。[36]

掌控感缺失（决策自由度低）、工作量大、风险高——这是许多律师工作状态的写照。[37] 如果律所在律师选择案子时提供更多自由，让他们在所分配的案件上也享有更大的决策权，则律师的满意度、忠诚度和工作成果都将大幅提升。提高律师自主权的一个方式就是先把小案子交给律师，同时在过程中进行指导，这对律所来说也没什么坏处。如果采取这一做法的同时再降低计时费率，那就既能让初级律师得到宝贵的经验，又能让客户在律师费问题上感到满意。[38] 另一种方式是让年轻律师做研究，将他们的研究结果汇报给合伙人听，再向客户传达。“律师执业要从实
172 践中学习。”[39] 年轻律师要适当承担责任才能获得业务技能。

如果你鼓励每个律师发展自己的技巧和专长，律师的幸福感就会提高。当你手头有一些项目时，不要遵循传统的方式（即由合伙人指定某几位律师），而是给多位律师发一份备忘录，简单介绍这些项目，然后让他们自由选择。如果你的律所有导师制度，可以让年轻律师自己来选择导师，或者让他们能够表达选择哪一位或哪几位导师的意愿。这对于律所来说是零成本的建议，也是赋予新律师选择权的方法。（如果一位合伙人是最受欢迎的导师人选，而另一位却无人问津，那是不是也说明这两位的薪资应当重新考虑了？）

最后，如果让雇员能够对工作环境做出自己的选择，你的律所也会拥有更多快乐的律师。真的有必要把每个办公室都配备上统一的家具、刷一样的大白墙吗？可否让雇员做一些个性化选择？那条禁止在办公室墙上悬挂个人照片的规定可以废除吗？雇

员们在你的四层律师楼里选择自己的办公室时能否拥有更多话语权？

2. 摆脱计费工时的桎梏

当被问到在律师工作中最讨厌什么时，很多律师会提到“计费工时”或与其相关的问题：“用计费工时来定义我的价值”“不切实际的计费工时要求”“失去了除工作以外的所有生活”。2005年全国法律就业协会（NALP）基金会进行了一项调查，询问受访律师什么是促使他们跳槽的最重要因素，被最多人选择的选项就是“减少工作时间”。[40] 在美国律师协会杂志所做的调查中，超 173
过2300位（84%）受访者说他们宁愿以收入的损失来交换计费工时要求的降低。[41] 这样想的人不仅仅是年轻律师。身居管理层的律师中也有接近半数愿意损失一部分收入以获得更多与家人相处和自由支配的时间。[42] 然而，如果不是入职时对自由时间、灵活度或不同薪资安排已商定明确，之后再要求这些就会被看作是不敬业的表现。只有进行结构性调整才能让替代性工作时间制度和薪资安排变得能够被普遍接受。

3. 提供工作和生活上的平衡

“将近2/3的律师说，自己在试图平衡工作和个人、家庭生活时遇到了困难。”[43]

律师们希望把工作-生活平衡问题处理得更好。工作-生活平衡这个流行语已经被用滥了，然而却没几个人真正见识过它。超过1/3的男性律师和接近一半的女性律师把“工作-生活平衡列为促使他们选择当前雇主的三个主要原因之一”。[44]

法学生的反抗

改变这一现状的压力来自于美国最顶尖的几所法学院的学生。2007 年春天，斯坦福大学法学院的一群学生联合其他法学院一起成立了“改善法律职业的法学生”（BBLP）这一组织，他们给一百家知名律所写信，呼吁他们降低计费工时要求并实行有利于工作-生活平衡的政策。他们还对律所进行排名，依据的是律所政策能否给律师带来更平衡的生活。BBLP 呼吁律所降低每年
174 的计费工时，代之以统一费率或按照交易收费；提升多元性；为法律援助工作提供更多时间；公布律师和合伙人工作时间的中位数以便让工作预期透明化。具体来说，他们建议律所实行“平衡性工作时间政策”，即允许律师“以全职的 80%、70%或 60%的时间来工作并获得相应的薪水”。[45]

马克·加兰特（Marc Galanter）和威廉·亨德森（William Henderson）教授对这种员工计划的复杂性表示担忧，并质疑以上建议是否在经济上可行，他们说“一个律师若按全职工作量的 70%来工作，那他并没有在工作时间里输出合比例的成果，因为办公空间和支持人员所消耗的日常开支并没有相应减少。”[46] 基于这一考虑，非全职员工的薪水或许应该少于他实际工作时间所对应的薪水，举例来说，以正常时间的 80%来工作的话，或许只应拿到 70%的薪水。不过无论具体的薪资计划如何设计，律所都要向年轻一代律师说明律所对他们的工作有怎样的期待。

克雷格·塞加尔（Craig Segall）在 BBLP 组织建立时正在斯坦福大学法学院读三年级，他说像斯坦福这种“一流”法学院在

面对律所时拥有“市场支配力”，能够促使律所变得更加人性化。塞加尔看到了他们面前的阻力，而近期出现的经济衰退更加剧了这些阻力。塞加尔写道，“我们并没有天真到认为这些情况可以一夜之间改变”，“法学生很难被组织起来，而且这个问题已经存在了几十年之久。”[47]

当然，并非所有法学生和律师都同意 BBLP 以上的观点。一些法学生在回应《华尔街日报》关于 BBLP 的报道时表示，虽然 BBLP 的成员不愿意承担长时间的工作，但自己愿意承担。一位声称“渴望努力工作”的学生对 BBLP 的支持者建议说：“如果受不了厨房里的热浪，那就离远一点。去别的行业干些 1600 小时的工作吧。”一位不太有同情心的律师写道：“说白了，这些人 175
就是既想要在大律所工作的体面，又不想付出时间。”另一位律师则建议这些学生考虑一下小律所里的工作，那里有“合理的”工作时间，不过赚的钱少很多。[48]

这场由学生主导的变革也许不会得到律师们的支持，尤其在经济形势下滑的时期。即使有的律师感到并不快乐，他们也不太会像学生们一样大声抗议工作-生活平衡问题。正如塞加尔所写，律师们在促成变革方面并没有优势，“他们没有市场支配力，并且糟糕的工作环境让他们中的许多人已经计划在几年之后离开。”[49]

这场主要集中于一流法学院的学生反抗运动正处于萌芽状态，那些大律所是否有必要回应呢？律所们会认为，对于客户来说最重要的是立刻要有律师为他们服务，且在经济效益方面，雇用一个律师、让他工作80小时比雇用两个律师、让他们分别工作40小时要好得多。律所很容易相信（而且他们很可能是对的），顶尖律所带来的体面会持续吸引法学院里最优秀的人才，尽管这一代人对工作-生活平衡的呼声越来越高。正如某个人在评价BBLP的活动时所说，顶尖律所拥有的“社会资本”，高端的办公楼、地理位置和艺术作品，尤其是支付的高工资会持续对来自全国的法学院毕业生产生巨大吸引力。[50]

斯坦福法学院院长拉里·克雷默（Larry Kramer）悲叹道“优秀法学院里的学生都一股脑流向了大律所”，他说这一趋势“在近几年愈演愈烈”。[51] 克雷默担心“太多毕业生基于错误的原因走进了这些律所，因而可以预见未来会出现无聊、焦虑或早早跳槽的情况。”[52] 他说，“在简历上增加一条闪光的经历”对今天
176 的优秀学生来说是难以抗拒的诱惑，毕竟“他们从小就被教育要收集那些代表奖励的星星。”[53]

虽然进出这些大律所的猎头们依然络绎不绝，但我们相信BBLP所提出的问题仍然值得律所思考。现在的制度结构的确会产生明显的经济利益或其他利益，但面对新一代雇员想要减少工作时间的意愿时，做出适当妥协也并不会严重影响整个制度的基础。BBLP到底能不能像他们的名字一样“改善法律职业”尚不可知，但法律行业还从未经历过类似的运动——一个草根组织借助劳动市场、利用网络力量来散播律所的比较数据。而且日益非人性化的工作环境也暗示了法律行业的运作方式，因为那些忙碌而又缺少快乐的律师们更可能做出不文明、走捷径、罔顾职业道

德的行为。更重要的是，BBLP 的核心观点同样也贯穿于此书，重视这些问题对于营造快乐的工作环境而言有益无害。

理查德·泰勒（Richard Thaler）和卡斯·桑斯坦（Cass Sunstein）在其畅销书《助推：事关健康、财富与快乐的最佳选择》（*Nudge*：*Improving Decisions About Health*，*Wealth*，*and Happiness*）中论述了选择的结构如何影响公共和私人领域的决策。他们的见解可以被律所加以利用来最大化律师的选择权，同时塑造更好的工作–生活平衡，并且提高律所的整体快乐程度。泰勒和桑斯坦写道，人们丢钱时所体会到的沮丧是赢得同样数目金钱时所得快乐的两倍，即丢了 50 块时的负面情绪等同于赚了 100 块时的正面情绪。换言之，大部分人都"厌恶损失"。[54] 当人们想着自己失去了什么，或者别人得到了而自己没得到的东西时，他们就会变得不快乐。这就解释了为何当律师被告知"你可以放弃 20%的薪水来换取少一些的工作时间"时，大部分人都不 177
太可能接受，而依然选择痛苦地完成 2000 小时工作。然而，如果告诉新入职的人："我们希望你能工作满 1600 小时，相应地会支付给你 X 元薪水（即比工作 2000 小时所对应的薪水少 20%），不过你也可以选择工作满 2000 小时并获得奖金（即那 20%对应的部分）。"此时，选择少一些的薪水和工时的人或许会增多，进而让律所整体的心理健康状况得到改善。原因何在？因为减少的薪水和工时在新律师看来成为了正常标准，因此不再与"损失"挂钩。

苏珊·C. 罗宾逊（Susan C. Robinson）是斯坦福大学法学院

职业服务部门的负责人，她提出了另一种思路来培养“快乐并且受到良好训练的律师，他们不会从律所及法律行业中流失。”[55]罗宾逊建议律所大幅削减起薪，比如降到8万美元，然后用省出来的钱设立一个正式的学徒期，在此期间降低新律师的计费工时要求，让他们有机会获得“从事法律工作的初步经验”，也不至于让客户在“给没受过培训的律师支付高额律师费”时犯嘀咕。[56]有一些大律所已经开始设立这种学徒制度。拥有600多名律师的豪瑞（Howrey）律师事务所宣布，将给新律师降低起薪并提供培训，“起薪从16万降低到10万，并附加2.5万奖金用来偿还助学贷款，新律师会花大量时间与合伙人一同参加课程并观摩他们如何处理客户事务。”[57]新律师的计费工时费率为正常费率的一半，并且计费工时要求也会降低，第一年为700小时，第二年为1000小时。虽然这一计划会让豪瑞在计费工时方面有一定损失，且需要合伙人付出时间进行培训，但律所认为在起薪方面他们节
178 省了一部分成本，并且从长远来看能够提高律师的忠诚度和工作效率，还能提升与客户之间的公共关系。在罗宾逊看来，学徒期可以避免新律师“为完成高计费工时和大量乏味工作而精疲力竭。”[58]

律所里的结构性改制

许多大型律所正在进行结构性改制，以便让律师能够拥有更好的工作-生活平衡。这些改革措施包括为律师提供更多的育儿假以及允许员工选择弹性工作制。《在职母亲》杂志和全国性咨询机构“弹性时间律师”发布了第二份针对女性的年度五十佳律

所名单。排名最高的几家律所都允许弹性工作制并提供很多育儿假。这些律所提供的带薪产假平均为 14 周，陪产假平均接近 6 周。[59] 大律所通常把具体制度付诸纸面，而小律所拥有更多灵活性，允许从病假、年假中抵扣。可想而知，越多律所延长产假、陪产假和育儿假，就会有越多其他律所也同样如此做，以便保持自己的竞争力。

多种灵活性安排已经在律所中进行试用，包括弹性工作时间（即摒弃传统工作时间制，由律师自己安排工作日程）、压缩工作周（比如以工作四天、每天十小时来代替工作五天、每天八小时）、交错工作时间（比如这周工作五天、每天九小时，下周工作四天）、远程登录查看律所文件、兼职工作（工作时间减少）、业务分担（job sharing）等。有些律所设立了新的岗位，比如“顾问”（of counsel）或“永久律师”（permanent associate），也有律所采取了目标工作时间制（target hour approach）。在目标工作时间制下，律所发布不同领域律师的平均计费工时和非计费工时（依据从业时间和职位水平确定）。每位律师和指导他的上 179
级根据律所的需求和律师的个人情形共同制定来年的目标工时。全国性工作-生活平衡问题咨询机构“弹性时间律师”的负责人黛博拉·爱泼斯坦·亨利（Deborah Epstein Henry）指出，“全职”和“兼职”的概念几乎被污名化了，也并不能准确反映出不同专业领域所做的工作。她说：“对于在同一家律所工作的律师而言，‘全职’并购律师在一年里可能有 2300 小时计费工时，‘全职’信托律师有 1800 小时，而‘兼职’出庭律师可能有 1800

小时，‘兼职’家庭法律师可能有 1500 小时。”[60]

在实行灵活性工作安排的加拿大律师中，远程工作（此方式消除了通勤的时间和成本）是最常见的，有 77％的律师使用这种方式；31％的律师选择弹性工作时间，还有 30％的律师选择减少工作时间。[61] 远程工作能够大大提升幸福感，因为使用这一方式的律师可以自由决定何时何地进行工作。不过考虑到人际关系的重要性，当员工都不在办公室里工作时，律所也很难成为一个快乐的工作场所（除非员工真的很难相处）。我们会看到这种对立关系在涉及工作场所幸福感问题的其他方面时反复出现，有些方式会在某一层面让幸福感提升，却在其他层面削弱了幸福感。[62]

对现行制度利用不足——这是一个公共关系问题吗?

虽然全国法律就业协会（NALP）调查的 1500 家美国最大的律所中有 98％说他们允许兼职工作，但只有 5.6％的律师真正在做兼职工作。[63] 这其中大部分为女性。阻碍这一方式在全国广泛适用的原因之一就是超过半数允许兼职的律所都将初级律师排除在适用范围之外。在有资格选择兼职的律师之中，很多人可能都不知道这一选项的存在，也可能有很多人根本不愿选择这种职业
180 方式。在一次调查中，9/10 的管理合伙人说他们的律所允许律师以少于全职的时间工作，但只有 6/10 的律师知道这一制度且认为这是一个可行的选择。[64]

各种类型的性别成见会让弹性工作时间制的参与度降低。女律师会认为，必须比男律师更加努力才能让自己避免被看成是缺乏工作能力或工作投入度低的人。而男律师甚至可能听到“是男

人就别请陪产假”这种说法。[65] 即便律所愿意提高律师的自由度或支持他们对家庭尽责，律师们依然会认为请陪产假或使用弹性工作制会影响他们在律所里的地位，且会妨碍他们的事业。在一次调查中，大部分受访律师都认为选择弹性工作制的律师无法成为合伙人。[66] 已有一些研究证明，不论男女，如若选择了兼职或对家庭生活友好的律所制度，他们的竞争力就会被认为低于其他全职工作的同事。[67] 如果律所真的愿意提升工作满意度，他们就应该让那些减少工作时间的律师依然有机会成为合伙人。

虽然兼职工作的名声被歪曲，其工作量也可能直逼全职工作（不过律师依然只能拿兼职的薪资），但选择了这种工作方式的律师通常都感到十分满意。玛丽·乔·福斯特（Mary Jo Foster）的情况值得参考，当她在斯特里奇·朗（Streich Lang）律师事务所做律师时收养了一对双胞胎，为了照顾小婴儿她要求减少工作时间。律所要求她完成正常计费工时目标的80%并付给她原工资的75%（5%的差额用来支付管理成本），所有福利保持不变。这种安排让她在晚上和周末基本不用工作。她说：“律所里的很多人都没看出我使用了减少工作时间的安排。”[68] 使用灵活时间安排的诉讼律师也承认，取证、庭审和出差需要好好安排时间，但 181
他们仍然喜欢这种时间自由。

帮助你律所里的律师实现工作-生活平衡的最好方式之一就是设定现实的计费工时目标，或取消最低计费工时要求并将期待值设定为行业平均计费工时。美国律师协会的法律执业管理部门建议，律所应减少对那些超额完成计费工时的律师进行奖励，可美国大部分律所的做法与此恰恰相反。[69]

虽然向个性化工作安排的转变进展缓慢，但对个性化的呼声却日渐高涨，且新型工作时间安排也已初见端倪。管理者们或许担心这种变化会让员工在各种安排之间作比较。不过，工作场所中的比较无可避免。现今这种比较的关注点主要集中在薪资水平上，比如一个工作了四年的全职律师甲会拿自己的工资跟相同资历的全职律师乙进行比较。但若引入更加灵活的工作方式，这种比较就不仅包含薪资水平，也会加入对工作量的考量。个性化的工作时间方案可以提供灵活性，且能很好地满足员工对于掌控自己工作进度的愿望，并回应新一代员工的具体需求。诚然，个性化安排无疑会大大增加管理上的时间成本，但在律师忠诚度、士气和经济方面都能给律所带来巨大收益。

灵活性与律所生产率

凯寿（Arnold & Porter）律师事务所的管理合伙人詹姆斯·桑德曼（James Sandman）详细解析了设立兼职项目的经济意义。他说："律所设立兼职项目能够同时提高在人才市场和客户市场上的竞争力。新职员很高兴有这个机会来让自己寻求工作和个人需求上的平衡，客户也很满意律师能更加专注于他们的案子，因为分配给他们的案件总数减少了。"[70]

182 其他行业的经验证明，工作灵活性能够降低人才流失率，虽然与律所直接相关的数据有限，但律所在这一方面也没有理由成为例外。[71] 一项针对华盛顿特区律所的调查显示，替代性工作安排有利于律所盈利，并能帮助它们留住表现优异的律师。迪克斯坦、夏皮罗、莫林和奥辛斯基（Dickstein，Shapiro，Morin & Oshinsky）律师事务所的迈克尔·南尼斯（Michael Nannes）发现了一个令人震惊的事实："我们的律师并非为了别的律所而跳槽，其实是为了别的工作时间安排而跳槽。"[72]

律所管理者们往往会比较全职律师和兼职律师的工作成效，进而得出结论说全职律师的效率更高。然而，如果这一分析是基于"总工作时间下的效率，那么按比例计算的话，兼职律师的效率通常比全职律师更高。因为兼职律师必须在有限时间内完成工作，所以他们不得不更加有计划、有效率。"[73] 研究证实了兼职律师比全职律师的工作效率更高。[74] 轶事证据也表明兼职律师的实际工作时间通常会超过规定的时间。一位长期以工作分担的方式进行执业的律师表示，"雇用两位律师来分担工作的话，通常每人会达到 1.5 个全职律师的效率。"[75]

4. 促进积极态度

作为一名管理合伙人，你可能会利用"情绪感染"的方式——比如迎新课程、动员讲话或培训活动——来培养一种"我能"的氛围。刚刚从学校走出来的律师可能需要早一点听到这些信息，因为他们已经被培养成了发现问题而非解决问题的人（律师在推进一项交易或调查一项证据时指出困难之处或许对自己有利，毕竟 183
他们是亲自做这些工作的人）。

艾伦·罗斯特隆（Allen Rostron）现在是一位法学教授，他讲述了自己作为律师第一天入职纽约著名的科瓦斯、斯怀恩和摩尔（Cravath，Swaine & Moore）国际律师事务所的故事。那一天里的大部分时间都用来做一些无聊的迎新事务，包括填写各种表格以及收到一个印有律所名字的马克杯。不过迎新活动也有严肃的一面，即让这些紧张又充满斗志的新人聚集起来听几位律所合伙人的讲话，传达律所对他们的期望。其中一位非常庄重严肃的合伙人是来自公司金融部的律师，他简短地对大家表示欢迎之后就停下来，看了一圈在座的人，像在为接下来要说的话做铺垫，以便强调其重要性。终于他开口说："有一件事非常重要，你们从一开始就要明白。如果工作当中在任何事上出现任何错误，那都是你的责任。没有任何事上的责任可以推卸给他人。责任永远都是你的。"罗斯特隆记得当时自己在想："天呐，这才是上班第一天，我什么事都还没做，就已经全是我的责任了。"当这位合伙人开始解释他说这话的意思时，听众们的反应才逐渐变化，与刚才完全不同了。他说，律所期待并且需要从上到下的每一位律师都表现出色，"当你被分配到一项交易或一个案件时，你必须意识到这就是你自己的事情。你必须有为它负责的态度，并且要保证所有事都正确完成。不能等着别人给你一张任务清单。这就是你自己的事，告诉自己要掌控全局。"合伙人继续解释道，这就是为什么你要觉得任何错误都要由自己负责的原因。"永远不要把责任推给别人。如果文件中出现了错误，你不能说'这是
184 秘书的错。'因为你本应给秘书更详细的指示，对文件进行检查确认，或者做任何需要做的来保证这件事正确完成。"新律师听着听着发现，这位合伙人所讲的与刚开始听起来的并不相同。他不是要教训、指责这些人，或害怕自己惹上麻烦。他讲的事也并

不关乎合伙人或其他人怎么想你或说你。真正的重点是你自己怎样想，以及你要对自己说些什么。总之，相信“永远是我的责任”是一条帮助你掌控工作的积极信息，虽然这听起来多少有点讽刺。

这位律师之后又举出了另一个“我能”的例子，这种“我能”的态度是律所对于包括新人在内的所有律师的要求。他说：“任何时候，只要客户询问律所能否做某件事时，从你嘴里蹦出来的第一个词永远是‘能’。永远不要说‘不能’。”如果客户晚上打电话问我们能否写好一份复杂的律师意见书并且明天一早提交，答案应该是“能”。如果客户在最后一分钟问能否重新制定一份交易计划，答案应该是“能”。合伙人继续说道“当然，‘能’之后通常要跟着很多解释。你可能随后要提出很多严肃的提醒，包括这样做的弊端与成本、很多需要克服的后勤上的重大困难、其他可行的选择、在如此短时间内完成任务而必须走的捷径、对已拟定好的方案做重大修改的风险，等等。但你还是要先说‘能’。”最后合伙人笑了一下，说：“实际上，有时当客户问我们能否做某事时，你必须要说‘可以，我们当然能做，我们可以实现你的要求……不过，我们肯定要以另一种方式实现，因为你刚才所说的事情完全是违法的。’”这位合伙人的观点是，律所希望律师们不单是发现问题的人，更是解决问题的人。税法合伙人在之后的一次会议上说道：“外面有很多律师总在告诉客户他们不能做什么，但你并不想成为这种律师。你想成为有创造性 185
的律师，能够把不可能变为可能。”

科瓦斯事务所的合伙人们花费时间试图打造出一种积极向上的律所文化。他们提到了责任、掌控以及每一位新律师的重要性——这都是幸福研究指出的与幸福感相关的因素；他们还强调新律师应当对完成客户的目标保持积极态度。不过，在商业环境中也显现出了过分追求这种态度的风险，即“我能”变成了安然公司那种“我能随心所欲”的态度，并伴随着傲慢和不当的风险意识。不过作为律师，我们似乎并不存在这种危险的过分乐观主义。

5. 评估员工的价值

针对幸福的研究并没有给出一套方法来指导律所设定薪资方案。我们也没有一套普适的方法可以推荐。不同薪资方案之下有人欢喜有人忧。唯一可以确定的是，当律师们认为自己的工作被赋予合理的价值时他们才会感到快乐。

钱不是万能的：合伙人制度、律所盈利能力及满足感

长久以来，律所里的律师分为两类——合伙人和受雇律师。很多大律所针对受雇律师采用论资排辈的薪资制度——工作年头长，级别就高。[76] 如今，你的律所可能有参股合伙人或股东、不参股合伙人或授薪合伙人、受雇律师、永久律师、各种“顾问”职位、工作人员、合同律师等。全美最大的200家律所中有80%设置了双层合伙人制度。[77] 一项针对《美国律师》杂志评出的200
186 强律所的调查发现，不管律所采取何种合伙人制度，律师满意度与此并无统计学上的相关性。律师对于律所合伙人制度的反应更多取决于律师个人对风险的好恶，以及如何看待这种制度对自身的影响，“有些律师喜欢双层合伙人制度，因为其对工作与生活

之间的平衡有利。有些律师痛恨这种制度，因为在他们成为参股合伙人的路上又多了一重障碍。”[78]

许多研究证明，在律所的盈利能力与律师及合伙人的满意度之间存在着负相关。一项研究发现，这种负相关涉及多个方面，包括律所是否实行对律师家庭生活友好的政策、工作环境的好坏、律所对财务状况的公开程度等。[79] 对密歇根法学院毕业生的调查发现，“在大型私人律所工作的高薪律师拥有最低的职业满意度。”[80]

这背后的原因是什么？一种解释是，受利益驱动的律所无暇顾及律师的个人满足感。[81] 律所关注在盈利方面，因而忽略了律师间关系的建立以及其他能够提高员工幸福感的事情。另一种解释是，处理盈利性高的案件比处理盈利性低的案件更不快乐。无论哪种解释正确，总之律所盈利的增加并不能让律师变得更快乐。

受雇律师的薪资

现今律所支付律师薪水的方式通常有两种，一种是工龄工资制（即阶梯式工资，每一级对应一类基本工资，依据其工作表现的各种指标而做调整），另一种是绩效工资制，通常就是“自给自足制”（即依照律师自己带来的案源确定其薪资）。[82] 律所通常 187
还有奖金制度，年终时给表现最优异的律师（赢家）发放奖金，不过也不会对表现平平的律师（输家）指名批评。如果律所的首要目标是让不快乐的人数降到最少，那工龄工资制是最好的选择。但问题是，这种制度会让工作最努力的律师变成最不快乐的律师，而律所通常想要做的是奖励那些工作高效、表现优异的人。

各种薪资制度从表面上看或许颇为不同，但实际上却有诸多相通之处。几乎所有类型的薪资制度都会考虑律所内部的区分化。大多数工龄工资制并非完全按工龄给付薪酬，律所会采用很多方式对表现优异的人进行奖励，或以薪资为筹码留住优秀人才，使工作能力突出的人可以多劳多得。当这些额外的考量因素被纳入薪资制度后，不同制度之间的差异也随之缩小了。

合伙人的薪资

决定合伙人薪资的要素有两个，其一是合伙人创造的商业机会，其二是她/他收到的律师费。不过很多律所也会考虑其他因素，比如合伙人对客户和案件所负的责任、对律所的管理工作、公益服务工作、提升律所声誉的工作等。有些评价体系会考虑到一些抽象的因素，比如同事关系和协作性等；有些会考量除客户满意度、个人能力、经济利益之外对律所的贡献。律所通常会用一部分收益建立一个奖金池，按比例分配或奖给业绩突出的人。

经济衰退引发了一些对合伙人薪资制度的反思。由于受雇律师会增加律所成本，很多大型律所正在缩减受雇律师的数量，结果就是合伙人不愿分享项目而只留给自己做，随之就会发生“工资密集”现象，即授薪合伙人的薪资与高级合伙人的薪资变得相
188 差无几。[83] 这些情况会让刻板的计算工时制度再次出现，让合伙人间出现竞争关系，这都不利于工作满意度的提升。工资密集现象可能会加剧人们在工资问题上的攀比。幸福研究的一个重要发现就是，人们更在意自己在社交群体中的位置和地位，律所也不例外，所以相对收入较之绝对收入对生活满意度的影响更大。[84]

法官帕特里克·希尔兹（Patrick Schiltz）曾讲过一个故事，有位律师年入一百多万美元，可当他听说一位同事仅年终奖就比他多一万美元时，气得差点辞职不干。[85]

是否有某种薪资制度可以提升律师的快乐程度？

目前还没有任何研究能确切证明哪一种薪资制度最能提升律师的满意度。不论哪种制度都是众口难调。如果说人际关系是促成生活满足感的关键因素，那么在律所中，看重对律所贡献的薪资制度则更能打造出一个快乐的工作环境。理想化的薪资制度应当以某种方式衡量员工对律所整体利益所做出的贡献、让工作骨干感到满意、普遍让人觉得公平并能清楚地向新入职的员工解释明白。不过这种制度的难点在于如何衡量员工对律所整体利益的贡献。基于幸福研究，我们知道这种贡献可以有多种方式，包括支持其他员工、对同事平等对待、给同事更多掌控权、促进同事间信任感的建立等。[86] 英国著名经济学家约翰·赫里威尔（John Helliwell）通过研究指出，“较之健康、婚姻状态或收入水平，根据工作中是否存在信任感这一点，就能更加准确推测出雇员在生活中的满意度。”[87]

留住人才 189

如果律所完全寄希望于以薪资留住人才，那他们就大错特错了。律所高估了员工对工资的看重，误以为给律师们多发工资就能让他们甘愿忍受工作中的不快乐。[88] 这一招或许能起效一段时间。人们以为金钱可以带来许多快乐，但这种快乐持续的时间却很短。“收入上涨带来的快感在四年之后就消失大半，只剩下最初的42%了。”[89]“享乐踏步机”开始运转，随着收入水平的上升，人们的期待也水涨船高。不论是律师还是合伙人，他们想要的都不仅仅是金钱，还有更好的生活方式、与律所更多的沟通、自治、公平、信任、受重视等。[90]

涨工资并不是留住人才的最有力武器。离职时，律师们提到了离开律所的很多原因。合伙人常常认为金钱是最主要的原因，但他们的推测并不被调查数据所支持。导致律师离职的常见原因有三：（1）律所缺乏正式或非正式的指导、培训和业务发展机会；（2）律师与合伙人之间缺乏互动或关系不佳；（3）工作量太大，或想要获得更好的工作-生活平衡。[91]另一项调研也得出了相似结论，这项调研由《美国律师》杂志发起，调查对象为一千多名跳槽过的合伙人，他们表示新律所提供的薪资是他们决定跳槽时最少考虑的因素。而他们最看重的是新律所是否承诺对他们进行支持、帮助他们在自己的业务领域持续发展、有能力让他们真正适应合伙人的身份。[92]意识到金钱并不是解决人才流失问题的答案后，很多大律所开始启动新的项目，意在“重新召回”他们的中级律师。在华盛顿特区，豪瑞律师事务所每年为律师提供五
190 个学习项目。他们还设置了导师计划，为每位律师配备一名合伙人导师，并对合伙人进行领导和指导方法上的培训。[93]虽然表面现象是律所的氛围越来越融洽了，但实质上得到改善的是关乎满足感的那些关键因素。

我们想要律所管理者们明白的一点是，只要员工工资超过了某条基准线，那么关键问题就不是绝对工资的多少，而是相对工

资的多少。有助于提升整体幸福感的薪资制度应当让尽量多的员工感到公平。一种实现公平的方式就是建立透明化的薪资制度，虽然这也会让工资相对差公之于众。

透明化

如果人们对自己收入的期待值高过实际收入，他们对工作的满意度就会降低。[94] 如果期待值是决定薪资满意度的关键因素，那么让期待值和实际薪资尽量匹配就会让不满感降到最低。

我们可以看看一家大律所改制薪资制度和职业发展方式的经验。2001 年，这家律所从传统的阶梯式工资和晋升体制转变为了一种以能力为基础的阶层体制，能力范围被细分成 17 级，每年分两次对律师是否完成律所的期待进行评估，并根据这些评估结果对律师的薪资和费率进行调整。[95] 包括奖金在内的薪资变得个人化，并与律师在能力范围内的成长挂钩。负责律所招聘和职业发展的律所合伙人说，实施这一新制度的最大阻碍就是让合伙人们忘掉计算工时这回事，“但这实在太困难了，因为在律师心中，工时的概念早已根深蒂固。”[96] 这一制度的另一大特色就是由律师对合伙人进行自下而上的评价，评价内容包括合伙人的监督职责、可联络性、尊重律师的工作量、对案件理解的高度、花费足够的时间进行指导工作以完成项目、对问题持开放态度、提出有 191
建设性的反馈意见、提供职业指导等。在这种基于能力的薪资制度下，律师对合伙人的指导进行评估，好的导师和管理者获得奖励，这让律所愈发看到其重要意义。虽然无法清楚证明二者之间的因果关系，但新制度实行以来，律所的确观察到律师流失率的降低。2001年，律师流失率为26%（女性律师流失率为32%）。2006年，这一数字降为11%（女性律师流失率降为10%）。

工作评价标准的透明化和清晰的期待看起来是公平薪资制度的两大重要特征。运营好一家律所的方法有很多，重要的是要有一套透明的薪资制度，这样才能让新入职的人基于对律所制度的了解才决定加入。透明化让怀抱不同目标的人得以对一家律所是否适合自己做出一个理性判断。

6. 促进社会整合

避免大型化带来的风险

> 如今风行的大律所模式不断展现出弊端，以至于让律所们必须重新思考他们的组织结构以及如何利用人力资源的问题……在我们当下所处的时代，大律所模式面临着极大压力。发展新型律所模式的人是否会把这一点纳入考量、是否更加看重如何让雇员发挥出最大的生产力和创造力，接下来都会见分晓。[97]

当组织规模扩大到一定程度时就会丧失一些重要的东西。马尔科姆·格拉德威尔（Malcolm Gladwell）在他的著作《临界点》（*The Tipping Point*）中提出，当律所的员工数量超过150人后，能够提升工作场所满足感的凝聚力和同事情谊就会缺失，员工实现目标的效率也会大大降低。

192 基于英国人类学家罗宾·邓巴（Robin Dunbar）及其他人的

研究，格拉德威尔认为，一旦律所规模超过150人时，同事之间的关系就会变得淡漠，别人怎么想对你无所谓，那么工作就变成了一种“完全不同的经历”。[98] 邓巴的研究让格拉德威尔得出结论，“150这个数字代表了一个上限，少于这一人数时，人们才会真正建立起社会关系并了解彼此、明白与他人之间的关系。”[99] 当一个组织中的人数不多于150人时，组织的目标能够以非正式的方式达成，而规模更大的律所就只能依赖规章制度以及等级的建立来“获取忠诚度和凝聚力”。[100] 人数少于150人的律所之所以能够拥有合一感，是因为每个人都知道出现问题时应该向谁求助。同事间对彼此所擅长的东西知根知底，所以向别人求助时也非常自然。格拉德威尔把少于150人的成功律所比作一个大家庭，因为“在整个律所中都存在着家庭成员间的那种亲密和信任”。[101]

“150人定律”对律所的启示是，当发展规模超过这个界限后就应当仔细衡量随之产生的社会成本。很少有律所愿意缩小自己的规模，不过格拉德威尔建议它们在超过150人时可以考虑其他方式，比如将律所分成几个各自独立的部分，分别拥有自己的业务领域和客户，或者在附近城市设立卫星办事处或分支机构。虽然在某些情况下这些方式看起来不太具有可行性，但格拉德威尔认为，如果什么都不做的话成本会更高。很多大律所都分成了若干个独立部门，每个部门负责不同的业务。在某个业务部门工作虽然有好处，但还是比不上在一个所有人都知道你名字的地方工作更开心。格拉德威尔说到，严格遵守150人定律是戈尔公司（Gore Associates）取得巨大成功的关键。这个公司生产的产品涵 193

盖纺织品、牙线、医疗设备等。格拉德威尔引用公司创建人威尔伯特·戈尔（Wilbert Gore）的话说，“实践反复证明，公司人数一旦超过150人就会变得尾大不掉。”[102]

虽说规模庞大的律所通向快乐的道路或许更艰难，但我们也应该看到，并非每个在大律所工作的律师都不快乐。很多律师喜欢大律所里挑战性更大的一些特殊类型案件——比如公司重组、集团诉讼、复杂的商事诉讼或跨国业务。其他好处还包括接触各种不同业务领域的机会、基于业务领域多样性而带来的经济优势、在规模和资源上（比如先进的科技、让律师从事公共服务项目的能力）所具有的竞争优势、高素质的客户以及律所的声誉等。

大律所自身的形式也一直在改变。2009年经济衰退带来的影响之一也许就是大型律所的解体——或者说是重建。批评家道格拉斯·麦克科拉姆（Douglas McCollam）毫不掩饰其对大律所的批判：

> 从本质上来讲，问题出在支撑现代美国律所的整个经济体系。大律所就像古埃及法老一样喜欢兴建金字塔，宽厚的塔底是受雇律师和授薪合伙人，他们为塔尖上的一小批参股合伙人卖苦力。增加律所的“杠杆”——即计费工时这一商业史上最恶劣的发明——是过去这个世代大律所追逐利益的关键指标。大量研究早已证明这一模式对法律职业群体以及客户的负面影响。然而直到如今，还是没有任何力量能够将其扼杀。尽管经济下滑让律师们损失惨重，但如果能因此终结这种模式并拯救法律行业的话，那实在是最为讽刺的事了。[103]

导师制 194

基本上每次调查让律师不满的事时，“缺乏指导”都高居榜首。一项调查显示，43%的律师表示他们的上级合伙人并没有提供给律师们需要并想要的指导。[104] 一项针对律师流失问题的全国性调研发现，是否有导师制度以及反馈制度是影响律师们选择留下或跳槽的一个重要因素。[105] 在以弗吉尼亚大学法学院毕业生为对象的调查中，对工作表现的评估制度引发了最多不满，其原因涵盖缺乏评估、评估质量低及负面评估。[106] 人们希望看到用词积极的评估，并希望获得清晰的期待感。

导师制能够建立深刻的社会联系——大量针对帮助行为的研究表明，不论是助人者还是受助者都能从善行、安慰或其他支持性活动中得到快乐程度的提升。索尼娅·吕波密斯基说道，这不仅体现了一种“助人者的快感”，帮助别人还“能够满足人们与他人建立联系并赢得笑容、感激和珍贵友谊的基本需要”。[107]

全美评价最高的律所基本都提供了培训制度。比方说，评选出最适宜女性工作的50家律所榜单的调查显示，这些律所中“有68%配备了针对女性高级律师的导师制，62%为女性律师提供管理培训”。[108]

爱要表现出来

> 人们向他人索取最多的就是关注和欣赏。[109]

除了经济奖励，律所还能采取什么方式来强调每个人的重要

195 性呢？各种评选最佳公司和律所的调查（包括由研究组织 Catalyst、Vault 网站、《在职母亲》杂志所作的调查等）都显示出，律所在提升律师满足感方面所采取的行动存在着一些共性。受到爱戴的律所会帮助员工实现他们的梦想，鼓励员工进行创新并勇于承担风险，重视员工的意见，倾听他们的想法，并落实他们的建议。这些律所会建立反馈制度并鼓励工作中的社交活动。不难想象，如果员工认为自己的公司重视每个个体，那他们的工作满意度和对公司的忠诚度都会更高。同样，员工之间的价值观相似时，他们也更加感到满意并愿意留下。[110] 成功的律所通常都有内部一致的价值观和使命感。如果律师对自己的律所很有感情的话，他们跳槽的可能性就很小。不过另一方面，“当员工的业务活动仅限于律所内部时，则内部竞争、拒绝分享工作、嫉妒和猜疑就会滋长。”[111]

为解决律师流失率过高的问题，苏利文＆克伦威尔（Sullivan and Cromwell）律师事务所在 2006 年为合伙人组织了一场培训，主题是如何对律师进行赞扬。培训内容是鼓励合伙人为律师提供反馈，学会说“谢谢”“做得好”，并且及时回复律师的电话，就像回复其他合伙人和客户一样。这家律所还定期组织律师与律所主任的午餐会，并实施了一项 360 度的评价制度，即律师们会收到来自下级、平级和上级同事、领导的反馈。2007 年，律所的人才流失率就从 30％多下降到 22％。[112]

诚然，所有这些举措都意味着金钱成本。我们并非鼓吹无休止的反馈和源源不断的员工福利，而是一种平衡状态。为实现平衡，一方面要考虑律师流失所造成的经济成本和人力成本；另一方面要考虑的是，不快乐的律师无法成为律所好的代言人。

7. 设置公益服务奖金 196

若真心助人，自己也必定会获得他人的帮助，这是人生最美的报酬。

——拉尔夫·瓦尔多·爱默生（Ralph Waldo Emerson）

从事公益服务能够提升律师的职业满意度。令人欣慰的是，拥有公民参与意识的人更愿意履行法律公益服务义务。美国律师协会最近的一项调查显示，只有46%的律师达到了律协所要求的每年“提供50小时免费法律服务”的目标。[113] 不过，那些参与了公益服务的律师表示，帮助他人使自己感到满足。法律公益服务活动提升了律师的精神面貌。

反之，新律师们发现，缺乏从事公益服务的机会是让他们对法律执业感到不满的一个重要因素。由于缺乏来自律所的支持，并且迫于完成计费工时的压力，他们鲜有机会提供公益服务。

不过在公共利益领域，变革已初见端倪。律所们开始意识到公益服务也是一门不错的生意，可以帮助律所招聘到优秀的法学生，可以给律师提供很好的锻炼机会，并且也是融入社区的一个好方法。乔治城大学法律中心公益服务研究所的负责人埃丝特·F. 兰登（Esther F. Lardent）说：“去年，全美最大的150家律所提供了四百万小时的公益服务，这个数字较之十年前几乎翻倍。”[114] 渐渐地，律所也开始为公益服务活动设置主管职位，不过近期的经济衰退让他们的参与度开始降低。

代理弱势群体，或多或少为他们实现正义并为他们的生活带
197 来改变——律师在这一过程中能够获得巨大的自我价值感。公益服务可以有很多方式：代理关塔那摩监狱里的囚犯、死刑犯或被拒绝发放经济援助的飓风受害者；帮助退伍老兵获得残疾人福利；为低收入移民提供援助；帮助他人申请儿童收养等。不论在保守派还是自由派中间，都有公益律师在努力推动刑事案件受害人的宪法权利、反对征收和平权法案、保障个人经济自由和财产权利。

律师可以在自己的兴趣爱好和法律之间寻找交叉点。比方说，对动物保护和动物权利感兴趣的律师就会花时间帮助“人道社会”（Humane Society）动物收容所和美国防止虐待动物协会（American Society for the Prevention of Cruelty to Animals）。一名律师已经成功挑战了对黑熊的捕猎活动；另一名律师救下了一只即将被处死的狗（他的“客户”是一只名为“Pookie”的罗特维尔犬，一个小女孩的脚卡在了栅栏里，而“Pookie”咬了她的脚）。[115] 这可以称为“狗狗公益代理”（“pro bone” representation）。

8. 创造游戏化的工作环境

律所们可以从其他领域的潮流引导者那里找找灵感。现在流行的趋势是创造具有游戏感的办公空间，而律所在这方面已经落伍了。在《财富》杂志举办的十万人以上大企业的评比中，谷歌以优秀的办公空间设计策略和激励方式在2007、2008两年荣膺

全美最适宜工作的公司。虽然谷歌的薪资待遇也很棒（在 2008 年的薪资榜上居第 25 位），但让它位居榜首的是对员工个人的关注、福利、感觉和游戏化办公。谷歌 99%的员工都有公司的股票期权，所有员工都可以“在 17 个美食餐厅免费享用早、中、晚餐，购买省油环保的车可以从公司领取补贴，上下班都可以坐免费摆渡车。”[116] 谷歌员工的一部分满足感或许来自于公司的工作环境，即这里的环境鼓励一致的价值观，比如看重科技的力量、对 198
环保行为进行经济奖励、倡导游戏感等。谷歌在苏黎世的办事处就设置了一个游戏室，里面有台球桌，还有一个巨大的滑梯，可以直接从楼上滑到午餐室。除了这些福利待遇外，谷歌还有开诚布公的交流、尊重员工而产生的信任感（比如关注员工的个体性、做重要决定时注重员工参与）、同志情谊（即工作中产生的家人之间的感觉或团队精神），这些方面都收获了来自员工的最高评价。

在办公环境游戏感的设计方面，谷歌和其他硅谷公司都远远走在了律所前面。不过芝加哥一家专做公司辩护的精品律所“巴特利特·贝克”（Bartlit Beck）或许是个例外。在它的办公区有一个全尺寸模拟法庭，在律所中央还有一个篮球场，场地周围就是几个合伙人的办公室。[117] 这家律所在丹佛的事务所大厅里还有一面攀岩墙。大部分律所都偏向保守，这或许部分源于其对形象的要求，但在工作环境变革方面律所们实在是大大滞后了。美国的新一代员工们非常看重游戏和创造性，在这方面给他们更大的空间不仅可以带来经济收益，也能提高员工的士气。

不过话说回来，律所也不是只工作不玩耍的地方。你的律所可能就很清楚让合伙人、律师和其他工作人员一起参与娱乐消遣的好处。有些律所会出钱订下音乐会或体育赛事的豪华包厢、提供品酒和烹饪课程，或举办全律所的益智问答竞赛。[118]

必百瑞（Pillsbury Winthrop Shaw Pittman）律师事务所拥有 14 间事务所、800 位律师，他是“最适宜在职母亲工作的 100 家公司”榜单中的四家律所之一。除了对家庭生活友好的工作时间制度和请假制度外，这家律所还拥有一系列非常棒的社交活动，用来帮助员工建立彼此之间的关系。这些活动有：

199 • 五月，华盛顿事务所为律师、工作人员和家属组织了一场《加勒比海盗——世界尽头》的私人放映。放映前在律所一楼的会议室里安排了餐会，会议室已被布置成私人主题的聚会所，服务人员也都身穿着电影里的服装。
• 七月，弗吉尼亚麦克林事务所举办了一场“思慕雪制作大赛”，律师们可以制作自己最喜欢的无酒精思慕雪来进行一场友好竞赛。律所还鼓励员工们花 5 美元“买”下一杯思慕雪，实际是为了捐赠给儿童医疗项目，律所也会捐出与律师相同的捐款金额。
• 每家事务所每年都会在游乐园等有趣的地方举办“家庭娱乐日”活动。[119]

论证到此，我们手头的都是轶事证据，基本都来自于有关律所娱乐活动的故事，不过结论大抵如此：玩得到一起的律所也能工作到一起。

9.通过律所的装修设计来提升律师幸福感

美丽就是幸福的承诺。

——克里斯特·斯坦德尔（Krister Stendahl）

改变律所的设计也是提高律师幸福感的一个工具，可这个工具常常被忽略。不论是谁，如果长期待在没有窗户的格子间或单调乏味的酒店房间里，他就能理解室内设计对情绪的影响了。有的空间让我们变得悲观、失去意义感，而有的空间让我们变得快乐、事半功倍。建筑可以是亲切的，也可以是拒人千里之外的；可以是宁静的，也可以是激情澎湃的；可以是和谐的，也可以是杂乱无章的。有时，某个空间正适合当下的我，有时却不然。

《幸福的建筑》（*The Architecture of Happiness*）的作者阿兰·德·波顿（Alain De Botton）解释道，建筑“把幸福具像化了”。[120] 200
每个人眼中的幸福都不相同，所以两个精心设计、意在提升幸福感的建筑若看起来迥然相异，那也不足为奇。一个或许充满贵族气息，而另一个却具有亲民气质。一个表现了未来感，而另一个满怀对旧时代的热爱。不过，一个观点正获得越来越多的认同，即某些设计特点会提升建筑使用者的幸福感。

在过去几十年里，建筑界越来越关注人与建筑之间的互动。“环境结构中心”的克里斯托弗·亚历山大（Christopher Alexander）和他的同事们在1977年出版了一本具有开创意义的书《模式的语言》（*A Pattern Language*），书中列举了253种城市、社区和建筑中的“模式”，这些模式能够提升个人幸福感并能促进社区的顺畅运行。[121] 书中有一些模式是专门针对律所的，接下来我们会详细讨论。2003 年成立的“建筑神经学会”（Academy of Neuroscience for Architecture）发布了一组数据，称自然光线和空气流动能够激发工作中的创造力，这也迎合了我们的直觉。加利福尼亚州建筑设计师黛博拉·里士满（Deborah Richmond）同意此观点，她主张“广泛分布的自然光和空气被证明有利于提高工作效率、减少病假的天数。”[122] 根据“建筑神经学会”发布的其他数据还能得出如下结论：自然景观对人有镇静安抚作用、低天花板有利于加强对细节的注意力、高天花板有利于进行天马行空的思考。

那么一个令人愉快的律所应该是什么样子呢？在一定程度上，这个问题的答案取决于身处其中的律师自己（各花入各眼，人人的审美都有所不同），不过建筑师和“环境心理学家”们都有一个基本共识，即某些设计特点的确更能让人感到快乐。

201 最受推荐的设计特点之一就是，尽量在每个办公空间内都引入自然光作为照明方式。如果房间两侧都有自然光进入那就更为理想了（所以拐角处的办公室之所以受追捧也不仅是由于面子问题）。正如亚历山大所说的，“当人们拥有选择权时，他们总会选择那些房间两侧都有自然光的，而那些只有单侧进光的房间就会空置。”[123] 他认为“这一模式是决定一个房间设计成功与否的最重要因素”。不过这个观点也并不新奇，“双侧进光”是传统学院派建筑风格的设计原则。亚历山大指出，双侧进光的房间能够营造更好的社交氛围，因为窗户周围不容易产生刺眼的光线和让人不适的明暗对比。从两侧或多侧照亮房间的光线能够让身处其中的人更容易读懂他人的面部反应。总之，亚历山大认为，“双侧进光让人们更容易相互理解”[124]——而理解他人让我们感到开心。

律所的传统模式是沿走廊设置一排办公室，每位律师分配一间，而现在已有充分的理由来避免这种安排。封闭的办公室不利于交流互动，而空间太开放的办公室也会让人感到不舒服。理想化的模式是在封闭与开放之间寻找平衡。这一目标可以通过许多方式达成，而且其中一些方法还能增加空间的灵活性。如果办公空间太小，可能会让人产生幽闭恐惧。研究表明，小于 60 平方尺的房间就会让人觉得逼仄。

大部分律所的做法是为每位律师分配一间独立的办公室，如果是这种情况，那么每间办公室都应有与外界互通的窗景。亚历山大说：“没有窗景的房间让人感觉像坐牢。”[125] 并且这样的房间还可能危害你的健康。一项针对住院病人的研究表明，如果病房 202
里能看到外面的树木，则住在这里的病人比只能看到外面砖墙的病人住院时间更短，并且出院后有更低的医疗投诉率。[126] 风景越好，人就感觉越自由。如果一位律师的窗外是花园或宜人的街景，而另一位律师窗外是笨重的空调机、停车场或杂草丛生的空地，那前者会比后者快乐得多。诚然，不是每家律所外都有植物园或幽静的街道，不过律所在选址时应关注一下每一侧办公室的窗景。如果办公室的位置无法改变，那么精心摆放的镜子也有很好的装饰效果。你没办法让隔壁的停车场搬走，但是可以选择不看它。

律所对律师如何布置自己的办公室通常有一些限制，这很可以理解。律所可不想让《花花公子》的海报、猫王的黑色丝绒画或者熔岩灯出现在客户面前。不过，允许律师们在办公室放一些生活中有意义的物品（并不是一些只为吸引眼球的东西）可以让他们有更多的掌控感，这也是提升生活幸福感的一个重要因素。而且，一个能够彰显使用者过往和品味的房间也有利于与来访者建立关系。（“哇，你喜欢收集漫画书——我小时候也很喜欢超人。”）应当让你的办公室能够讲述你自己的故事。不过，让亚历山大感到惋惜的是，太多人都在追逐“‘现代装饰品’的堆砌，这实在索然无味。”[127]

为提升幸福感而设计的律所应当有一个宽敞舒适的空间作为律师聚集和交流的地方。律所里的主要通道最好紧邻这个区域。这样的设计可以让律师们经常进入这里，并且有一个附加的好处，即可以避免让空荡荡的长走廊使人心情低落。精心设计的社
203 交区域应当配备各种让人感觉舒适的东西，比如壁炉、咖啡壶、各种舒服的椅子、报纸等。应当多使用台灯，而非统一制式的天花板照明。因为研究发现，即使其他地方照明充分，人们也更愿意选择一些点状照明。暖光灯、暖色墙、原木色和各种光源应该遍布在这个空间内。

每家律所都应配备一个共同用餐的地方。《有生命的面包》的作者托马斯·默顿（Thomas Merton）写道：“一起用餐在本质上就是一种友情和‘交谊’的标志。”[128] 餐桌可以成为家庭生活的中心，同样也可以把办公室里的同事聚集到一起，共同分享食

物、饮料、故事和笑声。在大律所里共同用餐的空间还有另一个功能：在这里律师或许能碰见或找到跟自己志趣相投的同事。在这个空间里，照明最好直接投到桌上，这样有利于把注意力集中到交流活动上，也有助于群体的融合。

大型无差别化空间对律师来说并不是舒服的工作场所。根据一项针对办公室职员的大规模调研，大型空间让人“感到自己不重要”，并且有种“一直被监视的不适感”。[129] 为了让一个法律团队发挥最好的工作表现——并且拥有最大的愉悦感——就应该让他们处于一个小型工作空间或会议室内，并且最好有一部分面向外部更大的公共区域的视野。

我们对某些事物的喜爱——比如自然植物或流水——也许来自于人类这一物种的起源之时。各种不同形状、大小的植物可以分布在事务所的各个角落。流水景观（通常是喷泉）可以增加愉悦感，应当被设置在让尽量多的律师可以看到的地方。

关于内部空间的设计，有些律所已经在往正确的方向前进了。律所“在增加更多的交流空间，比如咖啡吧、访客休息室等。”[130] 旧金山的建筑师芭芭拉·冈恩（Barbara Gunn）说，律所 204
“希望鼓励律师之间建立同事情谊，并为律师创造更多在事务所里巧遇的机会。”[131] 一位负责律所翻新工程的纽约律师也同意这个说法，他说翻新的目的不是为了“取悦客户”，而是“创造一个真正能够鼓励和支持律师间建立同事情谊、交流和协作的工作空间”。律所的新面貌正向着建立一个“让拥有不同职业领域的人一同工作的合作空间”发展。[132]

让一家律所拥有以上所有提升幸福感的设计特征其实不切实际。不过这些特征越多，在其中工作（有时或许是玩耍）的律师就有可能越快乐。

10. 征求反馈

要记住，人们很在乎自己是否被重视。律师希望获得来自律所的反馈；请他们发表对工作环境的想法也会让他们感到高兴。

那么，何不搞一场匿名调查，让律师和工作人员评价他们对工作的满意度？可以使用调查问卷并为每个问题附上同意程度的选项（从“非常同意”到“非常不同意”）。针对满意度的问题可以涵盖交流沟通、反馈、培训、指导、工时要求、平衡工作和生活的可能性、同事情谊、律所结构、薪资待遇，等等。一定要保证匿名，并且增加一个开放评论的部分，回答者可以对如何提高满意度，或在这家律所工作最好的是什么、最差的是什么等问题自由发表评论。其实仅仅是询问他人意见这件事就能制造快乐感。

205 **你的律所是一个快乐的地方吗？**

这个表单并不适用于所有情况。列举这些问题的目的在于把相关研究文献中与职业满意度有关的因素转变成对律所管理者产生实际意义的建议。

1. 你以何种方式向有价值的员工传达他们对律所的意义，以及律所希望让他们感到快乐这件事的？当律师们承担风险或追逐梦想时是否能够得到律所的奖励、认可、情感支持和鼓励？你会提供哪些职业晋升机会？合伙人是否会把客户的好评转达给办案律师，或者在客户面前把功劳归给他们？律师们是否接受过尊重工作人员并学会与他们合作的培训？

2. 律所的案件分配制度是否给予律师一定的灵活性，让他们选择自己感兴趣的项目或案件？是否有更多的初级律师被赋予独立负责案件的责任？他们是否受过如何负责案件及发展客户的训练？合伙人是否经常带着律师去见客户？是否时常带律师参加社交场合？

3. 律所在为律师和工作人员设立灵活性工作时间安排和薪资制度方面做了哪些努力？薪资制度是否透明？新入职的人是否清楚了解这些制度？雇员中有多少人实际使用了灵活性安排或选择了做兼职工作？律所是否给作为父母的雇员提供足够长的产假？ 206

4. 律所是否根据初级律师的发展需要为其安排合适的导师？律师可否表明自己对理想导师的选择倾向（根据导师的从业领域、性别或家庭状况等），或可否直接自己选择导师？导师是否接受过相关训练，明白如何理解每位律师的目标，为他们设计职业路线图并帮助他们推进职业发展？律师是否可以通过匿名反馈机制对导师的指导活动作出评价？合伙人或高级律师的指导活动是否纳入了决定他们薪资的考量？导师是否也起到了监督保护的作用，即帮助律师应付不合理的要求并为他们排除障碍？

5. 对律师工作表现的评价中是否包含技能和知识方面的期待标准？律师是否被告知并了解这些标准？针对律师的不足之处，律所是否会帮助他们解决？律所是否定期对律师们提供建设性的反馈意见？
6. 为避免让人不安的突然袭击（比如，“在你从别人那听到这件事之前……”），律所是否有关于未来活动和计划的信息公开制度，还是只能靠小道消息传播？
7. 律所是否定期安排社交活动（比如，每个月最后一个周五的红酒和奶酪、混合垒球比赛、集体慈善活动）？律师们多久会一起吃午餐？律所跟社区有什么样的合作活动？
8. 律所办公区的设计是否有利于律师们进行互动、交流思想？是否有专门的空间让律师们小聚、聊天？你是否愿意给律师机会让大家各抒己见？
9. 你是否关注律师和工作人员的满意度指标？各级别的律师和工作人员的离职率如何？你是否问询过律师（包括那些有其他职业安排的）和工作人员关于律所政策对他们工作的影响？是否征求过他们关于创新、效率和律所业务的意见和想法？

第七章　律师们的故事 208

想知道以后什么事情会让我们快乐或不快乐，最好的办法就是从别人身上找答案，我们认为自己独一无二——事实上也的确如此——但人与人之间的相似性比差异性更大，所以过来人的经历就是对未来最好的指导。如果单凭自己的想象来判定对某些未来事件的反应，那就很容易犯错。很多因素会导致想象对我们产生误导，但其中最主要的原因是，当下的态度和兴趣会过度渲染想象中的未来，并且使我们低估自己对好事和坏事的适应速度。

丹尼尔·吉尔伯特建议说，最好依据一个“随机人选”而非自我想象来对未来进行预测。[1] 不过这个建议面临着一个有效性问题：“依据样本就势必得不到太多信息，尤其是当这个样本不够中立时。（与其问一个唱约德尔调的人，为何不问一个放弃了学习约德尔调的人？）”[2] 另一个更好的办法——至少好于依据自我 209
想象或随机选择样本——就是与行业里的各种人都聊一聊。

在这一章中，我们会让其他律师来指导你。他们在各自的故事中用过去所犯的错误警戒你、告诉你他们律师生涯中的高峰和低谷、指示你各种通往满意法律职业的路径。我们选取的故事来自快乐的、不快乐的还有职业满意度不高不低的律师。[3] 最后，我们会针对收录在这里（及由于篇幅所限未能收录进来）的故事提出一些自己的看法，来分析这些故事所传达出的法律职业的好与坏，以及从你进入法学院到退休之后的整个职业生涯中要面对些什么。

关于工作与生活的平衡

当我们询问上百位律师（他们几乎分布在美国各个州及各个执业领域）并让他们选出工作中对实现个人幸福最大的阻碍因素时，提到最多的就是平衡工作上的需要和个人目标及责任的困难。“法律就像一位充满嫉妒心的情人，需要你持续不断地向她表忠心。”——美国最高法院大法官约瑟夫·斯多利（Joseph Story）在两百年前（1829 年）说的话放到现在依然适用。今天的律师们还在为自己的法律事业做着个人牺牲，而他们也并不想这样 。

一位亚特兰大的律师表达了一种很典型的不满，即“缺少智慧化的工作而仅仅是延长工作时间”让她感到压力山大，她还认为当下的工作环境鼓励那些忽略家庭而全心投入工作的人，这使得职业幸福感遁于无形。一位堪萨斯城的律师说，“你很容易陷在工作里，然后忽然有一天问自己：过去的五年时间都去哪了？
210 朋友们都去哪了？”一位加利福尼亚的律师说道，她发现自己“根本没有时间去管理个人生活——没时间交朋友、没时间谈恋爱、没时间照顾好自己”。一位辛勤工作的纽约税务律师说道：“一天只有24个小时，我无法做完那么多要做的事，这实在太难了。”另一位纽约律师也说，困难的并非只是长时间工作，那种随时待命的焦虑感更让人难受：“一整晚待在办公室里审阅对方律师突然发来的一堆文件自然是不爽。但如果我五六点就离开办公室回家，而一晚上都要担心自己是不是走得太早、会不会有突发事件要处理，这感觉更糟糕。”一位在大公司做法律顾问的伊利诺伊州律师对此表示同意，他写道：“把个人生活和工作彻底分开实在太难了。我和同事们身上背负着公司的兴衰和太多人的利益。”

注重计费工时的大律所让很多律师感到不快乐，其中一部分原因或许是大律所只重视工作数量而非质量。一位密苏里州的律师“为自己在时间和经济上的高效感到自豪”，然而却因为计费工时颇为受挫：“计费工时制度导致的一个不合理后果就是：我因为效率高反而吃了亏，并且还失去了陪伴朋友和家人的时间。”另一位律师抱怨道：“说来说去，我对律所的价值好像就是由工时多少决定的。”一位加州的律师发现，以计费工时为基础来决定律师的价值会让那些没有完成超长计费时间的人遭到其他同事的怨恨。她提到，一位同事曾经说：“船上所有划桨的奴隶都必须得整齐划一。”[4]

律所里的长时间工作对于有孩子的人来说尤其困难。一位在律所从事市场咨询的人这样说：“律所大概是对家庭生活最不友好的地方……很难招聘到女律师，因为她们担心在未来某个时刻 211

必须在家庭和事业中做出取舍。”[5] 一位当了妈妈的律师在下面这个故事中讲述了她在平衡工作与家庭生活时的挣扎：

> 有个星期五下午我去参加三岁儿子的学前班“母亲节”活动……活动结束后，我查了查手机语音信箱，结果听到了律所一位合伙人的各种咆哮和咒骂，说那个下午有多么紧急的事需要我处理，痛斥我不把工作放在第一位、陷他于多么为难的境地。我赶紧带着儿子回到办公室，结果发现是一份证据开示送到了，而我不在所里，导致他没法给我。可我们有整整三十天时间来回复证据开示！其实真正的原因是，他下周一要离开一星期去参加一个独木舟旅行，所以想让我在他出发前处理这件事。当我刚走出他办公室时就听到他对秘书吼道，律所不应该再招当妈妈的人进来。而讽刺的是，律师协会刚任命了这位合伙人进入“法律职业中女性地位提升问题”委员会。

那么可以做些什么来恢复工作和个人生活的平衡呢？方法之一就是换工作。一位做诉讼业务的律师发现自己“任由各种截止日期摆布而无法抽身”，因而决定做出改变。他的新职位是俄克拉荷马大学体育部的合规官，这份工作有更稳定的上下班时间。另一位身为母亲的律师说，她从一家大型私人执业律所跳槽到一家公司的法务部门，一周只有三天工作时间，这让她能够有时间来照顾自己刚成立不久的家庭。一位放弃了私人执业而成为联邦政府公设辩护人的律师表示很庆幸，因为他的假期年年递增，因而有更多机会来安排自己梦想的旅行。

除了换工作，律师们还为工作-生活平衡问题提出了其他建议。一位在大型私人律所就职的律师以这种方法获得了更多个人生活时间： 212

> 告诉客户只在最后关头或发生紧急状况时再给你打电话。不要把电话会议安排在午饭时间。不要订早晨六点的飞机。花时间去参加孩子的活动，并且跟你的配偶轮流参加。按时回家，跟家人共进晚餐，别管合伙人的脸色。对自己赚的工资感到知足，不在乎其他人多赚多少，因为他们跟你看重的事情不一样。

住在美国中西部小镇的一位律师还补充道："你得知道自己什么时候要回家。跟家人待在一起的时候就别当自己是个律师。"

一些幸运的律师即使身在律所之中也能找到工作和游戏间的平衡。一位快乐的律师就职于一家以工人薪资为主要业务的小型律所，他很享受办公室里的桌式足球、飞镖；享受下班后和同事去酒吧小酌，聊聊体育、音乐。因为客户很少与他们在律所会面，所以他可以穿着牛仔裤来上班，在办公室里时不时跟合伙人掷个飞盘。

另一位弗吉尼亚州的个人执业律师也赞同这种游戏感的观念：

> 我会告诉学生们在执业中不要害怕去尝试少有人选择的领域或道路。我从未想过在弗吉尼亚偏远的乡村做一名个人执业律师，但现在我对自己的事业和生活非常满意……我可以养条赛级犬、穿短裤去办公室，同时也会面对很多让人兴奋的挑战和脑力激荡。[6]

有些律所会通过采取灵活性工作制度或允许员工带孩子上班
213 来帮助自己的律师获得更好的工作-生活平衡。举例来说，有一位律师在某个全国性协会中担任高级法律顾问，她很赞赏自己单位采取了选择性压缩工作时间制度，即在此工作的律师可以每两周享受一天带薪休假，所以他们可以两周工作 9 天、每天 8 小时，而非工作 10 天。她也很感激单位允许为人父母的员工带着小婴儿来上班，直到孩子长到 6 个月大。上班时小孩可以待在父母身边，当父母有事离开时也会安排两三个人陪伴孩子。

关于与自己喜欢并信任的人一同工作

当被问及工作中的哪个部分让自己最开心时，律师们常常会说出同一个答案：人。经常与喜欢并信任的同事和客户打交道的律师往往有更高的职业满意度。另一方面，经常接触不领情的客户、缺乏同情心的上司还有不讲职业道德的对方律师，那么幸福感也会大大降低。

很多接受采访的律师都认为，好的人际关系是幸福感的最重要来源。有一家小型律所专门服务于人身伤害案件的受害人，那里的管理合伙人建议道："让自己身边围绕着让你愿意与其共事的人，把工作变成一件快乐的事。"这一观点也被一家全美数一数二的大律所里的业务负责人所认同，他说："你无法拥有太多工作以外的时间去交朋友，所以要学着如何与同事和客户建立好关系。如果同事和客户就是你的朋友，那绝对是一件幸运的事。"

也有很大一批律师认为，不良人际关系会造成工作上的不满。一位从业超过 25 年的管理合伙人抱怨道，法律行业中"缺 214
乏文明"，有些律师为了钱而丧失道德、抛弃真理。一位来自中西部的律师觉得"自己几个月以来被对方律师毫无道德底线的诉讼策略折磨得少活好几年"。一位洛杉矶的律师说自己"每天早晨一醒来就想，今天对方律师又会使出什么阴招"。加州律协里的律师协助计划负责人说："我从未见过如此孤单的职业——过多的对抗关系让律师们无法与人深交。法律职业在很多方面都让人变得难以建立信任。"[7] 一位在西南部大律所工作的律师很不快乐，他写道，有些同事"自己拖延，然后在最后时刻把工作全部推给别人"；有些律师"把别人的工作成果据为己有"；还有些大律所里普遍存在着一种"自鸣得意"的风气。一位在政府工作的律师说，"一些中层官僚对上无耻谄媚，对下霸道专权"，这让他非常不快。另一位律师直接对这个职业吐槽道："我一直就说，如果没了对方律师、客户和法官，法律就会变成一个快乐的职业了。"

一位美国东海岸的律师还记得，一天早晨他正在康涅狄格州进行取证，接待员说世贸中心刚刚被飞机撞了。那个早晨，当世贸双塔倒了的可怕消息迅速传播时，他们的取证程序却还在进行：

> 我们实在想不出还有什么别的事可做，反正今天人们也
> 215 很难回家，干脆今明两天都继续取证吧。而让我震惊的是，每个人都像没事发生一样，照常在各种细枝末节上争论不休。与那天发生的事相比，这些细节都太微不足道了。

律师们与其他律师交往的经历有好有坏，与客户的关系也同样如此。一位律师说道："很少有客户喜欢见我，因为见我就意味着他们正经历着人生中的危机时刻。"一位堪萨斯律师忽然意识到，客户有时是她"通往快乐的最大障碍"：

> 有天晚上我正在为一个涉及几百万美元和工作的重要庭审做准备。当我正审着非常专业又枯燥的预算数据时，客户突然看着我说："你从来不做'快乐的法律（事务）'吗?"我瞬间怔住了。虽然我工作辛苦，缺乏认同，被客户、老板、同事苛待，工作影响了我的家庭、健康和睡眠，但我依然是一个热爱工作的破产法律师。可直到那时我才意识到，律师处理的每一件事情几乎都是不快乐的人来要求你解决他们不快乐的问题，并且你很多时候都无法达成一个让客户高兴的好结果。而且我还发现，不快乐的人喜欢向别人诉苦，他们想让你也变得不快乐。

在法律执业中，客户可能给你带来快乐，也可能带来不快乐甚至是极深的痛苦。死刑律师肖恩·奥布莱恩（Sean O' Brien）

谈到了他在律师生涯中最糟糕的经历：

> 1992年10月20日，我不得不向患有智力障碍的瑞奇·格拉布斯（Ricky Grubbs）公布一个坏消息——美国联邦最高法院拒绝审理他的案件，所以他将立即被执行死刑。我试 216
> 着不让这个消息太刺激到他，说道“法院决定不审理你的案子……你的上诉结束了……阿什克罗夫特（Ashcroft）州长会介入……没有其他路可以走了……”而他不停地在问“这是什么意思?”直到我不得不告诉他死刑将立即执行，就在今晚。当我还在跟瑞奇说着话时，狱警就推着轮床进来，把他从电话边带走，绑到床上，在那晚杀了他。

奥布莱恩说，这个案子让他“很长一段时间深陷在痛苦和愤怒中”。

虽然有些律师的至暗时刻来自他们的客户或客户所经历的事情，但有些律师却从客户那里获得了职业中最大的快乐。一位新泽西州的公设辩护人说：“我最美好的经历就是让我的客户知道，在这个刑事司法系统中有人真正关心他们，在乎他们的福祉。当我表明，无论他们曾做过什么，我都会与他们站在同一立场，一些客户就会对我产生信任。你必须首先获得这种信任，然后维持住它，这种信任给了我最大的满足感。”俄亥俄州一位资深律师做了三十年与此相同的工作，他也有相似的感受。他说曾经的客户中有好几个后来都“成了我最好的朋友”，是他结束工作后的好玩伴。

如果说人际关系是决定快乐与否的关键问题，那么下面这位南加州律师所提出的建议就很难受责难了。他写道："尽量避开愤怒、让人讨厌的人，跟那些能给你基本的尊严和尊重的人打交道。好好对待身边的人，尤其是在你的食物链下游的人。冲突、不信任、不领情是律师工作中不可避免的一部分，这的确很不幸。但这部分所占据的比例大小却取决于你选择了什么样的具体工作。"

217

关于获得"心流"

不用买这本书你也知道，比起无聊或让人焦虑的工作，有趣的工作更让我们快乐。不过，你得知道自己喜欢什么工作，并且能让它成为你的谋生之道。世界上最幸运的律师就是那种一早起床就迫不及待奔向办公室，并且会时不时被问到："做自己喜欢又能赚钱的工作是什么体验？"你是这样的律师吗？或许不是。法律执业常常混杂了有趣和不那么有趣的工作、有意思和没什么意思的案件，以及各种让人又头疼又烦恼的问题。

最初吸引你读法学院的一定是法律工作中让你感兴趣的一些地方。或许你一直都很喜欢解谜，觉得从事法律工作就有机会解决现实世界中的一些棘手问题。比如，在哪些事实上可以多做文章，来为客户达成最好的结果？法律数据库"万律"（Westlaw）或者"律商联讯"中的哪些案例可以用来支持客户的诉求？问对方证人哪些问题可以最有力地削弱他的证词？对于感兴趣的人来说，这样的问题会让他愿意投入大量时间和精力。

众所周知，法律工作并非十全十美。你要处理乏味的案件、填写冗长的表格、按顺序整理脚注，还有各种不同数额的计费账单文件要完成。很多时候，法律工作并没有那么行云流水。必须承认，这份工作有时就是很无聊。凯瑟琳·克什（Catherine Kersh）曾经在美国西岸的一家大型律所从事诉讼业务，现在为一家管理奖学金的非营利组织工作。她描述了以前工作中那种没有“心流”的体验。克什还记得自己和同事花了几周时间，待在一个屋子里处理一箱箱的文件。她说：“每天 12 小时，我们就是给法律意见书贴上便签。你抬头看看周围的律师，努力提醒自己当初为 218
什么要读法学院。”[8]

我们的目标应当是提升有趣工作的比例，让乏味的工作减少。某种程度上，这种比例的变化会随着你的事业发展而自然而然到来，因为律所雇用的年轻律师会做更多低层级的日常工作。而且，当事业越来越进步时，你也会渐渐靠拢最让你感兴趣的工作。

在我们的调查中，律师们列出了一些最乏味无趣的工作。一位纽约税务律师说：“我所做的很多事——尤其是研读合同，是非常无聊的。不过我在接受这份工作之前就已经做好心理准备，所以在这也给你们提个醒。”一位房地产律师对计费工时大倒苦水：“这份工作最糟的地方就是要被记录工时，律师是个劳心劳力的辛苦活。这真让人痛苦，但你又不得不做。我恨计费工时的每一秒钟。”

不过，绝大部分律师对他们的工作还是基本感到满意。一位印第安纳州律师建议道：“你要记住，律师工作最好的部分就是你每天都能面对脑力挑战。你因为能够创造性地解决问题而获得薪水，这是多少上班族都求之不得的事。”一位亚拉巴马州律师说：“或者在事实陈述中讲好一个前后一致的故事，或者从中总结出一套法律规则（即做法律研究），以此将混乱的情况梳理好。”——他在这样的工作中获得了满足感。一位来自美国中部的律师说道：“我非常喜欢写作，乐于跟文字打交道。通常我会为每一份文书撰写七份草稿，并且告诉自己每个草稿都比前一个好。”一位芝加哥劳工法律师在“取证时问出第一个问题”以及在“陪审团审判日”时会找到“心流”。一位快乐的佛蒙特州律师描述了他怎样“随时随地”获得心流：

> 我非常喜欢为客户撰写意见书、备忘录和动议。我很享
> 219 受做研究，尤其是把各种碎片信息梳理成让人信服的故事。我也很乐意使用 Excel 表格、计算子女抚养费、为客户解决税务问题，找出在经济上最有利的解决方案。

一位纽约专利法律师也表达了相似的看法：

> 法律工作中最让我喜欢的部分就是投入感，看着表等下班这种情况几乎不存在。作为一个专利律师，我常常这样觉得：我喜欢提起专利申请的第一步，即与发明者合作，一起

写出一份专利申请。我可以连续工作 17 个小时不休息，然后高高兴兴回家，第二天一早再继续工作。

一位内华达州的商法律师发现，当他跟同事们为一件有意义的案件一起工作时，时间就会过得飞快：

> 当我与几个同事一起合作处理案件时，常常会获得心流。而我一个人做研究或写文书时却很难有这种体验。与人合作并且有截止日的限制时，即使表面上看应当有压力和焦虑感，但我还是会心情愉悦。

经验丰富的诉讼律师自然会在庭审中获得心流。著名刑事辩护律师詹姆斯·布罗斯纳汉（James Brosnahan）说道："什么都比不上真正的庭审带劲，遇到陪审团审判时就更让人兴奋了。"布罗斯纳汉说，当你为刑事被告人代理时，你的客户觉得全世界都与他为敌，只有你在为他而战，这会带来巨大的满足感。他还记得自己第一次会见约翰·林德（John Lindh）时的情形。林德是一位加州年轻人，是"9·11"事件后第一个以涉及恐怖主义的罪名被起诉的美国人。林德一见到布罗斯纳汉就说："嗬，我真高兴见到你！""这就是我做诉讼律师的原因。"布罗斯纳汉说。[9]另一位也非常享受庭审的律师写道："开庭陈词的前几分钟是一个奇妙的时刻。全世界好像都是你的。除了从你嘴里说出的 220
话外，其他任何事都不重要了。"[10]

如果实在感受不到心流，那也可以考虑换个工作。一位律师之前在纽约从事税法业务，他说，那时“一堆工作被分到我头上，却没有任何解释或指导”，这让他觉得非常焦虑。后来这位律师转而从事公益诉讼工作，新工作给他带来了更多的满足感：

> 我开始明白自己在干什么。不论是审阅文件还是做法律研究，我都是对事件了解最多的人，这种掌控事物的感觉非常好。这就像当你还是个孩子时，能做好某件事情会让你感觉良好，但若做不好且没有一个人帮你时，你就会觉得非常沮丧。

一位民权律师的建议或许提供了在法律工作中找到快乐的最佳方法：

> 既然每天都要起床工作（与人访谈、从各种材料中发现事实真相、谈判、撰写让人信服的论据、起草文件，等等），那就一定要确保这是你喜欢做的事。

关于让工作与自我价值观相匹配

当你认为自己的工作很有意义时就会觉得非常快乐。基本上每个人都想对这个世界做出些贡献，你也一样。当工作与价值观相匹配时会给你带来良好的感觉。在这简单的一点上就能区分出让人满意和不满意的事业。

当一位律师感到自己付出的努力毫无价值时，即使高薪和很棒的同事也不能让他们快乐。当你觉得自己在做一件纯属浪费时间的事时，沮丧感便会油然而生。一位佛罗里达律师写道：“当 221
我做那些自认为毫无意义的事时就无法享受工作。有一次，我需要四处访问某州一个工业领域里的从业者。然而，我辛辛苦苦花费一个月时间做的采访和写就的报告变成了一堆废纸，估计根本没人看过。即使是漂亮的工资单也弥补不了这种浪费生命的事。”

对某些律师来说，问题并不在于工作本身毫无意义，而是他们觉得自己选错了立场。就如同《星球大战》里为银河帝国卖力的那些人永远不会拥有原力。一位田纳西州律师讲述了下面这个故事：

> 我们律所代理了几个让人讨厌的地产开发商。合伙人让我去处理他们那些见不得光的事。这几个地产商几乎跟每个打过交道的人都结了官司。有一次，我对一位因租房纠纷起诉他们的女士进行口头取证，她忽然打断我说：“你看起来是个好人。可是代理这些卑鄙的家伙，你晚上睡得着觉吗？”我竟生平第一次无言以对！她道出了一个让人心痛的事实。

如果对于某些律师而言，无价值或与他们的正义观背道而驰的工作意味着其律师生涯中的黑暗时刻，那么对另一些律师来说，当他们觉得自己的工作可以为客户的生活带来正面意义时，就如同阳光照了进来。吉姆·胡森（Jim Husen）是一位南加州的家庭法律师，他说："当有人卷入了麻烦的旋涡、面临着无法克服的障碍或感到自己遭遇不平时，他们才会来找律师。"他指出，为了更好地帮助客户，律师们必须"了解他们生活的方方面面"。在对客户的诉求进行深入研究的过程中，胡森找到了满足感："我想不出还有什么其他工作会要求你投入如此多的精力。"[11]

222 当受访律师们被问及其职业生涯中的巅峰体验时，我们一次次听到了相同的答案，即通过自己的努力实现正义，改变别人的生活。一位宾夕法尼亚州的律师的回答十分典型："一位客户迫切想要获得孩子的抚养权，当她离开法院时得偿所愿，我也为此感到非常高兴。"一位马萨诸塞州的律师说道："我的一位客户在一家非营利性学生海外学习机构的安排下住进了智利的一户人家，这家主人的哥哥多次强奸了她。我在起诉这家机构之后很快就与对方达成了和解方案。这就是我当初去上法学院的原因。"

一位北卡罗来纳州的家庭法律师讲述了一件"至今回忆起仍让她流泪"的"珍贵时刻"：

> 我曾处理了一件矛盾颇深的协议离婚案件。案件中的丈夫和妻子结婚近 20 年，他们的婚姻因许多糟糕的矛盾而结束，不过二人决定共同抚养孩子。这并不是大家想象中肉麻的协议离婚故事，不过他们非常努力地配合我一起完成了一个让双方都满意的方案。签字仪式上大家都到了场，正在等公证员来。有人提议，等的时候何不坐下来喝杯啤酒，冰箱

里正好有几瓶。丈夫和妻子说他们都喝得不多，可以同喝一瓶。这个亲密的时刻好像把很多从前美好的共同回忆都带了回来。公证员到了，该签署的文件也都签了。当我们站起来准备离开时，丈夫和妻子互相看着对方，然后给了彼此一个拥抱。丈夫轻拍着妻子的头发，两人都感谢了对方这些年来的付出，以及为达成彼此都接受的协议而做出的努力。

还有一位密苏里州春田市的律师，他回忆里的高光时刻是在一个监护权案件结案的时候，案件当事人是她所代理的医院里成人精神科的一位女性病人：

她的爱人因为自己生病很严重而无法继续照顾她。但这 223
位病人有精神疾病，所以在没有监护人的情况下出院是很不安全的，而且也无法保证她自己能够正常吃药。幸而法庭指派了一位公益管理员作她的监护人。那天，当我正要离开法庭时，她的爱人找到我，眼里含着泪水。他非常虚弱、非常消瘦，咳嗽时手帕上沾了血。他说自己因为艾滋病将不久于人世，无法再继续照顾自己的爱人。他已经照顾了她很多年，但医生说他自己也活不了多久，所以不得不找人接替。他拉着我的手，看着我的眼睛，感谢我为他最爱的人找到了一位监护人。他说自己现在可以安心地离开这个世界了，因为知道有人可以照顾她。

几位遗产规划律师告诉我们，这份工作让他们找到了巨大的满足感。一位来自亚利桑那州的律师说道：

> 我真的非常喜欢帮助客户处理人生中两项无可避免的事情：死亡和交税。当我还是个一年级律师时，我就知道自己可以为客户提供很大的帮助，通过清楚的指导来帮助他们在去世以后把财产转移给对他们来说最重要的人和慈善机构。我很享受教会自己的客户如何进行遗产规划，打消人们关于遗产和税务的迷思。当客户去世后，遗属们向我寻求帮助来处理过世客户的事务，对我来说这是一种荣耀。当我能够处理好各种文件，让离世者的亲人们卸下负担，不必从哀悼中分心，并且能够一天天坚强起来时，我为自己感到骄傲。

224 通常公益律师的价值观与自己所从事的工作都十分相符。一位新泽西州“美国民主自由联盟”（ACLU）的律师说道，他所从事的就是自己所坚定支持的事，所以工作中的每一天都充满满足感：

> 在 ACLU 工作的每一天，我都在努力推进那些让我们国家更加强大的价值：自由、民主、平等。我的工作涉及大量宪法权利问题，包括言论自由、隐私权、在警察无搜查证时免于被搜查的权利、生育自由、同性恋权利、选举权、罪犯权利等。在 ACLU 和其他各种公益组织工作的人并不是为了

变得富有，而是抱着实现更高理想的追求。我相信，这种理念会为办公场所创造一个美好、协作、相互支持的氛围。虽然我们常常加班，但这样做是因为我们自愿且毫无怨言。保护公民自由和公民权利是我们热爱的事。

有一些律师通过自己的努力给社区带来了实实在在的好处，这让他们找到了满足感。比方说，在一家大律所做地产业务的受访者这样描述工作中最让他感到满意的地方：

当你觉得自己做了一些有意义的事时，你就能体会到工作的乐趣。这种情形可能发生在你帮某人保下一座建筑并把它改建成一家酒店时，也可能是把一家让城市头疼的购物中心变成一份有价值的资产。

所以，当律师的工作与自己的价值观相匹配时的确可以让他们更快乐。那怎么才能实现这种匹配呢？人总归需要钱才能生活——但有时候，给你带来最多满足感的案子却并没有多少金钱利益，也可能无法让你在事业上更进一层。参加我们调查的一位 225
律师选择了更有利益和声望的事业，他哀叹道：

我读法学院是出于做一名民权律师的愿望。我心目中的英雄是克拉伦斯·达罗，因为他也是我母亲的偶像。在我对律师这个行业还没有任何概念时，母亲就给我讲述了达罗如何接手没人敢接的案子，如何为弱势群体赢得胜利的种种事迹。可我最终却累于自己在学业上的成功。优异的成绩、做法律评论编辑、做联邦法官的书记员，这些经历为我带来了薪水最高、最令人歆羡的工作机会。我所尊敬的法官和兄长（一位成功的律师）都告诉我说，头脑正常的人都不会错过来自最大、最好律所的工作邀约。不过这种工作并不适合我，在面试时我就知道。那些律所里的合伙人古板、傲慢又保守。这对我来说并非一个好工作。可是我并没有遵从自己的内心，而是选择了别人认为我应该选择的道路。这实在是一个糟糕的错误。

很多律师都发觉自己被困在了并不适合的工作中。一位新奥尔良律师建议他们，不要惧怕做出改变。他说：

我知道很多人目前的工作并不是自己想要的。一开始他们就知道这份工作不适合自己，但却说，虽然我不喜欢这个职位，每年还得工作2000多个小时，但我只在这待一段时间。挣够钱后我就会换工作。可是他们已经投入其中，发现自己成了既得利益者，变得没有能力、没有勇气冒风险。时间慢慢流逝，他们得到的或许只有金钱，但这些钱又怎能弥补得了美好生活的丧失呢？要我说，现在就找一份让自己满意又符合自己兴趣的工作，不要等到后悔莫及……为人服务，不接受与自己价值观相违背的事业路线和案件。我称之为“救赎世界”（Tikkun Olam），即让这个世界变成更好的地方。

如果你的工作并不适合，不要害怕做出改变。你并非孤身一人。85%的律师在职业生涯中至少换过一次工作。[12] 一位华盛顿 226
州律师提出了如下建议，教我们如何在事业发展中保持自己的价值观和所做工作的相对统一。

给自己写一封信，写下当初为何要读法学院，以及希望用法律学位实现什么目标，不论是为自己、为家人，还是为他人。把这封信收好，每年至少读一次。你可以时不时做些修改。毕竟环境在变，梦想也在变。不过，如果你要改变职业路线，一定要三思而后行。要把控制权牢牢握在自己手里。

关于职业路径与幸福感

人类是追寻幸福的动物。如果一种选择（包括职业选择）无法带给你预期的幸福，并且此时有另一个机会出现，我们通常都会抓住这个新机会。在律师的职业生涯中有一个让人惊讶的趋势，即许多律师都离开私人执业领域而进入了其他法律领域。美国律师协会提到，“随着律师事业的发展，他们从事的私人执业工作越来越少。”[13] 在全美范围内，80%的律师会在开始执业后的五年内离开大律所。[14] 在这些离开的律师中，大部分人自然会从事其他法律工作，不过也有不少人最终选择了非法律工作。举例来说，在斯坦福法学院 2005 届毕业生中，毕业后三年内只有 2% 从事非法律工作，不过在已毕业 15 到 25 年的学生中，这一数字超过了 20%。[15]

不过，很多从事了非法律工作的人还是要归功于他们从前的法律事业。比方说，一位曾在专门服务音乐家的律所工作过的律师后来进入了一家音乐公司的管理层，且不再从事法律事务。对
227 于有相关资历的律师而言，这种工作转换并不鲜见。公司们觉得这些训练有素的律师会给公司带来诸多裨益。一位娱乐行业的高管说道，“当你聘用了一位律师，你就得到了一名聪明好学的得力干将。”[16]

有些前律师还会把自己的法律知识用于新的领域。法律新闻就是一个很好的例子。达利娅·莉丝威克（Dahlia Lithwick）之前是雷诺市的一名离婚律师，后来加入线上杂志《蓝灰》（*Slate*），成了一位专门针对最高法院案件撰写文章的著名评论员和记者。莉丝威克说，离婚案件“并非我的菜”。当初，她来华盛顿看望朋友，好运就随着一通电话降临了。《蓝灰》打电话问她的朋友（一名专业作家）能否报道一场庭审。朋友说自己做不了后，就把电话递给了莉丝威克，而莉丝威克接受了这个工作。她觉得《蓝灰》“是最好的写作平台——既要写即时新闻，又能加入一点小狡黠、小幽默，把法律写得像戏剧一样”。莉丝威克说道：

> 我觉得我就是那种运气好的人，30 岁时误打误撞遇到了一份完美工作……每天早晨醒来我都觉得很开心……我再想不出还有什么比这更棒的事了。[17]

大部分法学院毕业生都没有离开法律执业工作，不过他们的幸福感也会逐渐提升。随着时间的推移，律师们的业务水平越来越高，责任范围越来越大，掌控感也越来越强。一位合伙人在回想自己做受雇律师的日子时说道：

> 当我还是位受雇律师时，有时一早醒来就开始担心接下来的一天……向各种各样的人回复实在让人焦虑……受雇律师通常无法掌控全局，而掌控感的缺失变成了他们的一个阻碍。

一些诉讼律师觉得自己还不如做传统律师来的好。诉讼律师的生活就像过山车一样，虽然收获颇丰，但未必适合每个人。一位诉讼律师告诉我们："与传统交易律师相比，我们的生活更加跌宕起伏。"有时，同一个案件瞬间就能翻转：初审时胜诉很快就变成了上诉时败诉，反之亦然。 228

然而实际情况是，你或许根本不清楚对于自己的技能和性格来说，哪个执业领域才是最适合的。一位联邦地区法院法官给出了如下建议：

> 很多新律师清楚知道自己最想做的领域是什么，并且他们的判断是正确的。也有很多新律师以为自己知道，然而他们的判断是错误的。另外一些人，比如说我，根本不知道什么工作会让我快乐。诚然，人没有办法提前预知哪个法律领域会使个人收益最大化。唯一能做的就是投身其中，慢慢探索，逐步调整……我最初从事的是代理银行、大公司、保险公司的业务。后来我开始为个人进行代理。我发现，为人服务时给我带来的职业满足感最大，而且收入也更好。如果你知道自己想做什么，那就去做。如果你不知道，就先从基础业务做起，直到发现自己最喜欢的那个领域。

一位从事体育法的律师为法学教育的欠缺感到遗憾，因为现行的法学教育并未提供一套系统性的方法来让学生体验不同的行业选择。他说道：

> 我希望法律系统也像医疗系统一样，有一种类似“住院医”的要求。年轻律师能够以“轮转”的方式体验多种职业领域，最后选出自己喜欢或不喜欢的。

你最后所从事的执业领域未必与你最初设想的一致。当比尔·科尔比（Bill Colby）还是一名年轻律师时，他就接手了一件有关遗嘱检验的公益案件。他从未想到，这竟会是美国第一起打到联邦最高法院的“死亡权”案件。案件关于南茜·克鲁塞

(Nancy Cruzan)父母的监护权。南希是一名年轻女性，在一场 229
车祸后陷入了长达四年的植物人状态。她的家人一致认为，南希不想以这种方式生存，他们想要撤除她的饲管。密苏里州检察长反对撤除南希的人工饲食和喂水设备，这个案件最终来到了联邦最高法院。

最高法院认为，宪法赋予有民事行为能力的人拒绝使用维持生命治疗的权利。最高法院判决指出，对于南希这种不具备行为能力的病人，密苏里州可以要求她的父母提供清楚且令人信服的证据来证明他们女儿的愿望。南希的朋友们从媒体大规模的报道中了解到了这一事件，科尔比从他们那里收集到了一些证据。在"克鲁塞诉密苏里州卫生部长"案结案几年后，科尔比辞去了律所合伙人一职，开始写作《漫长的告别：南茜·克鲁塞之死》(*Long Goodbye*: *The Death of Nancy Cruzan*)。之后，他成了"实践生命伦理学中心"(Center for Practical Bioethics)的一名高级研究员。以这个身份，他在医学院、医院、临终关怀机构中进行关于生命终结问题的授课。他致力于确保其他家庭在亲人生命的最后时光不必经历这样的法律之战，这是他终生事业的一部分。现在，科尔比是一家大型城市安全网医疗系统的总法律顾问。

科尔比提醒道，并非每个公益案件都能像克鲁塞案一样具有影响全国的重要意义，并能改变一个律师的生活。他告诉法学院的学生："很多人会碰到不友善的客户，也会有证人对你撒谎；有时你觉得自己的工作对解决社会问题无益，因此丧失了律师的本分。"然而，你处理的很多案件却会改变客户的生活。科尔比说："我觉得自己非常幸运能够结识克鲁塞一家，并有机会帮助他们，并且这件事对社会具有重要意义。不过对于我来说，最重要的始终是这一家人以及他们的诉求——即使这个案件中的诉求是那么令人痛心。"

230 除了不惧怕选择新道路之外，科尔比幸福感的另一大来源或许就是他如何看待自己过去曾走过的道路。科尔比的"幸运"在于，他的世界观让他不拒绝处理这样一个小小的遗嘱公益案件。如果你也有这样的运气，你就能在生活中有所领悟。科尔比说，克鲁塞案对我来说"是一件幸事，因为直到今天，这个案件让我即使在脾气要发作时也能够说，自己的生活很不错——这是一件很棒的事"。

如果有一条职业建议是每一个经验丰富的律师都会送给法学院学生的，那就是遵从自己的内心。一位之前做过律师的教授说：

> 在选择职业路径时要遵从你的内心。这是我每年都会送给学生的一条最重要的建议。这个建议说起来简单，做起来却很难。如果你开始时选错了——这很可能发生，那也别怕做出改变。

一位华盛顿律师也对这位老师的感悟深为赞同。他说：

> 我对刚毕业学生的建议是：去寻找你乐意做的事、当你

疲倦时能将你从床上拉起来的事、当你生病时仍旧想做的事、即使赚不到钱也想做的事，之后再找机会把它变成谋生之道。同时你也要明白，即使你找到了对的工作，你很快乐，也还是会有不顺利的时候，还是要做一些你不那么想做的事情。有时，你觉得自己完成不了所有需要完成的事情。那就休息一下，吃点巧克力，把事情分出轻重缓急，完成一件并从清单上划掉，然后再做下一件。完美主义会适得其反。

幸福研究对我们的事业有什么指导： 231

1. 比起在大律所工作，独立执业或加入小律所更容易让你快乐。
2. 比起为私人律所工作，在政府里服务更容易让你快乐。
3. 当你的年薪高于 7 万美元时更容易快乐。[18]
4. 当你的律师资历达到 10 年以上后更容易快乐。
5. 如果你从小就想成为一名律师，你就更有可能感到快乐。[19]
6. 如果你的法律工作会带来很多脑力挑战，你就更有可能感到快乐。
7. 如果你是一名女性，那你对工作-生活平衡问题的不满很可能大于男性。
8. 如果你喜欢并且信任你的同事，则快乐的概率会大一些。
9. 如果你从全美顶尖的法学院毕业，那么你的幸福感或许不如从“四等”法学院毕业的人。[20]

10. 如果你认为自己的工作与自我价值观相匹配，那就更容易感到快乐。
11. 最容易引发你不满的会是反馈机制的缺乏、工作与生活的失衡、其他不道德的律师、不领情的客户以及无意义的工作。
12. 在你的整个职业生涯中或许会换至少三次工作。
13. 当你的职业生涯结束时，你对自己选择做律师的决定应该不会后悔（虽然有时你还是会质疑这个决定）。

第八章 寻找快乐王国 232

> 凡事都有定期，天下万务都有定时。生有时，死有时。栽种有时，拔出所栽种的也有时。杀戮有时，医治有时。拆毁有时，建造有时。哭有时，笑有时。哀恸有时，跳舞有时。
>
> ——《传道书》第三章 1—4 节

> 你怎样度过一天，也将怎样度过一生。
>
> ——安妮·迪拉德（Annie Dillard）：《写作生活》

小时候的故事书里，主人公最终都过上了幸福的生活。长大后我们才明白，这并非生活的真相。没有人是快乐王国里的永久子民，最幸运的人也只能进去探访几次罢了。后来我们又发现，不同时期快乐的事也不尽相同。如果有人给你开出一张快乐的万灵药方，小心别上当。我们所体验到的快乐是各种因素交织的综合产物，包括遗传基因、客观环境，以及个人的思想、行为等。情绪的复杂性无法一言以蔽之。不过，我们还是可以提升在法律职业中获得幸福感的可能性，这正是本书所要证明的。在书中，我们竭尽所能让这个证明成立，希望这些努力没有白费。有时，正如汤斯·范·赞德（Townes Van Zandt）所写的歌词一样，
233 “忧伤的风吹散了我的梦。”不过，和煦的清风也会在别的日子到来，吹走阴霾，阳光普照。

那么，当清风徐来时，我们应该以怎样的姿态迎接它呢？本书所要探讨的正是这个问题。不过我们也要明白，有时天空就是迟迟不放晴，要做好准备接受自己的心绪低潮期。

把坏事变成好事——无聊和忧愁也有用处

作为作者，我们绝不回避一个可能出现的问题：或许你实践了本书提供的所有建议，然而还是不快乐。完美的幸福并非我们的追求（到底这种完美的幸福是宗教意义上的还是科学意义上的，由你自己来判断）。有时，基因组成决定了你的快乐设定点较低或者有抑郁倾向，因此让你容易变得不快乐。有时，逆境会阻碍你通往快乐的道路，比如精神或身体上出了问题，或者最喜欢的球队遭遇滑铁卢。这种时候要保持耐心。不快乐是生命中不可避免的部分，我们要做的就是尽量减少它的负面影响。

马丁·塞利格曼应当是积极心理学运动中最重要的意见领袖。他承认说，自己曾经认为只要消除一个人的忧愁，他/她就会快乐起来。然而后来他发现自己错了。当他只是把病人的忧愁消除时，得到的并非一个快乐的人，而是一个空虚的躯壳。[1]

快乐和忧愁不是一个硬币的两面，而是两个不同硬币的两

面。[2] 对于完整的生命来说，二者缺一不可。当你感到悲伤时，也许能做的就只是把它当成生命的一部分。如果你从不悲伤，又怎能觉得快乐可贵？如果你从来不识愁滋味，又怎能真正了解快乐为何物？分析心理学的创立者卡尔·荣格（Carl Jung）说道，234
"如果没有悲伤的对比，'快乐'这个词就失去了意义。"[3] 当艾里克·韦纳（Eric Weiner）在全世界寻找"最幸福的地方"时，让他印象最深的就是一位音乐家的话，他住在一个快乐的城市——冰岛首都雷克雅未克，然而他却说："我很快乐，但我更珍视我的忧愁。"[4]

与你的忧愁和平共处，并且将它作为一个自我成长及自我认知的机会。忧愁对于理解人类本身而言是一个至关重要的概念。正如埃里克·G. 威尔逊（Eric G. Wilson）在《反对快乐：忧郁礼赞》（*Against Happiness*：*In Praise of Melancholy*）一书中提到的，在忧郁中我们意识到逝者如斯，因而能深刻地感知生命的短暂，进而更加珍惜这个世界上脆弱的美丽。[5] 艾伦·沃尔夫（Alan Wolfe）也说道，"清醒却不快乐的意识能增进我们的感知力，这总比包法利夫人式的满足感强。"[6]

亚里士多德认为"但凡在诗歌、艺术和政治学上造诣颇深的人——包括苏格拉底和柏拉图，都有一颗忧郁的心。"查尔斯·达尔文本身就是一个忧郁的人，他猜想忧郁具有进化学上的意义，可以"让人对坏事或突发事件保持警觉。"

神经科学家的研究证实了亚里士多德和达尔文的猜想，即忧郁的确可以提升创造力并有助于将注意力集中在问题解决上。负面情绪会激发前额叶的活动，让人“在面对困难局面时更容易保持注意力集中。”作家和艺术家常常要面对人性的阴暗面，因此忧郁带来的一个好处就是坚定不移，这也是在创造性领域取得成功的人所具有的一项特质。同时，研究也表明悲伤与“更有效的交流方式”、更高的考试分数、更强的辨别谣言能力以及更好的记忆力相关。在一项研究中，雨天时购物者记住收银台旁所售卖首饰的比例是晴天时的四倍。乔纳·莱勒（Jonah Lehrer）在一篇《纽约时报》的文章中总结了近期的一些研究，并推断出悲伤
235 能够“引导我们去解决问题，就像磁铁吸引金属一样。”[7] 如果某一天上班时你觉得心情低落，那就找出那个拖延已久的复杂法律问题，试着去解决它。正如《圣经》中《传道书》所提醒我们的，“哀恸有时，跳舞有时。”生活有喜有忧，你要坦然接受。

无聊也带着点淡淡的忧伤气息。每个人的生活都会经历风雨，同样地，无聊的时刻也存在于每份职业中。并非每一项律师工作都能带来心流，总有些重复乏味的事情要处理。在达特茅斯学院 1994 年的毕业典礼上，约瑟夫·布罗德斯基（Joseph Brodsky）告诉毕业生们，“在你们今后的人生中将有很大一部分会被无聊占据。”[8] 他提醒道，“每个天赋异禀的人都要承受无聊。”[9] 无聊催逼着我们去寻找逃离它的途径。对工作来说，逃离的途径或许就是寻找一份更满意的工作。寻找的过程会让你体会到新鲜感，但正如布罗德斯基所说，“不久之后，探寻到的新事物变成了一份全职工作，于是你又要去寻找下一个替代，就像瘾君子一样。”与其这样，他建议我们不如从无聊中汲取人生中的重要一

课：无聊“是让你得以一窥时间无穷性的一扇窗子……使你能够以正确的视角审视自身的存在，从而变得严谨而谦逊……越是短暂的事物就越消耗生命，放大你的情绪、喜悦、恐惧和同情。”[10]

不要试图让自己百分百快乐——你一定会失败。不仅如此，你也无法意识到自己的潜力有多大。喜剧人柯南·奥布莱恩也有严肃的一刻，那是他在 2000 年哈佛大学毕业典礼上致辞时。结尾处他祝福毕业生们既能经历快乐，也能体味悲伤。他说：“这就是我对你们所有人的祝福。既有好的，也有不好的。有时跌倒了、搞砸了，也还是要记住：故事远没有结束呢。”[11]

不要躲避悲伤和无聊。通往幸福的道路往往要借道——而非绕道——这些不让人愉快的情绪。

有意义的人生 236

我们把这句最重要的话留到最后一章来说：快乐并非一切。实际上，（虽然从《快乐律师》的作者口中说出这话实在有点奇怪）对于每个人来说，快乐都不是最重要的东西。

人类历史中的主要问题不是快乐，而是生存。当哲学家们开始进行严肃思考时，他们基本上也忽略了快乐问题，而是关注在其他价值上，比如品德、荣誉、忠诚。《圣经》《可兰经》等最重要的宗教典籍所传达的中心思想也并非“要快乐！”在这个充满战争和不幸的世界里，有谁能质疑托马斯·杰斐逊的话：“神并不想把完美的幸福赐给祂所创造的生灵。”[12]

从历史中可以看出，对幸福感的痴迷只是一种现代产物，随着人类生活水平的提高而到来。我们对于实现幸福（至少是此生的幸福）的期待已经超越了实际能力。要想在未来获得幸福（包括事业上的幸福），首先应当设定一个现实的目标。在你领略到生活的一地鸡毛之前，会在脑海中对理想工作勾画出一个抽象而近乎完美的模型。然而，当你在办公室日复一日做着乏味的工作并体会到法律事业让人失望之处时，就会发现现实与理想之间的落差。

当这种对事业的不满感一次次袭来时，别忘了，一些传统价值观依然重要。若一味追求个人幸福而忽略了家庭或他人，这样只会对社会造成伤害。

好消息是，（正如我们在前文中提到的）通往幸福的最佳途径就在于家庭和他人。如果以适当的方式追寻幸福，我们就会获
237 得有意义的人生。遵循职业中的崇高价值永远不会成为追求职业满足感的阻碍。假如你生性就是那种无法获得真正快乐的人，但一生为自己的价值观而努力、为他人带来过福祉，那么想到这些也会给你带来安慰。

不过，毕竟你买下这本书是因为想拥有更快乐的律师事业，而不是听人说“不快乐也没关系”。况且，变快乐自然也是件好事。我们会再次提醒自己，哪些因素对于实现令人满意的法律事业最为重要，以此作为本次“快乐律师”探索之旅的结束。

为快乐做好准备

当你希望自己变成一名快乐的律师时，你就向着快乐王国进

发了。律师是目标导向的一群人。你或许会忍不住对自己说，“我要变快乐。对！我现在就要变快乐！”然而，这种心态很可能适得其反。就像约翰·斯图尔特·密尔（John Stuart Mill）所说：“快乐只能从侧面接近，你要像螃蟹那样。”[13]

快乐属于当下。不要沉湎于自己的不快乐或对现状进行过度分析，这样做只能把你带离当下，困于过去或未来。再次引用密尔的话：“当你问自己是否快乐时，你就从快乐的状态脱离了。”[14]记住这句忠告。那么应当以怎样的心态或步骤来实现更让人满意的事业呢？让我们再来温习一遍对于律师幸福感而言最为重要的五个因素。

1. 找到自己感兴趣的工作

想一想你的工作是否让你感兴趣？是否给你带来挑战的同时，又不会让你一直担心自己的能力是否满足了客户和上司的要 238
求？如果任一问题的答案是否定的——如果你对工作提不起兴趣，不断填写相同的表格、提出相同的论点让你厌倦——那就是时候考虑换个部门、换一批客户，或者调整自己处理业务的方式了。法律行业并不完美，但充满了挑战。假如当下的工作让你觉得乏味，就去寻找并迎接新的挑战。在你出发去探索有趣的工作前，先要对自己的能力有所了解。对自己的强项了然于胸后，就想办法加以利用。

好工作不仅带来挑战和刺激，同时也是丰富多彩的。人总喜欢新鲜感，重复上百次相同的工作会让你失去当初的兴趣。如果能找到一份不止内容会时常变化，环境和同事也并不单一的工作，那你就是运气十足好的人。新鲜劲会增强你的体验感。

2. 让工作和自我价值观相匹配

你的价值观与工作越匹配，职业满足感就越高。如果能够服务于自己的价值观，即使无聊或让人焦虑的工作也会变得有意义。在我们的调查中，很多律师都说自己职业中的高光时刻就是做出那些给他人或世界带来改变的案件。有一条非常重要的经验是，思考清楚自己最为深信的东西，当心灵告诉你向东而头脑告诉你向西时，一定要跟随心灵。务必记住这话。

当你找到能够让自己热爱的工作时就全心投入其中。承诺通常是用在人际关系中的一个词，不过对于一份成功的事业来说，承诺的重要性绝不亚于在幸福婚姻中的地位。全情投入，你会在工作中拥有更好的人际关系，得到更大的事业满足感。

239 **3. 平衡工作与生活**

这本书的另一个重要主题就是掌控感的关键意义。前文已经阐释过，掌控感体现在很多方面，而每一方面都与职业满足感紧密相关。不过对于律师来说，至少有一方面是最重要的。如果你觉得自己把工作任务和对他人（包括家人、朋友和自己）的责任平衡得还不错，那你对工作的满足感就会强很多。

诚然，实现工作–生活平衡是一件知易行难的事。如果你的工作让你根本无法实现这种平衡，那就需要做些努力了。假如在大律所上班的话，你或许可以试着说服律所的管理者，让他们意识到改善工作–生活平衡问题对律所的长远利益有好处。如果你独立执业或就职于小型律所，或许你要学着拒绝一些潜在客户，即使这意味着收入上的损失。

孩子们很快就长大了；你的运动能力渐渐不如当初了；友情的小船无声无息划走了……不要推迟自己的快乐。你或许直接把它推迟到坟墓里去了。

4. 建立工作中更深层的人际关系

“社会嵌入”（social embeddedness）[15] 是幸福感的一个最佳预测指标。想想你每天的工作时间都与谁一起度过。如果你的快乐值提升，很大一部分原因就在于这些人。在我们探索如何成为快乐律师的过程中最重要的发现就是，人际关系是幸福感的最大源泉。如果一个人感觉自己与喜欢并信任的人建立起了良好关系，他就更有可能找到幸福。信任是一个简单的词汇，却拥有重大意义。信任缺失会阻碍幸福的到来，而建立信任的能力和愿望会让幸福感提升——不仅惠及你自己，还包括你身边的人。

精神医生乔治·威兰特（George Valliant）花费了一生精力，对 20 世纪 30 年代末、40 年代初的哈佛大学毕业生做了长达 70 年的纵向研究。当人们问他这项研究带来的最大启示是什么时，240
威兰特回答道：“生命中真正重要的事情只有一件，那就是你与他人的关系。”[16] 幸福建立的基础是爱、信任和对自我价值的肯定。当你目前的工作无法带来自我价值感，也让你没有机会建立更深层的人际关系时，那就选择离开。一定还有更适合你的工作。

5. 体味细小的幸福

本·富兰克林建议人们在每日“小小的进步”里寻找幸福。

几乎每个律师都会在工作中的某些地方体会到快乐。对你来说，这些快乐的事或许是与同事讨论诉讼策略、为上诉书列出提纲或者仅仅是清理了收件箱里几封头疼邮件之后的满足感。无论具体是什么，总之要意识到这些时刻的存在。这需要一些自我学习：我们并非天然就对这些给自己带来真正快乐的东西保持敏感。达成一个理想的和解协议所带来的欣喜感、为一个有意思的案件进行头脑风暴时的兴奋感、写下一个措辞巧妙的短语时体会到的满足感：快乐就存在于这些时刻中。细细体会这些小确幸，并试着找到更多。你或许没有机会体验到在联邦最高法院胜诉时的欣喜若狂，但客户的一句赞美也同样会让你感到快乐。

对接下来的人生而言，成为一名快乐律师意味着什么？

虽然职业满足感上升是一件好事，但也不要指望你的整体幸福感也会因此大幅提高。一位职业顾问指出，“若寄希望于用一份工作来解决你不快乐的问题，那对这份工作的要求也太高了。”[17] 她做了这样的类比：就像“你要求运动器材帮你减肥，可
241 又不想放弃甜甜圈”。对整体幸福程度影响最大的不是事业上满不满意，而是亲密关系的状况如何。[18] 交一些工作之外的好朋友，找到自己的真爱，或者跟正处于青春期但跟你越来越疏远的女儿修复关系，这些才更有可能给你的生活带来阳光。

不过，事业还是非常重要的。除了满足人类天然的竞争需要，一份事业还会增加你的“自我复杂性”（self-complexity）。律师职业给你的生活又增加了一个维度。比方说，你的身份可能

是母亲、朋友、家长教师联谊会成员、长老会信徒、俄亥俄州人，同时你还是法律职业共同体中的一员。当作为其他身份的你不那么顺利时，法律职业或许能成为你的避难所，或让你重新拾起骄傲的原因。当生活的其他方面让你遭遇挫折时，法律工作或许是一个缓冲。[19] 总之，自我复杂性越高，韧性就越强——而面对困难时的韧性是决定生活成功与否的一个关键。[20]

不用我们说你也清楚，生活并非只有欢笑没有眼泪。你或许对自己的职业满意度有一个很现实的期待。即使专业的巧克力品鉴人都会在工作中遇到不太开心的时候。不过，我们也真心相信，应用这本书里的建议会让你拥有一份更愉快的事业。幸福程度的提升取决于很多因素，包括你的快乐设定点、今后人生中要经历的各种事、职业选择的不同可能性，以及你愿意为了更高的职业满意度而做出多少改变。

最后的话

在为这本书做研究时，我们读到了大量关于如何变快乐的观点。基本上每位作者都会在最后一页写下他们认为最关键、读者最应该知道的“重点”。在我们看来，这些作者最想传达的观点是相同的，即爱比任何东西都更能让我们开心。这并不一定指爱 242
情，而是一种蕴藏在关注中的爱——对其他人、其他事物深深的关爱。也可以是对正义、原则、精神生活的热爱。英国学者阿夫纳·奥菲尔（Avner Offer）言简意赅地总结道：“关心就是幸福的通货。”[21]

我们通常都将爱理解成对待另一个人的感觉。不过你也可以爱你的工作——关注它，并尊重它的传统和崇高目标。如同婚姻一样，你与工作之间的关系有时也会紧张。某些时候，你会设想自己如果从事的是其他行业就好了。然而，只要你关注着这份工作，你所拥有的就不止是成为快乐律师的愿望而已。

致谢

我们深深地感谢来自全美二百多名律师参与我们的调查，花费时间（且并不计费）写下深思熟虑的回答并分享他们的故事。

非常感谢我们的同事和朋友们为这个项目提供各种不同角度的专业知识，他们是贾丝明·阿卜杜勒-克哈里克（Jasmine Abdel-khalik）、大卫·阿赫腾贝格（David Achtenberg）、特里·拜纳（Terri Beiner）、马克·贝格尔（Mark Berger）、比尔·布莱克（Bill Black）、保罗·卡利斯特（Paul Callister）、朱丽叶·切斯利克（Julie Cheslik）、比尔·科比尔（Bill Colby）、理查德·德尔加多（Richard Delgado）、鲍勃·唐斯（Bob Downs）、爱丽丝·埃金（Alice Eakin）、杰拉尔德·恩斯莱恩（Jerald Enslein）、凯西·霍尔（Kathy Hall）、鲍勃·海曼（Bob Hayman）、彼得·黄（Peter Huang）、玛丽·凯·基斯塔尔特（Mary Kay Kisthardt）、托尼·卢皮诺（Tony Luppino）、米拉·姆季瓦尼（Mira Mdivani）、琳达·摩尔（Lynda Moore）、肖恩·奥布莱恩（Sean O'Brien）、科林·皮克尔（Colin Picker）、朱迪·波普尔（Judy Popper）、欧特

利·史密斯（Ortrie Smith）、巴尔布·斯内尔（Barb Snell）、埃伦·苏尼尔（Ellen Suni）、罗伯·韦尔齐克（Rob Verchick）、旺达·特姆（Wanda Temm）、凯文·崔维斯（Kevin Travis）、丹·韦德尔（Dan Weddle）。特别感谢拉腊·克里格尔·帕布斯特（Lara Krigel Pabst）、安德鲁·舍默霍恩（Andrew Schermerhorn）、卡蒂·伍兹（Katie Woods）做我们的研究助理，伊丽莎白·约翰逊（Elizabeth Johnson）做行政助理，还有图书馆员劳伦斯·麦克拉克伦（Lawrence MacLachlan）为检索做的指导。我们还要感谢密苏里大学堪萨斯城法律基金会为本研究提供资金支持，以及《雪城法律评论》准许我们援引之前的文章《快乐法学生，快乐律师》[58 *SYRACUSE L. REV.* 351（2008）] 中的一部分。特别鸣谢娜欧米·卡恩（Naomi Cahn）、琼·卡蓬（June Carbone）、
244 巴尔布·格莱斯纳·法因斯（Barb Glesner Fines）、亚伦（Aaron）、安德鲁·麦克格鲁克（Andrew McGlurg）、艾伦·罗斯特朗（Allen Rostron）为我们提供建议、批评、审阅、趣味和支持。

向我们的家人致以最大的感谢，将本书献给他们。

你们对我们的生命来说如此重要，这感激无法用文字表达。因为有你们，我们如此幸福。

注释

245

前言

1. Fax Poll: It Becomes a Miserable Profession, *CAL. LAW.*, Mar. 1992, 3; Alex Williams, The Falling Down Professions, *N. Y. TIMES*, Jan. 6, 2008, p. 91.
2. Stephanie Francis Ward, Pulse of the Legal Profession, *A. B. A. J.*, Oct. 2007, 29, 32.（该文指出，在 800 名受访者中，只有 44%说“我会建议年轻人选择法律职业”。）
3. Ashby Jones, The Third Year Dilemma: Why Firms Lose Associates, *WALL ST. J.*, Jan. 4, 2006, http://208.144.115.173/salarydata/law/20060105-jones.html.

第一章

1. Robert Biswas-Diener et al., Most People Are Pretty Happy, But There Is Cultural Variation: The Inughuit, the Amish, and the Maasai, 6 J. *HAPPINESS STUD.* 205 (2005/9).
2. Sue M. Halpern, Are You Happy?, 55 *N. Y. REV. BOOKS* 24 (2008/4/3), http://www.nybooks.com/articles/21197.

3. John Monahan & Jeffrey Swanson, Lawyers at Mid-Career: A 20-Year Longitudinal Study of Job and Life Satisfaction, 5 *J. EMPIRICAL LEGAL STUD.* 1, 3 (2009).

4. Ronit Dinovitzer et al., After the J. D.: First Results of a National Study of Legal Careers 19 (2004); American Bar Association, 2009 National Lawyer Population Survey, http://www.abanet.org/marketresearch/2009_NATL_LAWYER_by_State.pdf.

246 5. Tom W. Smith, *National Opinion Research Center/University of Chicago*, Job Satisfaction in the United States (APR. 17, 2007)[以下称为"NORC 研究"]。NORC 研究随机访问了 27500 人,对 198 种职业的满意度和幸福感做调查。牧师的职业满意度(87.2%表示非常满意)和总体幸福感最高(67.2%表示非常幸福)。屋顶修理工的职业满意度最低(只有 25.3%表示满意),加油站工作人员的总体幸福感最低(只有 13.2%表示幸福);在律师中,有 52.4%对职业表示非常满意,43%认为自己生活幸福。

6. Peter H. Huang & Rick Swedloff, Authentic & Meaning at Law Firms, 58 *SYRACUSE L. REV.* 335, 343 (2008).

7. Stephanie Francis Ward, Pulse of the Legal Profession, *A. B. A. J.*, 2007/10, at 30, 32.

8. American Bar Association Young Lawyers Division, ABA Young Lawyers Division Survey: Career Satisfaction 17 (2001), http://www.abanet.org/yld/satisfaction_800.doc. 美国律师协会对 2136 名青年律师的调查收到了 842 份回复,结果显示"大部分青年律师对目前的工作和法律执业基本满意。"(同上,第 1 页)这一结果与 20 世纪 90 年代中期美国律师协会基金会对芝加哥律师的调查结果相符,其时 84%的受访者表示对职业满意或非常满意。John P. Heinz et al., Content With Their Calling? Work Satisfaction in

the Chicago Bar,9 *AM. B. FOUND. PUB.* 1 (1998).

9. Susan Daicoff, Lawyer, Be Thyself: An Empirical Investigation of the Relationship Between the Ethic of Care, the Feeling Decisionmaking Preference, and Lawyer Wellbeing, 16 *VA. J. SOC. POL'Y & L.* 87 (2008)。

10. American Bar Association Young Lawyers Division,见注释 8,第 17 页。

11. 当有一项调查显示律师们基本都很快乐、对工作感到满意时,就会有其他数据显示出相反的结果。对这种矛盾现象作何解释呢?一种可能的原因是(对其他调查数据也同样适用),不同调查选择的样本不同。比方说,当美国律师协会青年律师分部做职业满意度调查时,回复的人中可能有很大一部分都是喜欢社交的人。是否这些律师更加外向、乐观、快乐呢?那一定是的。

    另一个可能会降低调查有效性的因素就是调查本身的措辞。如果问卷上写明要求把吻合的结果寄回,则受访人就会决定自己是否参加这个调查,甚至可能会写下他们认为是符合调查者意图的答案。举例来说,"美国律师协会在 1984 年和 1990 年举办了两次调查,题目是'全国律师 247
满意度调查'并要求把调查结果寄回。虽然回复率相对较高,但也很难说是否心怀不满的律师更倾向于回复。"Kathleen E. Hull, Cross-Examining the Myth of Lawyer Mistery, 52 *VAND. L. REV.* 971, 972 (1999).

    调查结果也与问题的问法有关。如果一个问题是"你现在感到快乐吗?",另一个问题是关于是否在五年之内有离职的计划,则两个问题所得到的结果就会有差别。关于律师满意度的调查通常会问一个定义清晰的问题:"你对工作是否满意?"而这个问题的答案也会被其他影响生活满意度的变量或近期发生的事件所影响。

12. Fax Poll: It Becomes a Miserable Profession, *CAL. LAW.*, Mar. 1992,

at 3; Alex Williams, The Falling Down Professions, *N. Y. TIMES*, 2008/1/6, at 91.

13. Heinz et al., 见注释 8, 第 1 页。
14. Hull, 见注释 11, 第 972 页。针对加州律师调查的讨论请见注释 12。
15. Monahan & Swanson, 见注释 3, 第 2 页。
16. Ronit Dinovitzer & Bryant G. Garth, Lawyer Satisfaction in the Process of Structuring Legal Careers, 41 *LAW & SOC'Y REV. I* (2007).
17. Ward, 见注释 7, 第 34 页。
18. Ashby Jones, The Third Year Dilemma: Why Firms Lose Associates, *WALL ST. J.*, Jan. 4, 2006, 见 http://208.144.115.173/salarydata/law/20060105-jones.html.
19. Williams, 见注释 12, 第 91 页。
20. Douglas Litowitz, *The Destruction of Young Lawyers: Beyond One*, L9 (2006).
21. Martin E. P. Seligman et al., Why Lawyers Are Unhappy, 23 *CARDOZO L. REV.* 33, 52 (2001).
22. Robert Kurson, Who's Killing the Great Lawyers of Harvard?, *ESQUIRE*, 2000/8, at 84.
23. William W. Eaton et al., Occupations and the Prevalence of Major Depressive Disorder, 32 *J. OCCUPATIONAL MED.* 1079, 1083 (1990); G. Andrew H. Benjamin et al., The Prevalence of Depression, Alcohol Abuse, and Cocaine Abuse Among United States Lawyers, 13, *INT'L J. L. & PSYCHIATRY* 233, 240 (1990), 参见 http://www.lawyerswithdepression.com/upload/dep2.pdf. 其他研究并没有表明法律行业拥有最高的自杀率，但其风险依旧很高。Steven Stack, Occupation and Suicide, 82 *SOC.*

SCI. Q. 384,392 (2006/6).

24. Stack,见注释 23,第 391 页。

25. 在第三章中,我们将进一步分析是否法律职业会让人不快乐,以及是否不 248
快乐的人更有可能从事法律职业。

26. 参见 Seligman et al.,见注释 21,第 45—49 页。

27. Hull,见注释 11,第 971 页。

28. 参见,例如,Monahan & Swanson,见注释 3,第 2 页。

29. American Bar Association, Lawyer Demographics, 2008, http://www.abanet.org/marketresearch/Laywer_Demographics_2008.pdf.

30. Dinovitzer & Garth,见注释 16,第 7;Ward,见注释 7,第 32 页。

31. Study Reveals Conflicts in Attorneys' Personal Lives,*MO. LAW. WKLY.* Feb. 20,2006,见 2006 WLNR 9004939;Ward,见注释 7,第 34 页。

32. David G. Blanchflower & Andrew Oswald, Is Well-Being U-Shaped Over the Life Cycle?, *J. SOC. SCI. & MED.* (2006 年 8 月 14 日),见 http://www.nd.edu/~adutt/activities/documents/BlanchOsUshapeCohorts14Aug2006.pdf (thirty-five-year longitudinal study); Mark Killian, TV Advertising Dilutes public Confidence in the Profession, 30 *FLA. B. NEWS I* (2003/7/15)。

33. Ward,见注释 7,第 32 页。

34. Bureau of Labor Statistics, U.S. DEP'T of LABRO, Occupational Outlook Handbook 2008—2009, *Lawyers*, http://www.bls.gov/oco/ocoso53.com(最近访问:2009 年 7 月 20 日)。有三年工作经验的受雇律师的收入中位数为:休斯顿 86300 美元;费城 89200 美元;华盛顿特区 93500 美元;旧金山 105800 美元;全美 79500 美元。对于职业中期的律师(10—15 年经验),收入中位数为:休斯顿 128600 美元;华盛顿特区 134700 美元;旧

金山 143700 美元；全美 120500 美元。Justin Rebello，Pay Scale：Who Makes What Where?，*in Twenty Things Lawyers Need To Know* 20—22（2008 年 11 月）。2005 年，法学院毕业九个月后律师的收入中位数为 60000 美元；在私人执业领域为 85000 美元，在政府机构为 46158 美元，在学术领域或做法院书记员为 45000 美元。Bereau of Labor StatisticsS 同上。

35. 参见 David Leonhardt，Money Doesn't Buy Happiness... Well，On Second Thought...，*N. Y. TIMES*，2008 年 4 月 16 日，C1（在美国，最近的一次盖洛普调查显示，家庭收入在 25 万美元以上的人中有 90%认为自己非常快乐。家庭收入在 3 万美元以下的人中只有 42%这样认为。）

36. Daniel Kahneman et al.，Would You Be Happier If You Were Richer? A Focusing Illusion，*SCIENCE*，2006/6/30，at 1908，1909.

37. Daniel Gilbert，What You Don't Know Makes You Nervous，*N. Y. TIMES*，May 20，2009，at A35.

249 38. Betsey Johnson & Justin Wolfers，The Paradox of Declining Female Happiness，1 *AM，ECON. J：ECON. POL'Y* 190，217—224 (2009).

39. 法律行业中的男女比例基本相当，不过进入这个行业的女性人数正在逐渐减少。20 世纪 80 年代时，法学院女性学生的比例约为 1/3。2002 到 2003 年间，女性学生的比例已升至接近一半（49%），然而五年后又下降至 47%。American Bar Association，First Year and Total J. D. Enrollment by Gender，1947—2008，http://www. abanet. org/legaaed/stattistics/charts/stats%20-%206. pdf.（最近访问：2008 年 2 月 23 日。）

40. American Bar Association Commission on Women，The 2008 Goal IX Report Card-AN Annual Report on Women's Advancement into Leadership Posiions in the ABA，2008/2，at 4.

41. Dinovitzer et al.，见注释 4，第 58 页。

42. Mona Harrington & Helen Hsi, Women Lawyers and Obstacles to Leadership 12 (2007), http://web.mit.edu/workplacecenter/docs/lawreport_4-07.pdf. 另参见 Theresa M. Beiner, Not All Laywers Are Equal: Difficulties That Plague Women and Women of Color, 58 *SYRACUSE L. REV.* 317. 326 (2008)。

43. Monahan & Swanson，见注释 3，第 20，24 页。

44. Kenneth G. Dau-Schmidt et al.，Men and Women of the Bar: The Impact of Gender on Legal Careers, 16 *MICH. J. GENDER & L.* 49 (2009)。

45. Gender or Childcare? Study Sheds Light on Career Roadblocks, *INDIANA L.*, Fall 2009, at 3.

46. 同上（引自 Ken Dau-Schmidt）。

47. Dau-Schmidt et al.，见注释 44，第 72 页。

48. 2009 年，31%的律师为女性。American Bar Association, National Lawyer Population Survey，见注释 4。2006—2007 年，这一数字为 30.2%，2005—2006 年为 29.4%。1990 年女性比例为 22%，2000 年为 27%。参见 Malaika Costello-Dougherty, We're Outta Here: Why Women Are Leaving Big Firms, *CAL. LAW.*，2007 年 2 月，第 20 页。

49. Danielle M. Evans, Note, Non-equity Partnership: A Flawed Solution to the Disproportionate Advancement of Women in Private Law Firms, 28 *WOMEN'S RTS. L. REP.* 93, 94 (2007). "截至 2000 年，全美前 250 家律所中只有 61%的女性合伙人拥有股权，而拥有股权的男性合伙人为 75%。"同上，第 94 页。

50. Laura T. Kessler Keeping Discrimination Theory Front and Center in the

Discourse Over Work and Family Conflict, 34 *PEPP. L. REV.* 313, 316 n. 17 (2007).

250 51. 参见 American Bar Association, Visible Invisibility: Women of Color in Law Firms 8—10 (2006); Jill Schachner Chanen, Early Exits: Women of Color at Law Firms Tell ABA Researchers They Are Being Overlooked and Under-valued-Maybe That's Why They Are Leaving in Droves, 92 *A. B. A. J* 32, 33, 35 (2006/8)。

52. Eric Swedlund, Choose Law! Event Targets Would-be Lawyers, *ARIZ. DAILY STAR*, Mar. 3, 2007, at B5 (noting that 3. 9 percent are African American, 3. 3 percent are Hispanic, 2. 3 percent are Asian American, and 0. 2 percent are Native American).

53. Dinovitzer et al.,见注释 4,第 64 页。

54. 同上,第 65 页。

55. 不论性别,超过半数的少数族裔律师都在三年之内离开律所。参见 Wayne J. Lee, Brown v. Board, Are We There Yet ?, 51 *LA. B. J.* 404, 405 (2004 年 4/5 月); Charles Toutant, Women, Minorities Make Strides at Firms, But ABA Study Casts Pall, 185 *N. J. L. J.* 653, 2006 年 8 月 21 日,第 3 页; Debra Cassens Weiss, Survey Reveals the Unhappiest Associates, *A. B. A. J.* 2007 年 11 月 7 日, http://www. abajournal. com/news/survey_reveals_the_unhappiest_associates/(最近访问:2008/1/1)。

56. Charles Toutant, Women, Minorities Make Strides at Firms, But ABA Study Casts Pall, 185 *N. J. L. J.* 653, 2006/8/21, at 3.

57. Dinovitzer & Garth,见注释 16,第 12 页。

第二章

1. Carlin Flora, The Pursuit of Happiness, *PSYCH. TODAY*, 2009/1、2,第 62

页。

2. Ruut Veenhoven, World Database of Happiness, http://worlddatabaseofhappiness.eur.nl/:(最近访问:2009/7/8。)

3. 各学科的研究者们,包括经济学家、社会学家、流行病学家、语言学家等,都在从科学和心理学领域做出贡献。参见,例如,Bruno S. Frey & Alois Stutzer, Happiness & Economics: How the Economy and Institutions Affect Well-being (2001); Benedict Carey, Does a Nation's Mood Lurk in its Songs And Blogs. *N. Y. TIMES*, 2009 年 8 月 3 日, http://www.nytimes.com/2009/08/04/health/04mind.html. 我们关注的是对律师幸福感来说最为相关的领域。

4. David M. Buss, The Evolution of Happiness, 55 *AM. PSYCHOLOGIST*, 2000/1,第 15 页。

5. Eduardo Punset, *The Happiness Trip: A Scientific Journey* 1 (2007).

6. 同上,第 16—17 页。

7. 同上,第 16 页。 251

8. Susan Viebrock, *World-Renowned Scientist Delves Into Happiness Research*, Telluride Daily Planet, Mar. 27, 2007, http://www.telluridegateway.com/articles/2007/03/28/news/news03.txt.

9. Richard Layard, Happiness: Lessons from a New Science 17—18 (2005).

10. Jerome Kagan, *What is Emotion?* (2007), quoted in Sue M. Halpern, Are You Happy?, 55 *N.Y. REV. BOOKS* 24 (Apr. 3, 2008),见 http://www.nybooks.com/articles/21197.

11. Viebrock,见注释 8。

12. Natalie Angier, A Molecule of Motivation, Dopamine Excels at Its Task, *N.Y. TIMES*, OCT. 27, 2009, at D1, D3.

13. Layard，见注释 9，第 15 页。

14. Marnia Robinson, Your Brain on Sex, Reuniting: Healing With Sexual Relationships, June 25, 2005, www. reuniting. info/science/sex_in_the_brain.

15. Angier，见注释 12，D3。

16. Punset，见注释 5，第 126 页。

17. Natalie Angier, The Biology Behind the Milk of Human Kindness, *N. Y. TIMES*, Nov. 24, 2009, at D2.

18. Viebrock，见注释 8。Viebrock 引用研究者 Richard Davidson 的话：

“我们发现，当参与者进行冥想时——我们的研究对象拥有 12000 到 62000 小时的冥想时间——他们的脑部会产生显著变化，有些变化颇为不寻常。我们观察到一些特定节律的产生，持续数分钟甚至数小时。在普通人身上，这种现象只能持续几秒钟。我们所观察到的是一种大脑的重组。利用这些发现，我们要去识别经过大量练习之后产生的长期持续状态。”同上。

19. Gretchen Reynolds, Stress Relief: Why Exercise Makes You Less Anxious, *N. Y. TIMES MAG.*, Nov. 22, 2009, at 16.

20. 在英国莱斯特大学的分析心理学家 Adrian White 所列出的 178 个幸福国家的清单中，日本排在第 90 位，加拿大排在第 10 位，美国排在第 23 位。Canada Scores High on World Happiness Map, *TORONTO'S CITY NEWS*, 2006 年 7 月 28 日。www. citynews. ca/news/news_2279. aspx.

21. Eric Weiner, THE GEOGRAPHY OF BLISS 310 (2008).

22. Sue M. Halpern, Are You Happy?, 55 *N. Y. REV. BOOKS*, Apr. 3, 2008, 见 http://www. nybooks. com/articles/21197.

23. Daniel Netitle, *Happiness: the Science Behind Your Smile* 49, 53 (2005).

24. Alan Wolfe, Hedonic Man, *NEW REPUBLIC*, 2008/7/9, 第 47 页。 252

25. David Lykken & Auke Tellegen, Happiness Is a Stochatic Phenomenon, 7 *PSYCHOL. SCI.* 186 (1996 年 5 月), http://www.psych.umn.edu/psylab/happiness/happy.htm.("在幸福方面 44% 到 53% 的方差与基因差异有关。在对双胞胎以 4.5 和 10 年为间隔进行再次测试后,我们估计影响受试对象幸福感的遗传因素几乎接近 80%。")

26. See Thomas J. Bouchard, Jr. et al., Sources of Human Psychological Differences: The Minnesota Study of Twins Reared Apart, 250 *SCIENCE* 223, 250 (Oct. 12, 1990); Auke Tellegen et al., Personality Similarity in Twins Reared Apart and Together, 54 *J. PERSONALITY & SOC. PSYCHOL.* 1031, 1036 (1988).

27. Sonja Lyubomirsky, *The How of Happiness: A New Approach to Getting the Life You Want* 21 (2007).

28. Michael F. Melcher, *The Creative Lawyer: A Practical Guide to Authentic Professional Satisfaction* 78 (2007).

29. 同上。

30. Martin E. P. Seligman et al., Why Lawyers Are Unhappy, 23 *CARDOZO L. REV.* 33, 40 (2001).

31. Weiner, 见注释 21, 第 14 页。

32. Lyubomirsky, 见注释 27, 第 21 页。

33. Jonathan Rottenberg, State Happiness Rankings Reveal American's Happiness Insecurity, Phycology Today Blog: Charting the Depths: http://www.psychologytoday.com/blog/charting-the-depths/200912/state-happiness-rankings-reveal-americans-happiness-insurity.(最近访问:2009/12/29。)

34. Lewis Diuguid, Survey Says We Can Be in a Happier State, Like Utah, *K.*

C. STAR,2009/12/28,at 13.

35. Carl Bialik, The Drag of Devising a State-by-State Mirth Meter, *WALL ST. J.*, Dec. 23, 2009, at A8. 参见 Andrew J. Oswald & Stephen Wu, Objective Confirmation of Subjective Measures of Human Well-Being: Evidence from the U. S. A., SCIENCE ONILINE, Dec. 17, 2009。http://www.sciencemag.org/cgi/content/absract/sci;science.1180606v1? maxtoshow=&HITS=10&hits=10&RESULTFORMAT=&fulltext=andrew+oswald&searchid=1&FIRSTINDEX=o&resourcetype=HWCI.

36. Rottenberg,见注释 33。

37. 在每周固定参加宗教活动的人中 43%表示"非常快乐",而从未参加任何宗教活动的人中这一数字只有 26%。Pew Research Center Publications, Are We Happy Yet?,2006 年 2 月 13 日,http://presearch.org/pubs/301/are-we-happy-yet.

38. Ruut Veenhoven, Hedonism and Happiness, 4 *J. HAPPINESS STUD.* 437,452 (2003).

253 39. Layard,见注释 9,第 15—17 页。

40. 参见 James H. Fowler & Nicholas A. Christakis, Dynamics Spread of Happiness in a Large Social Network: Longitudinal Analysis Over 20 Years in the Framingham Heart Study, 337 *BRITISH MED. J.* 2338 (2008/12/4)。

41. Lyubomirsky,见注释 27,第 44 页。

42. 同上,第 17 页,引述自 Daniel Gilbert。

43. Layard,见注释 9,第 30 页。

44. Adrian White, A Global Projection of Subjective Well-Being: The First Published Map of World Happiness, 2006, http://news.bbc.co.uk/2/shared/

bsp/hi/pdfs/28_07_06_happiness_map. pdf. See also Psychologist Produces the First-Ever "World Map of Happiness",*SCIENCE DAILY*,2006/11/14, http://www. sciencedaily. com/releases/2006/11/061113093726. htm.

45. Layard,见注释 9,第 69 页。

46. 同上,第 64 页。

47. Happiness. What Is It To You? http://www. esearch. com/member/quiz/results/happiness. shtml (最近访问:2009/7/12)。

48. Lyubomirsky,见注释 27,第 6 页。

49. 同上,第 20 页。

50. Lawrence S. Krieger, Psychological Insight: Why Our Students and Graduates Suffer,and What We Might Do About It,1 J. *ASSOC. LEGAL WRITING DIRECTORS* 265 (2002).

51. Barry Schwartz,*The Paradox of Choice*:*Why Less is More* 88 (2004).

52. 参见 Jane S. Schacter,The Gay Civil Rights Debate in the States:Decoding the Discourse of Equivalents,29 *HARV. C. R.-C. L. L. REV.* 283,299 (1994)。

53. Daniel Gilbert,*Stumbling on Happiness* 33 (2006).

54. Lyubomirsky,见注释 27,第 25 页。

第三章

1. Tom W. Smith,*National Opinion Research Center/Univeristy of Chicago*, *Job Satisfaction in the United States* (2007/4/17).

2. Sonja Lyubomirsky et. al. ,The Benefits of Frequent Positive Affect:Does Happiness Lead to Success?,131 *PSYCHOL. BULL.* 803,826(2005).

3. 参见 Sonja Lyubomirsky,The How of Happiness:A New Approach to Getting the Life You Want 第 128—132 页(2007);American Bar Association Young

Lawyers Divison, ABA Young Lawyers Division Survery: Career Satisfaction 第 20 页(2001)http://www.abanet.org/yld/sarisfaction_800.doc.4。

4. ABA Young Lawyers Division Survery,见注释 3,第 17 页。

5. Stephanie Francis Ward, Pulse of the Legal Profession, *A. B. A. J.*, 2007/10, at 31—32.

254 6. ABA YOUNG LAWYERS DIVISION SURVERY,见注释 3,第 31 页,图表 23。

7. Jonathan Foreman, My Life as an Associate, *CITY J.*, 1997 年冬, http://www.city-journal.org/html/7_I_a2.html.

8. 法律执业也会造成一些其他压力。在俄勒冈州律师协会举办的"满意度调查"中,54%的受访者认为时间和工作量是工作中压力最大的问题,47%表示自己担心犯错误。Janine Robben, Burnout, 69 *OR. ST. B. BULL.* 17, 18—19 (2008/10).

9. 参见 National Association for Law Placement, How Much Do Associate Work?, 图表 3。Billable Hours Requirements per Year by Firm Size, *NALP BULL.*, 2009/4, http://www.nalp.org/may07billablehrs; Julie A. Oseid, When Big Brother is Watching [Out For] You: Mentoring Lawyers, Choosing a Mentor, and Sharing The virtues From My Mentor, 59 *S. C. L. REV.* at 393、409, n. 84(2008). 参见 Jean Stefancic & Richard Delgado, How Lawyers Lose Their Way: A Profession Falls its Creative Minds 53 (2005)。

10. Ronit Dinovitzer et al., After The J. D.: First Results of a National Study of Legal Careers 33 (2004). 一项调查估计了律师在工作上所花的平均时间:在大型私人执业律所中为每周 53 小时,在小型私人执业律所中为每周 47 小时,在商业或金融领域为每周 49 小时,在政府为每周 44 小时。

11. National Association for Law Placement, Salaries at Largest Firms Up Again, 2008/8/21, http://www.nalp.org/salariesatlargestfirmsupragain.
12. Douglas Litowitz, *The Destruction of Young Lawyers: Beyond One L* 15 (2005).
13. National Association for Law Placement, Salaries at Largest Firms Up Again, 2008/8/21, http://www.nalp.org/salariesatlargestfirmsupragain.
14. Susan Saab Fortney, The Billable Hours Derby: Empirical Data on the Problems and Pressure Points, 33 *FORDHAM URB. L. J.*, 171, 177 (2005).
15. William G. Ross, *The Honest Hour: the Ethics of Time-Based Billing by Attorneys* 3—4 (1996)(引述自 Paul Reidinger, Confessions of The Rodent, A. B. A. J., 1995/8, 第 82、83 页)。
16. Michael Asimow, Embodiment of Evil: Law Firms in the Movies, 48 *UCLA L/ REV.* 1339. 1377 (2001).
17. Amy Kolz, Don't Call Them Slackers, *AM. LAW.*, 2005/10/3, http://www.law.com/jsp.article.jsp? id=1127898311339 (最近访问:2008/1/3)。
18. Patrick J. Schiltz, On Being a Happy, Healthy and Ethical Member of an Unhappy, Unhealthy, and Unethical Prefession, 52 *VAND. L. REV.* 827, 903 (1999).
19. Retaining the Winners, *NAT'L L. J.* 18 2008/3/17, 第 18 页。
20. National Association for Law Placement, Keeping the Keepers: Strategies for Associate Retention in Times of Attrition (1998), http://www.nalpfoundation. 255
org/webmodules/articles/anmviewer.asp? a=61. 关于代际差异,见第六章注释 10—18。
21. 在回应调查结果时,"法官和律师们都同意,在过去十年中,民事诉讼中的不文明或不专业行为在不断增加。"Jeffery A. Parness,Civility Initiatives: The 2009 Allerton House Conference,96 *ILL. B. J*. 636,637 (2008/12). 其他表明不文明行为在增长的证据有:滥用证据开示制度、抢夺客户以及对律师的处罚。参见 Melissa S. Hung,A Non-Trivial Pursuit:The California Attorney Guidelines of Civility and Professionalism,48 *SANTA CLARA L. REV*. 1127,1133(2008)。

22. Kenneth A. Sprang, Holistic Jurisprudence: Law Shaped by People of Faith,74 *ST. JOHN'S L. RV*. 753,758 n. 30 (2000).
23. Lilia M. Cortina et. Al. ,What's Gender Got To Do With It? Incivility in the Federal Courts,27 *LAW&SOC. INQUIRY* 235,235 (2002).
24. Christopher J. Piazzola,Comment,Ethical Versus Procedural Approaches to Civility:Why Ethics 2000 Should Have Adopted a Civility Rule,74 *U. COLO. L. REV*. 1197,1199 注释 14(2003);Ward,见注释 5,第 31 页。
25. Thomas M. Reavley,Rambo Litigators:Pitting Aggressive Tactics Against Legal Ethics,17 *PEPP. L. REV*. 637,638 (1990).
26. Joseph J. Ortego & Lindsay Maleson, Under Attack: Professionalism in the Practice of Law, 2003/3/20, http://www. nixonpeabody. com/publications_detail3. asp? ID=303#ref19.
27. http://www. youtube. com/watch? v-td-KKmcYtrM.
28. Marc S. Galanter & Thomas M. Palay,Large Law Firm Misery:It's the Tournament,Not the Money,52 *VAND. L. REV*. 953,096 (1999).
29. David Guenther, To Be or Not To Be A Lawyer, This Is the Question, 2001,http://www. 100megsfree3. com/wordsmith/2bornot1. html.
30. Douglas R. Richard, Law Firm Partners as Their Brothers' Keepers, 96 *KY. L. J*. 231,263 (2007—2008).

31. THE GALLUP POLL, HONESTY/ETHICS IN PROFESSIONS (2007), http://www.galluppoll.com/content/? ci=1654&pg=1.

32. AMERICAN BAR ASSOCIATION SECTION OF LITIGATION, PUBLIC PERCEPTIONS OF LAWYERS: CONSUMER RESEARCH FINDINGS 7—8 (2002), http://www.abanet.org/litigation/lawyers/publicperceptions.pdf.

33. Michael Asimow, Bad Lawyers in the Movies, 24 *NOVA L. REV.* 533, 537 (2000).

34. Andrew McClurg, *Fight Club: Doctors vs. Lawyers—the Rivalry Between America's Most Revered, Reviled, and Misunderstood Progessions* (2011).

35. Margaret Raymond, On Legalistic Behavior, the Advocacy Privilege, and Why People Hate Lawyers, 55 *BUFF. L. REV.* 929, 930 (2007).

36. Anthony J. Luppino, Can do: Training Lawyers to be Effective Counselors to Entrepreneurs, Report to the Ewing Marion Kauffman Foudation, 2008/1/30, 第 6 页, http://papers.ssrn.com/sol3/papers.cfm? abstract_id=1157065。 256

37. 同上。

38. Arthur Gross Schaefer & Leland Swenson, Contrasting the Vision and the Reality: Core Ethical Values, Ethics Audit and Ethics Decision Models for Attorneys, 32 *PEPP. L. REV.* 459, 459 (2005).

39. Stephen D. Easton, My Last Lecture: Unsolicited Advice for Future and Current Lawyers, 56 *S. C. L. REV.* 229, 244 (2004).

40. Charles Silver & Frank B. Cross, What's Not to Like About Being a Lawyer?, 109 *YALE L. J.* 1443, 1476—1477 (2000).

41. Frank B. Cross, The First Thing We Do, Let's Kill All the Economists: An Empirical Evaluation of the Effect of Lawyers on the United States Economy and Political System, 70 *TEX. L. REV.* 645, 678 (1992).

42. Legal Underground, 2005/2/14, http://www.legalunderground.com/2005/02/what_do_you_like.html.

43. Andrew Schepard & Theo Liebmann, Law and Children, 235 *N.Y.L.J.* 2006/1/18,第 3 页。

44. Guenther,见注释 29。

45. Martin Luther King, Where Do We Go From Here?, 1976/8/16, http://www.indiana.edu/~ivieweb/mlkwhere.html.

46. Ward,见注释 5,第 32 页。

47. Joshua Wolf Shenk, What Makes Us Happy?, *ATLANTIC*, 2009/6, http://www.theatlantic.com/dic/200906/happiness.

48. Monahan & Swanson,见注释 10,第 2 页。

49. 同上,第 22 页。

50. Barry Schwartz, *The Paradox of Choice: Why Less is More* 104, 111 (2004).

51. Pew Research Center, Are We Happy Yet?, 2006/2/13, http://pewreserch.org/pubs/301/are-we-happy-yet.

52. Daniel Nettle, *Happiness: the Science Behind Your Smile* 73—74 (2005).

53. Patrick Radden Keefe, White Shoes, Black Hats: Michael Clayton's Devastating Critique of the Legal Profession, *SLATE*, 2008/2/19, http://www.slate.com/id/2184068.

54. 参见 Susan Swaim Dalcoff, LAWYER, KNOW THYSELF, A PSYCHOLOGICAL ANALYSIS OF PERSONALITY STRENGTHS AND WEAKNESS 41 (2004)。

55. 参见,例如,Don Peters & Martha M. Peters, Maybe That's Why I Do That: Psychological Type Theory, the Myers-Briggs Type Indicator, and

Learning Legal Interviewing, 35 *N. Y. L. SCH. L. REV.* 169, 169 (1990)。

56. Susan Daicoff, Asking Leopards to Change Their Spots: Should Lawyers Change? A Critique of Solutions to Problems with Professionalism by Reference to Empirical-Derived Attorney Personality Attributes, II *GEO.* 257
J. LEGAL ETHICS 547, 587—588, 595 (1998).

57. "律师性格"是 Myers-Briggs 中的一个性格类别。基于性别特征的划分标准，律师与大众相比更有可能是"思考者"而非"感受者"、"内向者"而非"外向者"、"凭直觉"而非"凭感觉"。比方说，66%的女性律师是"思考者"类型，而在普通女性中这一比例仅为 35%。(男性律师中"思考者"的比例更高，达到 81%。)在内向-外向层面，外向者在美国人中占到 3/4，但在律师中只有 43%。在直觉-感觉层面，律师中有 70%为直觉型，而普通人群中这种人只有 30%。(直觉型人关注过去或将来、不喜欢循规蹈矩、疑心重、更喜欢理论而非实际。)在所有性格评判指标中，只有在"感受型"和"判断型"方面，律师与普通人群的比例相当。Michael Celcher, The Creative Lawyer: A Practical Guide to Authentic Professional Satisfaction，第 76—79 页(美国律师协会，2007 年)。

58. Martin E. P. Seligman et. al., Why Lawyers Are Unhappy, 23 *CARDOZO L. REV.* 33, 34 (2001).

59. Catherine Gage O'Grady, Cognitive Optimism and Professional Pessimism in the Large-Firm Practice of Law: The Optimistic Assocaite, 30 *LAW & PSYCHOL. REV.* 23, 37—38 (2006).

60. Seligman et al.，见注释 58，第 41 页。

61. Lawrence S. Krieger, The Inseparability of Professionalism and Personal Satisfaction: Perspectives on Values, Integrity and Happiness, *ii CLINICAL L. REV.* 425, 433, 434 (2005).

62. Douglas O. Linder, Who Is Clarence Darrow?, http://www. law. umkc. edu/faculty/projects/ftrials/DARESY. html.(最近访问:2009/8/11。)

63. Alica Park, A Primer for Pessimist, *TIME*, 2009/4/6, W1 页(引述自 Seligman)。

第四章

1. Eduardo Punset, *The Happiness Trip: A Scientific Journey* 55 (2007).

2. 同上,第 56 页。

3. William W. Eaton et al., Occupations and the Prevalence of Major Depressive Disorder, 32 *J. OCCUPATIONAL MED.* 1079,1083 (1990).

4. American Bar Association Young Lawyers Division, 图表 23, ABA Young Lawyers Division Survey: Career Satisfaction 31 (2001), http://www. Abanet. org/yld/satisfaction_800. doc.

258 5. 同上,第 22 页。

6. Peter Warr, Jobs and Happiness, *Society for Industrial & Organizational Psychology*, inc., 2007/1, http://www, soip. org/tip/Current/04warr. aspx.

7. Daniel Gilbert, *Stumbling on Happiness* 23 (2006).

8. Punset,见注释 1,第 78 页。

9. Stephanie Francis Ward, Pulse of the Legal Profession: 800 Lawyers Reveal What They Think About Their Lives, Their Careers and the State of the Legal Profession, 93 *A. B. A. J.* 30,34 (2007/10).

10. Ross Gittins, Happiness Is the Job You Like, *SYDNEY MORNING HERALD*, 2004/3/10. http://www. smh. com. au/articles/2004/03/09/1078594359806. html? from=storyrhs.

11. INTERNATIONAL LABOUR ORGANIZATION, KEY INDICATORS OF THE LABOUR MARKET PROGRAMME 6, 10, http://www. iol.

org/public/english/employment/strat/kilm/download/kilm06. pdf.（最近访问：2009/7/9。）

12. Jerome Kagan, *What is Emotion?* (2007)，引述自 Sue M. Halpern, Are You Happy?, 55 *N. Y. REV. BOOKS* 24 (2008/4/3), http://www/nybooks.com/articles/21197.

13. Daniel Nettle, *Happiness: the Science Behind Your Smile* 38 (2005).

14. American Public Media, Bhutan's Falling Happiness Index, 2007/11/14, http://marketplace. publicradio. org/display/web/2007/11/14/consumed5_mmr_1/.

15. 根据一项最新研究，96%处于社会最上层阶级的人表示对生活拥有掌控感，在最底层阶级这一数字为 81%。Nettle，见注释 13，第 73—74 页。

16. Erlc Weiner, *The Geography of Bliss* 251 (2008).

17. Richard Layard, *Happiness: Lessons From a New Science*，第 40 页 (2005)。Richard Wilkinson 与 Kate Pickett 收集了大量证据，表明在经济和政治平等性更高的社会中，人们的健康和快乐水平也更高。Richard Wilkinson & Kate Pickett, *The Spirit Level: Why More Equal Societies Almost Always Do Better* (2009).

18. Sonja Lyubomirsky, *The How of Happiness: A New Approach to Getting the Life You Want* 116 (2007).

19. Weiner，见注释 16，第 114 页。

20. Layard，见注释 17，第 6 页。

21. Warr，见注释 6。

22. 同上，第 15 页。

23. Tom W. Smith, *Job Satisfaction in the United States* (2007/4/17) (National Opinion Research Center, University of Chicago study).

259 24. Barbara Rose, *Money Can't Buy Happiness*, Study Finds, CHI. TRIB., 2007/4/17.

25. Gilbert,见注释 7,第 166 页。

26. Robert Putnam, *Bowling Alone, The Collapse and Revival of American Community* (2001).

27. Lyubomirsky,见注释 18,第 64、89—101 页。

28. Ward,见注释 9,第 33 页。

29. Physorg. com, First Ever World Map of Happiness Produced, http://www. physorg. com/news73321785. html, 2006/7/28/. 澳大利亚排名第三,冰岛紧随其后。美国排名第 23。

30. Weiner,见注释 16,第 318 页。

31. Leslie A. Gordon, Mid-Career Malaise: How to Find a New Path for Your 40s, *A. B. A. J.* 2008/9, at 38、40.

32. 同上。

33. Debra Cassens Weiss, Long Hours and Hard Work Took a Toll on Sotomayor's Relationships, A. B. A. J. 2009/7/10, http://abajournal. com/news/long_hours_and_hard_work _took_a_toll_on_sotomayors_relationships.

34. Tal Ben Shahar, *The Question of Happiness: On Finding Meaning, Pleasure, And The Ultimate Currency* 46 (2002) (引述自 Csikszentmihalyi)。

35. Mihalyi Csikszentmihayi, *Fiding Flow: The Psychology of Engagement With Everday Life* 29 (1997).

36. David Achtenberg, interview, 2009/1/29.

37. 参见 Csikzentmihalyi, 注释 35; Mihayi Csikszentmihalyi, *Flow: The Psychology of Optimal Experience*(1990)。

38. Gilbert,见注释 7,第 111—171,212—233 页。

39. Layard,见注释 17,第 48—49 页。

40. Weiner,见注释 16,第 310 页。

41. Penelope Trunk,Brazen Caerreist,http://blog. penelopetrunk. com/2006/05/15/forget-the-soul-serch-just-do-something (2006/5/15).

42. Daniel T. Gilbert et. al. ,The Surprising Power of Neighborly Advice,323 *SCIENCE* 1617,1618 (2009/3/20).

43. Trunk,见注释 41,引述自 Daniel Gilbert。

44. 参见 Michael A. Cohn et. al. , Happiness Unpacked: Positive Emotions Increase Life Satisfaction by Building Resilience, 9 J. *EMOTION* 361 (2009);Smallest Joys Add Up to a Lot,*K. C. STAR*,2009/7/12,at AII.

45. Lyubomirsky,见注释 18,第 194 页。

46. Ben Shahar,见注释 34,第 54—57 页。

47. 参见 Martin E. P. Seligman,*Authentic Happiness:Using The New Positive Psychology to Realize Your Potential for Lasting Fulfillment* (2002)。

48. Jean Stefancic & Richard Delgado, *How Lawyers Lose Their Way: A* 260
Profession Fails its Creative Minds 14—15 (2005).

49. Deborah Rhode,*Foreword: Personal Satisfaction in Professional Practice*,58 *SYRACUSE L. REV.* 217,224 (2008).

50. Ward,见注释 9,第 33 页(68%在公共部门工作的受访律师表示"对自己的职业生活非常满意")。

51. Punset,见注释 1,第 41 页。

52. 然而不幸的是,当今法律援助服务的机会在很多工作场所中都非常有限。一半律师对自己律所提供的法律援助机会表示不满,律师平均每周提供法律援助的时间不到 30 分钟。Rhode,见注释 49,第 225 页。只有 1/4 的律师表示他们的律所把法律援助服务时间计入计费工时,而 2/3 的律师认为法律援助服务对自己的晋升和加薪没有帮助甚至有害无利。同上，第 226 页。大部分律所的逐利原则阻碍了法律援助服务。律所对法律援助的忽视令人惋惜。

53. 同上，第 233 页。

54. 同上。

55. Penelope Trunk，Brazen Caerreist，http://blog. penelopetrunk. com/2007/01/16/the-connection-between-a-good-job-and-happiness-is-overrated (2007/1/16).

56. Erica Goode，Exploring Life at the Top of the Happiness Scale，*N. Y. TIMES*，2002/1/29，F6.

第五章

1. 参见，例如 Andrew McClurg，*1L of a Ride：A Well-travelled Professor's Roadmap to Success In The First Year Of Law School*（2008）；Helen Shapo & Marshall Shapo，*Law School Without Fear：Stratigies for Success*（2002 年，第二版）。

2. American Bar Association，Enrollment and Degrees Awarded 1963—2008，http://www. abanet. org/legaled/statistics/chart/statspercent20-percent20I. pdf. 同时期，每年大约有 5000 名一年级学生和 300 名三年级学生离开法学院。AMERICAN BAR ASSOCIATION，TOTAL J. D. ATTRITION 1981—2006，http://www. abanet. org/legaled/statistics/chart/stats%20-%2017. pdf. 这里指的学生流失率包括自愿退学、被开除以及转学的学生。这些数字背后更多反映的是学校在录取学生和留住学生方面的做法，而非学生的
261 个人选择。2005 年，6 所法学院的新生流失率在 30%以上。Debra Cassens Weiss，1L Attrition Topped 30 Percent at Six Law Schools，*A. B. A. J.*，2008/4/25，http://www. abajournal. com/news/1l_attrition_topped_30_

percent_at_six_law_schools.

3. Deborah Rhode, Foreword: Personal Satisfaction in Professional Practice, 58 *SYRACUSE L. REV.* 217, 223 (2008).
4. Allen K. Rostron, Lawyers, Law & the Movies: The Hitchcock Cases, 86 *CAL. L. REV.* 211, 214 (1998).
5. 与他人交往并关心他人的人在一生中会获得更多满足感。Nisha C. Gottfredson et al., Identifying Predictors of Law Student Life Satisfaction, 58 J. LEGAL EDUC. 520 (2008年12月)。
6. 同上。
7. Barbara Glesner Fines, interview, 2009/4/21.
8. Gary A. Munneke et al., *Nonleagal Careers for Lawyers* 3—4 (2006,第5版)。
9. Gary A. Munneke, *The Legal Career Guide: From Law Student to Lawyer* 5 (2002,第2版)。
10. Nicholas A. Christakis & James H. Fowler, *Conneted: the Suprising Power of our Social Network and How They Shape Our Lives* (2009).
11. 从第四等法学院毕业的人比从顶尖法学院毕业并"从事高端工作"的人更快乐,后者中对"从事律师职业"这一决定非常满意的比例最低(24%)。Ronit Dinovitzer & Byyant G. Garth, Lawyers Satisfaction in the Process of Structuring Legal Careers, 41 *LAW & SOC'Y REV. 1*, 25(2007).
12. Law School Survey of Student Engagement, Student Engagement in Law School: Preparing 21St Century Lawyers (2008), http://lssse.iub.edu/2007_Annual_Report/pdf/j4u5h7e9/LSSSE_2008_Annual_Report.pdf; [以下称为LSSSE。]
13. Princeton Review's Best 174 Law Schools, Tax Prof Blog, http://taxprof.typepad.com/taxprof_blog/2008/10/princeton-review.html (2008/10/20)

14. 参见 LSSSE,注释 12,第 11—14 页。

15. 参见 Lawrence S. Kreiger,Human Nature as a New Guiding Philosophy for Legal Education and the Profession,47 *WASHBURN L. J.* 247,264 (2008)。

16. Susan Sturm & Lani Guinier,The Law School Matrix:Reforming Legal Education in a Culture of Competition and Conformity,60 *VAND. L. REV.* 515,532—533 (2007).

17. 参见 Patrick J. Schiltz,Making Ethical Lawyers,45 *S. TEX. L. REV.* 875,879—885 (2004)。

262 18. Law School Survey of Student Engagement,Engaging Legal Education:Moving Beyond the Status QUP 8,13 (2006),http://lssse. iub. edu/2006_Annual_Report/pdf/LSSSE_2006_Annual_Report. pdf.

19. Denise Riebe,A Bar Review for Law Schools:Getting Students on Board to Pass Their Bar Exams,45 *BRANDEIS L. J.* 269,331 (2007).

20. 参见 Brigette LuAnn Willauer,Comment,The Law School Honor Code and Collaborative Learning:Can They Coexist?,73 *UMKC L. REV.* 513,525—534 (2004)。

21. Anthony J. Luppino,Minding More Than Our Own Business:Educating Entrepreneurial Lawyers Through Law School-Business School Collaborations,30 *W. NEW ENG. L. REV.* 151,166 (2007).

22. 参见,例如 Janet Weinstein & Linda Morton,Interdisciplinary Problem Solving Courses as a Context for Nurturing Intrinsic Values,13 *CLINICAL L. REV.* 839,846 (2007)。

23. Luppino,见注释 21,第 178—186 页。

24. The Endangered Trial Lawyer,8=95 A. B. A. J. 63 (2009/3).

25. Pauline H. Tesler, *Collaborative Law: Achieving Effective Resolution in Divorce Without Litigation* XX-XXI (2001).

26. Susan Grover, Personal Integration and Outside Status as Factors in Law Student Well-being, 47 *WASHBURN L. J.* 419, 427 (2008).

27. Paula Lustbader, You Are Not in Kansas Anymore: Orientation Programs Can Help Students Fly Over the Rainbow, 47 *WASHBURN L. J.* 327, 350 (2008).

28. Christine Hurt, No Harm Intended, *CHRON. HIGHER EDUC.*, 2005/5/25, http://chronical.com/jobs/news/2005/05/20050525oic.html.

29. 参见 Michael Hunter Schwartz, Humanizing Legal Education: An Introduction to a Symposium Whose Time Has Come, 47 *WASHBURN*, *L. J.* 235 (2008)。

30. American Bar Association, Alphabetical School List, http://www.abanet.org/legaled/aprovelawschools/alpha.html.（最近访问：2009 年 3 月 25 日。）感谢 Lawrence MacLachlan 做此项调查。

31. Lewis & Clark's "Lawyering in Society", Temple's "Law, Happiness, & Subject Well-being", the University of California at Berkley's "Effective and Substantial Law Practice: The Meditative Perspective", the University of Missouri-Kansas City's "Quest for a Satisfying Career in Law", the University of Virginia's "Legal Careers and Life Satisfaction", and Yale's "Happiness and Morality". 参见 Peter H. Huang & Rick Swedloff, Authentic Happiness & Meaning at Law Firms, 58 *SYRACUSE L. REV.* 346—347(2008)。

32. 参见，例如 Daniel Gilbert, STUMBLING ON HAPPINESS (2006); Daniel Kahneman et. al., Would You Be Happier If You Were Richer? A Focusing

Illusion, 312 *SCIENCE* 1908 (2006/6/30); Barry Schwartz & Andrew Ward et al., Maximizing Versus Satisficing: Happiness Is a Matter of Choice, 83 *J. PERSONALITY & SOC. PSYCHOL.* 1178 (2002)。

263 33. Doug Linder & Nancy Levit, The Quest for a Satisfying Career in Law, 2009年春, http://www.law.umkc.edu/faculty/projects/ftrials/happylawyers/Questions.html。

34. Doug Linder, Searching for Law's Heroes, 2001, http://www.law.umkc.edu/faculty/projects/ftrial/HEROSEARCH1.html.

35. Doug Linder, Searching for Law's Heroes, 2001, http://www.law.umkc.edu/faculty/projects/ftrial/HEROSEARCH4.html.

36. Boston College, Law School Personal Statement, http://www.bc.edu/offices/careers/gradschool/law/lawstatement.html.（最近访问：2010/3/3。）

37. William H. Colby, *Unplugged: Reclaimng Our Right to Die in America* 109, 114 (2006). 律师 Bill Colby 在其他语境下创设了这个词，不过它指的是机构制造某种结构来影响人所选择的方向这一现象。

38. Daisy Hurst Floyd, Lost Opportunity: Legal Education and the Development of Professional Identity, 30 *HAMLINE L. REV.* 555, 562 (2007).

39. Harry Lewis, *Excellence Without a Soul: How a Great University Forgot Educaton* 12—14, 140 (2005).

40. 参见 Luppino，见注释 21，第 194 页。

41. Lawrence S. Kreiger, *The Hidden Sources of Law School Stress: Avoiding the Mistakes That Create Unhappy and Unprofessional Lawyers* 5 (2006), http://www.law.fsu.edu/academic_programs/humanizing_lawschool/images/EP.pdf.

42. Pierre Schlag, Hiding the Ball, 71 *N.Y.U. L. REV.* 1681, 1693 (1996).

43. Paul J. Zak & Ahlam Fakhar, Neuroactive Hormones and Interpersonal Trust: International Evidence, 4 *ECON. & HUM. BIOLOGY* 412 (2006/12).

44. Schwartz,见注释 29,第 241 页注释 43(这个游戏是"发给参与课堂讨论的学生宾果卡,然后根据普通宾果游戏的规则进行")。

45. Jess M. Krannich et al., Beyond "Thinking Like a Lawyer" and the Traditional Legal Paradigm: Toward a Comprehensive View of Legal Education, 86 *DENV. U. L. REV.* 381, 385 (2009).

46. Barbara Glesner Fines, Law School and Stress (1999), http://www.law.umkc.edu/faculty/profiles/glesnerfines/bgf-strs.html.

47. Genald F. Hess, Heads and Hearts: The Teaching and Learning Environment in Law School, 52 *J. LEGAL EDUC.* 75, 77 (2002).

48. 1993 年,美国法学院协会针对 19 所法学院中 3400 名学生所做的调查显示,在最近一个月内使用过大麻的人占 8.2%,使用过违法药物的占 8.8%,醉酒过十次以上的占 14%;在最近一年中,使用过大麻的占 20.8%,使用过可卡因的占 4.8%。Report of the AALS Special Committee on 264
Problems of Substance Abuse in the Law Schools, 44 *J. LEGAL EDUC.* 第 35、41 页(1994)。

49. 令人不安的是,尽管医学生中也存着相似的抑郁、焦虑症状,但比例只有法学生的一半。Connie J. A. Beck et al., Lawyer Distress?: Alcohol-Related Problems and Other Psychological Concerns Among a Sample of Practicing Lawyers, 10 *J. L. & HEALTH I* (1995—1996).

50. Susan Daicoff, Lawyer, Know Thyself: A Review of Empirical Research on Attorney Attributes Bearing on Professionalism, 46 *AM. U. L. Rev.* 1337, 1341—1350 (1997).

51. Kennon M. Sheldon & Lawrence S. Kreiger, *Does Legal Education Have*

Undermining Effects on Law Students? Evaluating Changes in Motivation, Values, and Well-being, 22 *BEHAV. SCI. L.* 261, 264 (2004).

52. Krieger,见注释 41,第 3 页(着重号为原文所加)。

53. Indiana Univeristy Center for Postsecondary Research, Law School Survey of Student Engagement: Law School Report 2007, Overview 7 (2007), http://lsss.Iub.edu/pdf/LSSS%202007%20Overview_FINAL%20(PDF).pdf.

54. Peter F. Lake, When Fear Knocks: The Myths and Realities of Law School, 29 *STETSON L. REV.* 1015, 1034 (2000).

55. James H. Backman, Practical Examples for Establishing an Externship Program Available to Every Student, 14 *CLINICAL L/ REV. I*, 4n. 16 (2007).(仅列举了没有开设法律诊所的八所法学院。)

56. Mitu Gulati et al., The Happy Charade: An Empirical Examination of the Third Year of Law School, 51 *J. LEGAL EDUC.* 235, 249 (2001).

57. Jonathan D. Rowe, "It Gets Late Early Out There": Yogi Berra Tours the Law Schools, 77 *MICH. B. L.* 664, 666 (1998).

58. Krieger,见注释 41,第 4 页。

59. Nisha C. Gottfredson et al., Identifying Predictors of Law Student Life Satisfaction, 58 *J. LEGAL EDUC.* 520, 527 (2008). 见 Dinovitzer & Garth,注释 11,第 25 页。

60. 同上。

61. 参见 Sheldon & Krieger,注释 51。

62. 参见 Susan Daicoff, Lawyer, Be Thyself: An Empirical Investigation of the Relationship Between the Ethic of Care, the Feeling Decisionmaking Preference, and Lawyer Wellbeing, 16 *VA. J. SOC. POL'Y & L.* 87, 133 (2008)。

63. Michael Hunter Schwartz, Teaching Law Students to Be Self-Regulated Learners, 2003 *MICH. ST. DCL L. REV.* 447, 481—483.

64. 参见，例如 Edwin S. Shneidman, Personality and "Success" among a Selected Group of Lawyers, 48 *J. PERSONALITY ASSESSMENT* 609, 613—615 (1984)。

65. Celestial S. D. Cassman & Lisa R. Pruitt, A Kinder, Gentler Law School? 265
Race, Ethnicity, Gender, and Legal Education at King Hall. 38 *U. C. DAVIS L. REV.* 1209, 1263—1264 (2005).

66. Gregory Bowman, The Comparative and Absolute Advantages of Junior Law Faculty: Implications for Teaching and the Future of American Law School, 2008 *B. Y. U. EDUC. & L. J.* 171, 188.

67. Tan N. Nguyen, An Affair to Forget: Law School's Deleterious Effect on Students' Public Interest Aspirations, 7 *CONN. PUB. INT. L. J.* 251—252 (2008).

68. 同上，第257、259—260页。

69. American Bar Association, Law School Tuition, http://www.abanet.org/legaled/statistics/charts/stats%20-%205.pdf.（最近访问：2008/8/8。）

70. Kathy Kristof, The Great College Hoax, *FORBES*, 2009/2/2, http://www.forbes.com/magazines.forbes/2009/0202/060.html.

71. The End of an Era: The Bi-Modal Distribution for the Class of 2008, Empirical Legal Studies, http://www.elsblog.org/the_empirical_legal_studi/2009/06/the-end-of-an-era-the-bimodal-distribution-for-the-class-of-2008.html (2009/6/29).（基于超过22300名应届毕业生——超过2008年毕业生总数的一半——所汇报的起薪。）

72. 同上。你可以很容易找到各地律所起薪的相关信息。http://www.infirmation.com/shared/search/scored-search.

73. National Association for Law Placement, How Much Do Law Firms Pay New Associates? A 12-Year Retrospective as Reported by Firms, 2007/10,图表1。新律师薪资中位数(根据律所规模),见图表3。非律师工作起薪中位数,http://www/nalp.org/2007octnewassopay。

74. 这些州是:亚利桑那、佛罗里达、印第安纳、肯塔基、缅因、马里兰、马萨诸塞、明尼苏达、蒙大拿、新罕布什尔、新墨西哥、纽约、北卡罗来纳、得克萨斯和华盛顿。

75. Equal Justice Works, State LRAPS, http://www.equaljustice-works.org/node/71. 此处提到,肯塔基州、缅因州和新罕布什尔州没有收入上限。

76. Equal Justice Works, Law School With LRAPS, http://www.equaljustice-works.org/node/66.

77. 一种计划为做州和地方检察官或公设辩护人达到三年的人每年提供10000美元。另一种计划给做民法法律援助律师达三年的人每年提供6000美元(最高不超过40000美元)。第三种计划为公益律师(包括检察
266 官、公设辩护人以及在低收入社区的公益组织工作的律师)每年提供2000美元(总数不超过10000美元)。第四种计划可以为从事公共服务工作的人免除一部分贷款。Equal Justice Works: New Resource: Higher Education Reauthorization and College Opportunity Act of 2008, http://www.equaljusticeworks.org/node/421.

78. IBRinfo, What Are These New Programs?, http://www.ibrinfo, org/what.vp.html.(最近访问:2009/1/26。)

79. Daniel Nettle, *Happiness: The Sceience Behind Your Smile* 152 (2005).

80. Munneke,见注释8,第4页。

81. Eduardo Punset, *The Happiness Trip: A Scientific Journey* 54 (2007).

82. Nguyen,见注释 67,第 257—260 页。

83. David Hricik & Victoria S. Salzmann, *Why There Should Be Fewer Articles Like This One: Law Professors Should Write More for Legal Decision-Makers and Less for Themselves*, 38 *SUFFOLK U. L. REV.* 761,769 (2005).

84. Joshua J. A. Henderson & Trevor C. W. Farrow, The Ethical Development of Law Students: An Empirical Study, 72 *SASK. L. REV.* 75,98 n. 80 (2009).

85. Michael Sauder & Wendy Nelson Espenland, Strength in Numbers? The Advantages of Multiple Rankings, 81 *IND. L. J.* 205,211 (2006).

86. Dinovitzer & Garth,见注释 11,第 4 页。

87. 一项针对 19000 名律师的调查要求他们从多个层面对自己工作的律所进行评价,比如名声、多元化、生活质量(包括对工作时间、薪酬、正式及非正式的培训、合伙人如何对待自己等)。Vault, Top 100 Law Firms, 2009 Rankings, http://www. vault. com/nr/lawfirmrankings. jsp? law2009 = I&ch_id=242.

88. Judged, http://www/duged. com/jdfirmrankings, php. (最近访问:2009/7/21。)

89. 参见 Barry Nalebuff & Ian Ayres, WHY NOT? HOW TO USE EVERYDAY INGENUITY TO SOLVE PROBLEMS BIG AND SMALL (2003)。

90. Barry Schwartz, *The Paradox of Choice: Why Less is More* 77—96 (2004).

91. 同上,第 104 页。

92. 同上,第 25 页。

93. 同上,第 4 页。

94. 同上,第 62 页;Barry Schwartz & Andrew Ward et al., Maximizing Versus

Satisfying: Happiness Is a Matter of Choice, 83 *J. PERSONALITY & SOC. PSYCHOL.* 1178, 1179 (2002)。

95. Michael Melcher, Why Thinking Like a Lawyer is Bad for Your Career, A. B. A. J. 2009/4/15, http://www.abajournal.com/weekly/why_thinking_like_a_lawyer_is_bad_for_your_career.

96. 同上。

267 97. 同上。

98. Tal Ben Shahar, *The Question of Happiness: on Finding Meaning, Pleasure, And The Ultimate Currency* 54 (2002).

99. Christopher Peterson & Martin E. P. Seligman, *Values in Action (Via) Classification of Stengths*, 2003 年 1 月 4 日, http://www.ppc.sas.upenn.edu/viamanualintro.pdf, 第 4 页。*Character Strengths and Virtues: A Handbook and Classification* (Christopher Peterson & Martin E. P. Seligman eds. 2004). 这 24 种强项是组成美德的积极性格特征。勇敢指胆量、勤奋、诚实、活力。仁慈包括善于经营亲密关系、善良、智慧。公正包括公民身份、团队合作、公平和领导力。节制包括欣赏美和卓越的能力、感激、希望、游戏性、幽默感和灵性。智慧包括创造力、好奇心、思想开明、热爱学习、有想法。

100. Martin Seligman, Authentic Happiness: http://www.authentichappiness.sas.upenn.edu/Default.aspx.(最近访问:2009/7/4。)

101. Peter H. Huang, Authentic Happiness, Self-Knowledge and Legal Policy, 9 *MINN. J. L. SCI. & TECH.* 755, 766 (2008).

102. Christopher K. Hsee & Reid Hastie, *Decision and Experience: Why Don't We Chose What Makes Us Happy?*, http://paper.ssrmn.com/sol3/papers.sfm? abstract_id=929914&rec+1&srcabs+935470.

103. Gilbert,见注释 32,第 137 页。

104. 同上,第 143 页。

105. Hsee & Hastie,见注释 102,第 3 页。

106. 同上。

107. Francois de La Rochefoucauld,引述自 Daniel T. Gilbert et al. , The Surprising Power of Neighborly Advice,323 *SCIENCE* 1617 (2009/3/20)。

108. Gilbert,见注释 32,第 223 页。

109. Penelope Trunk,The Connection Between a Good Job and Happiness Is Overrated,Brazen Careerist,http://blog. penelopetrunk. com/2007/01/16/the-connection-between-a-good-job-and-happiness-is-overrated (2007/1/16)(引述自 Daniel Gilbert)。

110. Heather Brewer,Snap Judgments,9 *BUS. L. TODAY* 4 (1999/11/12).

111. Lawrence S. Krieger,The Inseparability of Professionalism and Personal Satisfaction:Perspectives on Values,Integrity,and Happiness,11 *CLINICAL L. REV.* 425,435—436 (2005).

112. 同上,第 436—447 页。

第六章 268

1. Jeremy Blachman,*Anonymous Lawyer* 3(2006).

2. Susan Deutschle, Law Firm Retention Strategies Useful in Combating Attorney Turnover,*COLUMBUS BUSINESS FIRST*,2007/2/9,http://columbus. bizjournals. com/Columbus/stories/2007/02/12/focus3. html?jst=s_cn_hl.

3. Michael Renetzky,The Smart Choice for Large Law Firms,http://westlegaledcenter. com/prm/prmJSF. jsf? id = 5085614.(最近访问 July 11, 2009。)

4. Ellen Freedman, Calculating the True Cost of Turnover, 2005, http://www. pa-lawfirmconsulting. com/pdfs/hr/CALCULATING _ THE _ TRUE _ COST_OF_TURNOVER. pdf.

5. Peter Huang & Rick Swedloff, Authentic Happiness & Meaning at Law Firms, 58 *SYRACUS L. REV.* 335, 337 (2008)(引述研究)。

6. See Carol Graham, Does Happiness Pay? An Exploration Based on Panel Data from Russia, Center on Social and Economic Dynamics Working Paper NO. 28, May 2002, http://ssrn. com/abstract=1028319.

7. J. R. Minkel, Happiness: Good for Creativity, Bad for Single-Minded Focus, *SCI. AM.*, 2006/12/18, http://www. scientificamerican. com/article. cfm? id=happiness-good-for-creati.

8. 虽然很多研究者都发现同事之间可以传递快乐，参见 Kim S. Cameron et al., *Positive Organizational Scholarship: Foundation of a New Discipline* (2003); Sigal G. Barsade, The Ripple Effect: Emotional Contagion in Groups, 2000 年 10 月, http://papers. ssrn. com/sol3/papers. cfm? abstract_id=250894; Joanne H. Gavin & Richard O. Mason, The Virtuous Organization: The Value of Happiness in the Workplace, 33 *ORG. DYNAMICS* 379 (2004); Marisa Salanova et. al., Flow at Work: Evidence for an Upward Spiral of Personal and Organizational Resources, 7 *J. HAOOINESS STUD. I* (2006)，但另一些研究者并没有观察到这一现象。参见 James H. Fowler & Nicholas A. Christakis, Dynamic Spread of Happiness in a Large Social Network: Longitudinal Analysis Over 20 Years in the Framingham Heart Study, 337 *BRITISH MED. J* / 第 2338 页 (2008/12/4)。

9. 参见 Elaine Hatfield et al., *Emotional Contagion* (1994)。

10. Leslie A. Gordon, Mid-Career Malaise, 94 *A. B. A. J.* 38, 42 (2008/9)(律

师职业顾问 Debra Bruce)。

11. What Makes a Law Firm a Good Place to Work?,26 *PA. LAW*. 14 (2004/12).

12. Marc Galanter & William Herderson,The Elastic Tournament:A Second Transformation of the Big Law Firm,60 *STAN. L. REV.* 1867,1922n. 235 (2008).

13. Diane Stafford,Gen Y Reshaping the Workplace,*K. C. STAR*,2008/7/6,C1.

14. Peggy Blake Gleeson, Managing and Motivating the Generations: 269
Implications for the Student and the Employee 7,2003/2/12—16,http://www.uwsp.edu/Education/facets/links_resources/4413.pdf.

15. Neil Howe & William Strauss,Characteristics of the Millennial Generation,in *Millennials Go To College* (2003),http://www.d.umn.edu/advising/MillennialTraits.doc.

16. Shannon Henson,Senior Partners Not LOLing at Gen Y's Perceptions,2008/10/9. http://securities.Law360.com/article/71585.

17. Gleeson,见注释 14,第 7 页。

18. M. Diane Vogt & Lori-Ann Rickard,*Keeping Good Lawyers*:*Best Practices to Create Career Satisfaction* 84 (2000).

19. Lisa B. Bingham et al.,Exploring the Role of Representation in Employment Mediation at the USPS,17 *OHIO ST. J. ON DISP. RESOL.* 341,350 (2002).

20. 参见 Lisa G. Lerman,The Slippery Slope from Ambition to Greed to Dishonesty:Lawyers,Money and Professional Integrity,30 *HOFSTRA L. REV.* 879 (2002)。

21. Gina Passarella,Keeping a Legal Department Effective on a Smaller Budget,*LEGAL INTELLIGENCER* 2008/12/17,第 7 页。

22. Aric Press, In-House at the American Lawyer, *AM. LAW*., 2008/12, 第 11 页。

23. Call to Action: Diversity in the Legal Profession, Corporate Signatories, http://www.clocalltoaction.com/.(最近访问 Dec. 1, 2008。)

24. 参见 Angela Brouse, Comment, The Latest Call for Diversity in Law Firms: Is It Legal?, 75 *UMKC L. REV*. 847 (2007)。

25. First Ever World Map of Happiness Produced, July 28, 2006 http://www.physorg.com/news73321785.html.

26. Robert Putnam, E Pluribus Unum: Diversity and Community in the Twenty-first Century, 30 *SCANDINAVIAN POLITICAL STUD*. 137, 149—150 (2007).

27. Martin L. Hoffman, *Empathy and Moral Development: Implications for Caring and Justice* 62 (2000).

28. 参见,例如 Michael E. Murphy, The Nominating Process for Corporate Boards of Directors: A Decision-Making Analysis, 5 *BERKELEY BUS. L. J*. 131、158(2008)。("虽然人们喜欢团结集体中的密切关系,但是新的想法却往往在接触不同的社交圈和思维方式时产生。")

29. 参见 Galenter & Henderson, 见注释 12, 第 1922 页(注意, Y 时代要求"在工作场所中有更高水平的种族及性别多样性")。

30. Malcolm Gladwell, http://www.ted.com/index.php/talks/lang/eng/malcolm_gladwell_on_spaghetti_sause.html.

31. 参见 Muriel Goode-Trufant, Beyond Diversity 2009: The Next Generation, 1722 PLI/Corp 53, Feb. 25, 2009; David B. Wilkins, From "Separate Is
270 Inherently Unequal" to "Diversity Is Good for Business": The Rise of Market-Based Diversity Arguments and the Fate of the Black Corporate Bar, 117 *HARV. L. REV*. 1548, 1557 (2004)。

32. Putnam,见注释 26,第 165 页。
33. Sunil J. Ramlall, Enhancing Employee Performance Through Positive Organizational Behavior, 38 *J. APP. SOC. PSYCHOL.* 1580 (2008).
34. Peter Warr, Jobs and Happiness, Society for Industrial & Organizational Psychology, Inc. Jan. 2007, http://www.siop.org/tip/Current/04 warr.aspx.
35. Catalyst, Women in The Law: Making the Case 34 (2001),见 http://www.catalyst.org/file/165/women_in_law_making_the_case.pdf.
36. 在针对读完法律博士之后的生活进行的研究中,律师们表示能够带来最大的职业满足感的因素是与同事之间的关系(5.7)、责任大小(5.6)、对工作方法的掌控(5.4)以及脑力挑战(5.4)。Ronit Dinovitzer & Bryat G. Garth, Lawyer Satisfaction in the Process of Structuring Legal Careers, 41 *LAW & SOC'Y REV. I* 9 (2007).
37. Martin Seligman et al., Why Lawyers Are Unhappy, 23 *CARDOZO L. REV.* 33, 42 (2001).
38. Bruce A. Green, Professional Challenges in Large Firm Practices, 33 *FORDHAM URB. L. J.* 7, 16—17 (2005)。
39. 同上,第 14 页。
40. Susan Saab Fortney, *In Pursuit of Atttorney Work-Life Balance: Best Practices in Management* 95—96 (Paula Patton ed. 2005).
41. Stephanie Ward, The Ultimate Time-Money Trade-Off, *A. B. A. J.*, 2007/2/2,第 2 页。
42. ABA Commission on Billable Hours, ABA Commission on Billable Hours Report ix n. iii (2002), http://www.abanet.org/careercounsel/billable.html; Francesca Jarosz, Tipping Back the Scales, 16 BUS. L. TODAY 13,

18 (2007/3、4).

43. Catalyst, Beyond a Reasonable Doubt: Lawyers State Their Case on Job Filexibility 3 (2006/11), http://www. catalyst. org/publication/40/beyond-a-reasonable-doubt-lawyers-state-their-case-on-job-flexibility.

44. Joan C. Williams et al., Law Firms as Defendants: Family Responsibilities Discrimination in Legal Workplaces, 34 *PEPP. L. REV.* 393. 411 (2007).

45. Building a Better Legal Profession, http://www. beterlegalprofession. org/principles. php.(最近访问:2009/7/5。)

46. Galanter & Henderson,见注释 12,第 1924 页。

47. Peter Lattman, You Say You Want a Big-Law Revolution, *WALL ST. J.*, 2007/4/3, http://blogs. wsj. com/law/2007/04/03/you-say-you-want-a-big-law-revolution.

271 48. 同上。

49. 同上。

50. 同上。

51. Larry Kramer, *From the Dean*, 81 *STAN. LAW.* 1 (2009 年秋).

52. 同上。

53. 同上。

54. Richard H. Thaler & Cass R. Sunstein, *Nudge: Improving Decisions about Health, Wealth, and Happiness* 33—34 (2009).

55. Sharon Driscoll, Law Firm Hiring: Time for a Change?, 81 *STAN. LAW.* 9, 11 (2009 年秋).

56. 同上。

57. Jeff Jeffrey, Apprentice Programs Give First Years Extra Training, *MIAMI DAILY BUS. REV.*, 2009/7/2, A3.

58. Driscoll,见注释 55,第 11 页。
59. Thomas Adcock,10 N. Y. Firms Listed as Best for Women,*N. Y. L. J.*,2008/8/15,第 24 页;Working Mother,2008 50 Best Law Firms for Women,2008,http://www.workingmother.com/web? service=vpage/2907。
60. Deborah Epstein Henry, Facing the FACTS: Introducing Work/Life Choices for All Firm Lawyers Within the Billable Hours Model,http://www.flextimelawyers.com/pdf/art10.pdf(最近访问:2009/2/3)。
61. Catalyst,见注释 43,第 12 页。
62. 比方说,个性化工作安排可能让律师们做更多相对比较。
63. Maria Vogel-Short,Part-Time Lawyers Still a Rarity and Three-Quarters Are Women,Survey Says,*N. J. L. J.*,2009/1/2,http://www.law.com/jsp/article.jsp? id=1202427138453.
64. Michael A. Scaperlanda,Lawyering in the Little Way of St. Therese of Lisieux With Complete Abandonment and Love,46 *J. CATH. LEGAL STUD.* 43,48(2007).
65. Joan Williams, Our Economy of Mothers and Others: Women and Economics Revisited,5 *J. GENDER RACE & JUST.* 411,426(2002).
66. Catalyst,见注释 43,第 12 页。
67. Joan C. Williams & Stephanie Bornstein, The Evolution of "FRED": Family Responsibilities Discrimination and Developments in the Law of Stereotyping and Implicit Bias,59 *HASTINGS L. J.* 1311,1329—1330(2008).
68. Ann A. Scott Timmer & Maureen Beyers,Alternative Work Arrangements,37 *ARIZ. ATT'Y* 40(2001/5).
69. Vogt & Rickard,见注释 18,第 16 页。这种观点是律所不应该为律师多

272 付出的工作时间付奖金，而是应该允许律师把多付出的时间计入下一年或者不计算超出的工作时间。

70. Audrey J. Lee, Negotiating Part-Time Work: An Examination of How Attorneys Negotiate Part-Time Arrangements at Elite Law Firms, 6 *PEPP. DISP. RESOL. L. J.* 405,414 (2006).

71. 2004年，IBM在采用了一种灵活性工作方式后，对全球79个国家的42000名员工进行了调查。94%的管理者认为这种工作安排能够提高公司"招募到优秀人才的能力"。Arlene Johnson et al., Business Impacts of Felxibility: An Imperative for Expansion 10 (2005), www. cvworkingfamilies, org/download/BusinessImpactsofFlexibilty. pdf? CFID=54713857&CFTOKEN=52379382. 这一现象与德勤在20世纪90年代采取措施降低女性员工流失率时相似。调查显示，灵活性工作制是"对留住女性员工最有帮助的方法"，所以德勤"选择将灵活性工作制作为这一新措施的主打内容。自此，女性员工流失率大大降低，直到与男性持平"。同上。

72. Linda Bray Chanow, The Business Case for Reduced Hours, Project for Attorney Retention, http://www. pardc. org/Publications/business_case. shtml.（最近访问：2009/7/20。）

73. Law Society of Alberta, Alternative Work Schedules: Guidelines for Law Firms, http://www. lawsocietyalberta. com/resources/modelEquityPolicies/alternativeschedules. cfm.（最近访问：2009/7/29。）

74. Deborah L. Rhode, *Balanced Lives: Changing the Culture of Legal Practice* 41 (2001).

75. Kira Dale Pfisterer, When Three Fill Two: Part-Time Strategies for Full-Time Jobs, 51 *ADVOCATE* (Idaho) 15,17 (2008/2).

76. Milton C. Regan, JR., *Eat What You Kill: the Fall of a Wall Street*

Lawyer 37 (2004).

77. William D. Henderson, An Empirical Study of Single-Tier Versus Two-Tier Partnerships in the Am Law 200, 84 *N. C. L. REV.* (2006), http://papers.ssrn.com/sol3/papers.cfm?abstract_id=871094.

78. Ian J. Silverbrand, Note, Modified Partnership Structures and Their Effects on Associate Satisfaction, 21 *GEO. J. LEGAL ETHICS* 165, 195 (2008).

79. William D. Henderson & David Zaring, Young Associates in Trouble, 105 *MICH. L. REV.* 1087, 1096 (2007).

80. Kenneth G. Dau-Schmidt & Kaushik Mukhopadhaya, The Fruits of Our Labors: An Empirical Study of the Distribution of Income and Job Satisfaction Across the Legal Profession, 49 *J. LEGAL EDUC.* 342, 346 (1999).

81. 参见 Silverbrand,注释 78。这或许也是更激烈的合伙人竞争过程的一种 273
功能。

82. Redefining How Your Law Firm Splits the Pie: What Works Now?, 06-8 LAW OFF. MGMT. & ADMIN. REP. 2 (2006/8).(“在拥有百名以上律师的律所中,有 56.1%采用了阶梯工资制;拥有 50—99 名律师的律所中有 45.4%采用了这一制度,而小型律所中这一数字只有 21.4%。”)

83. Joel A. Rose, Firms Rethink Partners' Pay as Leverage Declines, 09—04 *COMP. & BENEFITS FOR LAW OFFICES* 1, 2—3 (2009/8), www.ioma.com/law.

84. Maarten Vendrick & Geert Woltjer, Happiness and Loss Aversion: When Social Participation Dominates Comparison, 2006/7, http://papers.ssrn.com/sol3/papers.cfm?abstract_id=921067.

85. Patrick J. Schiltz, On Being a Happy, Healthy, and Ethical Member of an

Unhappy, Unhealthy, and Unethical Profession, 52 *VAND. L. REV.* 871, 906 (1999).

86. Stephen Overell, A Working Recipe for the Quality of Life, *FINANCIAL TIMES* (London), Jan. 24, 2002/1/24, at 13.

87. Steve Crabtree, The Economics of Happiness, *GALLUP MGMT. J.*, 2008/1/10, http://gmj.gallup.com/content/103549/Economics-Happiness.aspx.

88. Employers Urged to Focus on Training to Increase Job Satisfaction, 2007/4/11, www.trainingfoundation.com/page/research/2913.html.

89. Andrew E. Clark et al., Relative Income, Happiness and Utility: An Explanation for the Easterlin Paradox and Other Puzzles, 2007/7/19, http://papers.ssrn.com/sol3/papers.cfm? abstract_id=998225.

90. Elizabeth Goldberg, Midlevel Blues, 28 *AM. LAW.* 98 (2006/8).

91. Kristin K. Stark & Blane Prescott, Why Associates Leave: Research Shows That Attrition Has Very Little to Do With Money, *LEGAL TIMES*, 2007/5/7, 第 45 页。

92. Jon Lindsey & Chuck Fanning, After the Handshake, *AM. LAW*. Feb. 2007, http://www.law.com/jsp/tal/PubArticleTAL.jsp? id=900005472781.

93. Drew Combs, The Revolutionaries, 30 *AM. LAW.* 102 (2008/8).

94. Clark et al., 见注释 89, 第 31 页。

95. Peter B. Sloan, From Classes to Competencies, *Lockstep to Levels* (Blackwell Sanders LLP 2007).

96. Faculty Colloquium, 2008/10/10, UMKC School of Law.

97. Gender or Childcare? Study Sheds Light on Career Roadblocks, *INDIANA L.* 2009 年秋, 第 3 页 (引述自 Marc Galanter)。

98. Malcolm Gladwell, *The Tipping Point: How Little Things Can Make A*

Big Difference 187 (2002).

99. 同上,第179页。 274

100. 同上,第180页。

101. 同上,第190页。

102. 同上,第184页。另外一些研究者虽然同意邓巴的观点,即组织规模达到一定程度之后,组织中的人际关系就会破裂,但他们对这个临界点的具体数字提出了不同看法。比方说,人类学家——诸如 H. Russell Bernard——提出现今社会中人们能建立实质人际关系的群体规模为231人。参见 H. Russell Bernard & Christopher Mccarty, *The Network Scale-up Method: Background and Theory* 15 (2009年2月),见 http://nersp.nerdc.efl.edu/~ufruss/scale-up/scale-up%20method%20and%20history%20with%20notes.pdf。

103. Douglas McCollam, The End of Big Law, *WALL ST. J.*, 2009/7/30, 第A15页。

104. Susan Saab Fortney, Soul for Sale: An Empirical Study of Associate Satisfaction, Firm Culture, and the Effects of Billable Hour Requirements, 69 *UMKC L. REV.* 239, 283 (2000).

105. Nalp Foundation for Research and Education, Keeping *The Keepers: Strategies for Associate Retention in A Time of Attrition* 14 (1998).

106. John Monahan & Jeffrey Swanson, Lawyers at Mid-Career: A 20-Year Longitudinal Study of Job and Life Satisfaction, 5 *J. EMPIRICAL LEGAL STUD.* 1, 41 (2009).

107. Sonja Lyubomirsky, *The How of Happiness: A New Approach to Getting the Life you Want* 130 (2007).

108. Adcock, 见注释59, 第24页。

109. David Pollard, Men Offer Appreciation; Woman Offer Attention, How To Save the World, http://blogs. salon. com/0002007/2006/03/26. html # a1478 (Mar. 26, 2006).

110. Elizabeth A. Amos & Bart L. Weathington, An Analysis of the Relation Between Employee-Organization Value Congruence and Employee Attitudes, 142 *J. PSYCHOL.* 615 (2008).

111. Ezra Tom Clark, Jr., Characteristics of Successful Law Firms, 33 *ARIZ. ATT'Y* 16 (1997/5).

112. Peter Lattman, Does "Thank You" Help Keep Associates?, *WALL ST. J.*, 2007/1/24, 第 B7 页。

113. The American Bar Association Standing Committee on Pro Bono and Public Service, Supporting Justice: A Report on The Pro Bono Work of America's Lawyers 5 (2005), http://www. abanet. org/legalservices/probono/report. pdf.

275 114. Ronit Dinovitzer et al., After the J. D.: First Results of a National Study of Legal Careers 49 (2004); American Bar Association, 2009 National Lawyer Population Survey, http://www. abanet. org/marketresearch/2009_NATL_LAWYER_by_State. pdf.

115. Linda Compillo, A Dog's Best Friend, 57 *OR. ST. B. BULL.* 27 (1997/1).

116. 25 Top-Paying Companies, FORTUNE, 2008/1/22, http://money. cnn. com/galleries/2008/fortune/0801/gallery. bestcos_toppay. fortune/25. html.

117. Michelle Conlin, Out of a Fishbowl, *FORBES*, 1996/12/16, http://www. bartlit-beck. com/articles/detail. asp? whichid=1436407222004.

118. Huang & Swedloff, 见注释 5, 第 349 页。

119. Juliana B. Berry, Motivating the Masses, *LEGAL MGMT.*, 2007,

http://www.alanet.org/publications/issue/octnovo7/Motivation.pdf.
120. Alain De Botton,*The Architecture of Happiness* 72 (2006).
121. Christopher Alexander et al.,*A Pattern Language: Towns, Buildings, Construction* (1977).
122. Jamie Friddle,Finding Our Happy Place,*COMMON GROUND*,2008/1, http://commongroundmag.com/2008/01/happyplace0801.html.
123. Alexander et al.,见注释 121,第 747 页。
124. 同上。
125. 同上,第 890 页。
126. Marni Barnes, *Healing Gardens: Therapeutic Benefits and Design Recommendations* 59 (1999).
127. Alexander et al.,见注释 121,第 1165 页。
128. Thomas Merton,*The Living Bread* 126 (1980).
129. Alexander et al.,见注释 121,第 702 页。
130. Sheila Muto,Law Firms Give Thought to Office-Design Issues,*WALL ST. J.*,2003/7/8, http://www.realestatejournal.com/propertyreport/office/20030708-muto.html.
131. 同上。
132. 同上。
133. F. J. Roethlisberger & William J. Dickson,*Management and the Worker* 14—17 (1939).

第七章

1. Daniel Gilbert,*Stumbling on Happiness* 224 (2006).
2. Sue M. Halpern, Are Your Happy? 55 *N. Y. REV. BOOKS*,2008/4/3, http://www.nybooks.com/articles/21197.

276 3. 这一章中律师们的回复来自各种渠道。大部分故事来自律师对我们所做的职业满意度调查问卷的回复，这份问卷通过邮件发送给了全美大约200名律师。我们对许多回复者都进行了电话联络并问了他们更多的问题。有一些故事来自于学生的课程论文，这一课程是我们在密歇根大学堪萨斯城法学院所开设的。我们要求学生们自由选择有经验的律师对其进行采访。还有一些故事来自于其他出版物，可参见具体注释。

4. Diane Curtis, Billable Hours Intersect With the Profession's Woes, *CAL. B. J.*, 2008/1, http://www.calbar.ca.org/state/calbar/calbar_cbj.jsp?sCategoryPath=/Jome/Attorney%20Resources/California%20Bar%20Journal/January2008&sCatHtmlPath=cbj/2009-01_TH01_Billable-hours.html&sCatHtmlTitle=Top%20Headlines.

5. Melanie Lassoff Levs, Best for the Business: "Top Workplace" Firms Garner Loyalty from Clients and Employees, 94 *A.B.A.J.* 34 (2008/5).

6. John Monahan & Jeffery Swanson, Lawyers at Mid-Career: A 20-Year Longitudinal Study of Job and Life Satisfaction, 5 *J. EMPIRICAL LEGAL STUD.* 1, 26—27 (2009).

7. Depression Among Lawyers: Chicken or Egg, http://www.thedisgruntledlawyer.com/law_school_advice/（最近访问：2009/6/19。）

8. Alex Williams, The Falling-Down Professions, *N.Y. TIMES*, 2008/1/6，第19页。

9. James Brosnahan, "Nothing Compares to the Electricity of an Actual Trial, and It Is Magnified When It Is a Jury Trial", 95 *A.B.A.J.* 50, 52, 63 (2009/3).

10. Beyond the Underground, What Do You Like Best About Being a Lawyer?, 2005/2/15, http://www/legalunderground.com/2005/02/what_do_you_

lik. html.（发表于 1:11P. M.）

11. 同上。（发表于 10:31A. M.）

12. Monahan & Swanson，见注释 6，第 2 页。

13. Edward A. Adams，Survey：Young Lawyers Glad They're Attorneys，95 *A. B. A. J*. 65，65（2000/3）.

14. Leslie A. Gordon，Mid-Career Malaise，94 *A. B. A. J*. 38，39（2008/9）.

15. Leslie Gordon，Beyond the Law：JDs in All Walks of Life，*STAN. LAW*. 18，21（2008 年春）.

16. 同上，第 22 页。

17. Dahlia Lithwick，Legal Matters：The Importance of Being Irreverent，*STAN. LAW*. 28，30，32（2007 年秋）.

18. 参见第一章，注释 36。

19. 参见 Martha Neil，Which Lawyers Love Their Jobs? A. B. A. J. Law News 277
Now，2008/1/22，http://www.abajournal.com/news/lawyers_who_love_the_law。

20. 参见第五章，注释 11。

第八章

1. Alice Park，Wellness：A Primer for Pessimists，*TIME*，2009/4/6，第 2 页。

2. Eric Weiber，THE GEOGRAPHY OF BLISS 182（2008）.

3. Eduardo Punset，*The Happiness Trip：A Scientific Journey* 53（2007）.

4. David Ian Miller，Eric Weiber，Author of "The Geography of Bliss" on What the Happiest Places on Earth Can Teach Us，*S. F. GATE*，2008/2/11，http://www.sfgate.com/cgi-in/article.cgi?f=/g/a/2008/02/11/findre; ig.DTL&type-printable. 引述自 Eric Weiner。

5. Eric G. Wilson，*Against Happiness：in Praise of Melancholy*（2008）.

6. Alan Wolfe, Hedonic Man, *New Republic*, 2008 年 7 月 9 日, http://www.tnr.com/booksarts/story.html?id=3bcoe959-3b4e-44od-9b99-69078428b82c&p=2. 快乐本身也有其反对者。Barbara Ehrenreich 认为,正面思考是一种"大众妄想"的集合形式。Barbara Ehrenreich, Bright-Sided: How the Relentless Promotion of Positive Thinking Has Underminded America 13 (2009). 她说道,在全国盛行的过分乐观主义在一定程度上助长了次贷危机的产生和对伊拉克的入侵。同上,第 11 页。在个人层面,某些正面思考技巧,比如"自我催眠",会产生一种"魔幻思维"并且需要人去"自我欺骗,包括不断掩盖或视而不见不愉快的可能性和负面想法。"同上,第 46—47 页,5. 我们不想对美国人的集体精神状态进行概括(虽然我们也赞同,正面思考中的"不去想"的确有它的问题)。但第二章是对她完全否定幸福研究的回应。

7. Jonah Lehrer, Depression's Upside, *N. Y. TIMES Mag.*, 2019/2/28, at 38—44.

8. Joseph Brodsky, Listening to Boredom, *HAPER'S MAG.*, 1995/3, 第 11 页。

9. 同上。

10. 同上。

11. Conan O'Brien, Commencement Speech to the Harvard Class of 2000, 2000/2/7, http://www.february-7.com/features/conan.htm.

12. Darrin M. McMahon, The Pursuit of Happiness in Perspective, 2007/4/8, http://www.cato-unbound.org/2007/04/08/darrin-m-mcmahon/the-pursuit-of-happiness-in-perspective/(引述自 Thomas Jefferson 写给 John Page 的信, 1763/7/15)。

13. Weiner, 见注释 2, 第 74 页, 引述自 John Stuart Mill。

278 14. 同上。

15. Daniel Nettle, *Happiness: The Science Behind Your Smile* 87 (2005).

16. Joshua Wolf Shenk, What Makes Us Happy?, *ATLANTIC*, 2009/6, 第 36、46 页。

17. Penelope Trunk, The Connection Between a Good Job and Happiness Is Overrated, Brazen Careerist, http://blog. penelopetrunk. com/2007/01/16/the-connection-between-a-good-job-and-happiness-is-overrated (2007/1/16).

18. 同上,引述自城市研究与创意教授 Richard Florida。

19. Nettle,见注释 15,第 180 页。

20. 同上。

21. Weiner,见注释 2,第 54 页。

索引*

* 索引中页码为原书页码，即本书边码。

图书在版编目(CIP)数据

快乐律师:在法律事业中创造幸福/(美)南希·里维特,(美)道格拉斯·O.林德著;马越译.—北京:商务印书馆,2021
ISBN 978-7-100-20060-8

Ⅰ.①快… Ⅱ.①南… ②道… ③马… Ⅲ.①律师—工作 Ⅳ.①D916.5

中国版本图书馆CIP数据核字(2021)第132444号

快乐律师
——在法律事业中创造幸福
〔美〕南希·里维特 道格拉斯·O.林德 著
马越 译

商务印书馆出版
(北京王府井大街36号 邮政编码100710)
商务印书馆发行
北京市十月印刷有限公司印刷
ISBN 978-7-100-20060-8

2021年9月第1版 开本880×1230 1/32
2021年9月北京第1次印刷 印张10½
定价:68.00元